NAL
宁波学术文库

JD35.201210

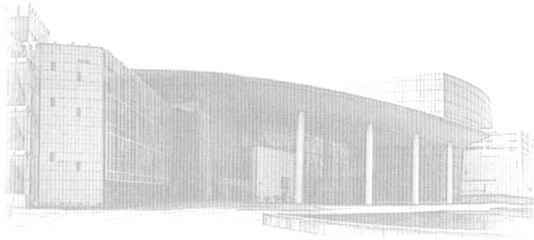

Ningbo Wenhua Chanye Fazhan
Fazhi Baozhang Wenti Yanjiu

宁波文化产业发展
法制保障问题研究

晁秀棠 等著

ZHEJIANG UNIVERSITY PRESS
浙江大学出版社

目　　录

第一章　文化产业发展与法律制度
建构基础理论研究

第一节　文化产业的法治化背景

一、文化产业发展与法的关系

由于法律的滞后性,文化产业在中国的发展在实体意义上的如火如荼,反而突出了法律作为制度配套的不协调。法治内化到每个人,其实是一个意识的重建或者是修复的过程,它的被消化是一个意识的被接受的过程。文化商业化带来的普及无疑是绝佳的意识的载体,文化上法治观念深入人心,恰好也是法治实现的前提和基础。

当今,在借助现代多媒体和网络的高普及率的传播之下,处于各个终端的文化产品制造者将其产品迅速地以发散式传播,这种传播往往在地理上是跨地域的,这样,文化产品的制作者本身所具备的文化特性被不同的受众分享,也就促进了具有不同特色的文化的交流、互动,也就可能促使了文化的趋同。

西方国家的文化,特别是美国文化,是以其高度发达的文化产业在全世界成为一种强势文化的。在其背后,必然存在着大量促使其健康持续发展的法律规范体系。两者的结合作为一种强势资本输出,在全球化的带动下在全世界蔓延,所到之处,必然会给当地造成意识形态的灌输和思想上的变革。从保护传统文化和促进本土文化再发展的角度出发,我们既要"拿来主义",又要"拿去主义"。即在面对这种强势文化冲击的同时,充分利用自身的独有的文化优势,必须配之以制度保护——健全的法律体系,同时,用本土性文化参与到全球化中,使全人类文化更为丰富多彩。这是现实的需要,也是历史发展的必然。正如美国学者布莱克所说"文化的量与法的量成正比,文化的量越大,法的量越大",这是一种立法规律。同时,在加强文化领域立法的同时,法治观念的推行,也在客观上促进了我国法制的进一步发展。[1]

二、文化产业法治化可行性

当今,与文化产业密切相关的法律法规相继出台,以保护文化产品进入市场后的公平竞争。但我们同时也应看到,从立法的现状看,文化产业立法规模及层次仍有待提高,主要表现在:一方面,现行立法涵盖面不够,很多方面,特别是对在文化领域内文化主体的地位和权利义务认定上缺少法律、法规依据。另一方面,缺少高层次立法。目前我国文化制度体系主要是由行政机关的行政法规、规章,甚至规范性文件来填补的,这种状况与法治全面性的要求相悖。而且,行政机关的规章和规范性文件制定程序简略,缺乏公开性、民主性,某些带有部门利益色彩,致使规章之间存在矛盾和冲突。[2] 所以,对文化产业进行立法规制,完善法律体系至关重要。但是在具体的立法模式上,遵从传统大而统的观点,与民法和刑法等传统部门法一样向法典化发展,存在诸多障碍。

1. 调整对象的确定。在现实生活中,文化立法调整的对象实际上是不断变化的,不可能一劳永逸。仅从文化法中的传媒法来看,西方国家的传媒法包括诽谤法,媒体与议会、政府和法院的关系法,互联网法,广播法,电视法,信息公开法,有的国家除了上面的一些法律外,还包括知识产权法、信息公开法、隐私权法等。各国根据自身的社会进程和文化

---

① 赵永辉:《从法律和文化的视角试谈我国的文化法建设和再完善》,《法制与社会》2007 年第 5 期,第 497—498 页。

② 陈甦:《司法解释的建构理念分析——以商事司法解释为例》,《法学研究》2012 年第 2 期,第 3—19 页。

特征需要突出不同的规制特点,说法不一,也很难归纳。在这方面我国与国外相关方面的立法不具备很强的可比性,换句话说,在确定调整对象的法律移植的成本将是十分巨大的,也就自然无所谓参照了。①

2. 立法成本过大。由于文化立法的对象具有跨时空的不确定性,而且不同文化之间的同质性较差,包含的内容太多,调整的方式、机构、原则、标准、制裁手段存在较大差异。把如此庞杂的内容糅合到一部法律之中,制定出来的法律有可能缺乏可操作性。

3. 从各国立法情况看,几乎没有国家制定文化基本法。文化方面的立法通常是由一系列的特别法构成的。基于以上原因,根据文化法律关系的不同制定有针对性的法律似乎更具可行性。

三、文化产业法治化基本思路

1. 文化产业立法应有体系化的布局。文化立法的法律体系由宪法、法律、行政法规和地方性法规三个层次构成。当前我们的主要任务是制定和完善第二个层次的立法。

2. 文化产业立法范围应注意规制领域的包容和交叉。以文化法律关系为标准,文化立法可由以下法律构成:新闻法、出版法、广播电视法、电影法、著作权法、语言文字法、图书馆法、博物馆法、文物保护法、民族民间文化遗产保护法、演出法、文化社团组织法、文化企业法、文化产业发展促进法、互联网法等。需要说明的是,随着技术的进步和管理方式的改变,新的文化立法会不断涌现,文化立法的范围也会不断变化。

3. 文化产业立法应分阶段实施。我国目前已制定了著作权法、文物保护法和语言文字法。以立法难度、敏感度为标准,可以分三阶段制定剩余的法律:第一阶段的立法可以包括电影法、图书馆法、博物馆法和民族民间文化遗产保护法。目前这些法律的立法条件已完全成熟,可以列入全国人大立法的议事日程。第二阶段的立法可以包括文化产业发展法、广播电视法、互联网法、演出法、文化社团组织法和文化企业法。目前这部分法律的立法条件已基本具备,应加强研究上述立法还存在的难

①　张丽:《法律移植的成本分析》,《渤海大学学报》(哲学社会科学版)2009年第2期,第86—89页。

点和问题,在适当的时候开展立法活动。第三阶段的立法可以包括新闻法和出版法。由于这两部法律与意识形态的关系较为密切,在加强理论研究的同时,应积极探索符合我国实际情况,并满足公民权利和政治权利国际公约要求的立法途径。[①]

第二节 文化产业特征与法律保护必要性

一、文化产业发展的开放性及存在的问题

在全球经济结构调整过程中,文化产业兴起并发展成为一种战略产业,文化贸易是其中一个重要推动力量。文化贸易不仅是构成国际贸易越来越重要的内容,而且也是塑造国际新秩序的重要力量。面对西方发达国家文化产业占据强势的现实,发展中国家必须采取正确的文化贸易战略,以推动自身文化产业的发展。战略性贸易政策的推行并不是闭关锁国,而是在认识现实世界秩序和情形的基础上做出的理性选择。[②] 事实上,开放与贸易不仅是经济发展的重要推动力,而且也是文化繁荣的基本途径之一。因此,对外开放是中国毫不动摇的国策,进行文化贸易也是中国文化产业发展的必经之路。我国目前必须改变文化贸易中的输入国地位,在自我发展的基础上更多地输出,形成一种相对的平衡状态。

国内外的理论研究和产业实践表明,文化产业无论有什么其他的表述方式,还是被划分出多少种类,其所涉及的行业都离不开被视为主体的"新闻出版""广播影视""文化艺术"和"文化休闲娱乐"四大行业,更离不开被喻为高新技术产业的"软件及计算机服务"和"网络文化服务"两

[①] 李世涛:《上层建筑视域中的文艺——中国当代文论界关于文艺与上层建筑关系的讨论》,《新疆艺术学院学报》2010年第3期,第77—83页。

[②] 孙相东:《亨廷顿的文明冲突论再解读——兼论"9·11"与文明冲突论》,《世界经济与政治》2003年第1期,第34—39页。

大行业以及被喻为传统行业的"设计策划",更离不开"知识产权"的保护。① 由于这些行业无一例外地都以文学、艺术和科学作品创作者的创作活动为基础,以传播他们创作的作品为手段,以把这些作品变成精神产品作为目标,因此可以说,在这些行业的知识产权中,最重要的就是版权了。而正是由于充分意识到文化产业的基础就是因"作品创作"而形成的"版权"或者由"版权保护"的"作品",正是充分认识到没有"创作"就没有"作品",没有"作品"就没有"传播",没有"传播"就没有"产业",这些政府、民间组织和企业,才把大量的精力投入"知识产权"——特别是"版权"的保护之中,并且越来越普遍地把"打击侵权盗版行为"作为一项国家战略,提升到国家之间的双边关系、多边关系乃至全球关系的高度。

当前,我国文化产业的版权法保护还存在以下问题:

第一,全社会对"版权"的经济、社会价值认识不足,消费者个人和单位的版权法律观念淡薄,对购买、使用侵权盗版制品的违法性缺乏认识。同时,从事"文化创意"工作的单位和个人也存在着"版权保护"意识不足的问题,他们一边侵害他人版权、一边忽视自我保护的现象,也是十分普遍的。

第二,我国的版权法律、法规、规章尚不健全,如对网络传播作品的保护、对民间文学艺术作品的保护、版权的贸易规则还存在不明晰之处,给版权贸易带来了极大的不便。

第三,版权的服务、执法、管理体系尚不尽完善。版权管理、执法队伍偏小,管理、执法手段落后,影响了侵权案件的调处水平和盗版行为的打击力度;版权服务机构的单一、服务范围的狭窄、服务理念的落后,也影响了版权服务水平和质量的提高。

第四,整个文化产业内部分工不足,人们注重作品的创作与传播,却忽视了版权的中介服务;从事"文化"工作的个人缺乏必要的版权法律知识和版权交易经验,却要负责自己作品的市场化运作;从事"文化创意"的单位缺乏内部版权管理制度,普遍没有专业的版权管理工作者。在作品的创作与传播中间,急切需要引入和加强服务。

---

① 浙江省政协重点课题调研组:《"智慧浙江"建设之现状与策略》,《浙江树人大学学报》(人文社会科学版)2012年第4期,第39—49页。

第五，由于我国文化产业中版权的中介代理体系尚未形成，版权代理制度尚未建立，各类作品的版权代理行为长期以来很不规范，在版权的交易、结算、履约、使用等方面普遍缺乏诚信制度和调节机制。①

二、文化产业的发展战略与立法需求

依法治国，建设社会主义法治国家，是我国的基本治国方略。加快推进我国文化法治化进程，是全面落实这一方略的重要组成部分，是推动文化大发展大繁荣的基础性工作，更是我国文化发展的客观要求。抛开是否应该构建相对独立的文化法律体系的争论，尽快出台《文化产业促进法》，是加快推进文化法治化进程的重要步骤。

我国现有的文化产业法律都是以规范和管理为目的的法律，近年来国务院和文化行政主管部门出台的大量旨在促进文化产业发展的政策，因缺乏强有力的法律支撑而未能得到有效执行。以促进文化产业发展为目的的法律的缺失，已经成为制约我国文化产业发展的一大障碍，制定文化产业促进法面临着许多棘手的问题，如何定义"文化产业"这个概念就是其中之一。作为文化产业促进法调整对象的文化产业，其内涵与外延应该如何界定，绝不是一个简单的定义问题，而是事关我国文化产业发展战略的重大问题，也是事关这部法律究竟能否或在多大程度上实现其预期价值的核心问题。

在制定文化产业促进法时，界定文化产业概念必须参照的第一个问题是国家文化发展战略，在概念的选择上要充分反映并体现我国文化产业发展战略的基本要求。在我国，"文化产业"一词多用于理论领域，在实务领域，文化产业是通用的标准用法，同时还有几个竞争性的概念并存，如，创意产业、版权产业、内容产业和数字内容产业等。这是国际上文化产业概念不统一状况的国内表现和反映。国外相关研究认为，这几个概念都是关于文化作为一个产业的不同用语，具有边界模糊和不确定性的特点，主要区别在于所强调的产业性质的不同：文化产业强调的是文化产品的社会功能，或者说，在社会中所起的作用；创意产业强调的是

---

① 袁泳：《数字技术与版权领域的利益平衡论》，《南京大学学报》（哲学·人文科学·社会科学版）1999 年第 3 期，第 135—143 页。

个人的创造性,和以此为基础的生产要素的性质;版权产业强调的是产业产出品作为商品其财产权的性质;内容产业强调的是产业产出品本身的性质;数字内容产业强调的是数字技术和内容的融合性质。按照这个逻辑,文化产业应该是既强调文化产品的社会功能,也强调个人的创造性和生产要素的性质。①

在社会主义市场经济条件下,发展文化产业是繁荣和发展社会主义文化、满足人民群众日益增长的精神文化需求的基本途径。使文化产业占国民经济的比重明显提高、国际竞争力显著增强、适应人民群众需要的文化产品更加丰富,所有这些要求,强调的都是这个产业的社会功能。也就是说,在文化价值与经济价值的双重追求中,文化产业更注重文化价值,更强调文化价值的优先性。

在制定文化产业促进法时,界定文化产业概念必须参照的第二个所要考虑的问题是法律效力,在概念范围的确定上要充分考虑并提高法律预期价值最大化。实际上,这是关于文化产业概念本身内涵或外延大小的问题。作为以促进文化产业发展为目的的法律,文化产业促进法必须要提高其法律效力,保证其促进文化产业发展这一预期价值的最大化。

技术的发展对文化产业产生的革命性影响还有待评估,但是,已经出现的内容与媒体分离趋势、媒体之间融合趋势和新媒体不断涌现趋势,足以表明文化产业是一个随着技术的发展而呈现无限开放性的产业。② 对于这样一个产业,用法律这样具有相对稳定特征的强制性规范去定义,确实是一个挑战。如何使概念清晰明确,以便于法律实施,同时又为未来可能出现的新业态预留适当空间,以不至于将那些未来可能出现的重要新业态拒以法律调整范围之外,这是界定文化产业概念,确定其内涵或外延时必须予以恰当解决的问题。

---

① 赵力平:《文化产业特征、功能》,《中共杭州市委党校学报》2002 年第 4 期,第 20—24 页。

② 田龙过:《媒体融合趋势下的传媒教育改革谨防再陷误区》,《中国广播电视学刊》2010 年第 4 期,第 45—47 页。

三、文化创意的法律属性

（一）文化创意的物权属性

物权是特定的社会人与人之间对物的占有关系在法律上的表现，是法律确认的主体对物依法享有的支配权利，即权利人在法定范围内直接支配一定的物，并排斥他人干涉的权利。物权是一种典型的支配权。文化创意人对文化创意具有支配权。若文化创意在形成中或形成后，在文化创意人与文化创意使用人是同一人时，或文化创意人并未与他人就文化创意而发生法律关系时，该文化创意权也就是一种对世权，其义务主体是权利主体以外的不特定的任何人，毕竟该文化创意的形成凝聚着文化创意人的精力、时间与智慧。但传统民法物权的标的限于有体物，而文化创意只是一种创造性的构思，它不一定通过某种有形形式固定下来。它或许是通过一定的有体物来表现的，但若脱离这些物质载体，就很难被看成是有体物了，那它就应属于无体物。

（二）文化创意的债权属性

法律上的债，是指特定当事人之间得请求为特定行为的法律关系。我们可以认为文化创意产出者与文化创意使用者之间存在合同关系，文化创意产出者享有根据合同确定的相关请求权，文化创意产出者对于其文化创意拥有专有权，其他人要是使用其文化创意的话，则要得到其允许，文化创意产出者与文化创意使用人签订合同，文化创意产出者为使用人提供文化创意，文化创意使用人拥有使用权及合同中约定的权利，但合同仅约束当事人而往往易导致第三他人免费使用该文化创意的结果。由于合同的相对性，合同仅约束当事人而不能产生对抗第三人的强大效力，因此，合同对于第三人的影响较小。如果合同双方没有按照约定履行各自职责，那么也就是说，文化创意产出者不能按合同约定提供相应的文化创意或文化创意使用人没有遵守有关约定，受损方都有权利提出请求，另一方需承担相应的违约责任。如果当事方未做出任何意思表示或承诺，而在承诺没有确实做出的情况下，一方利用了使另一方受损失的文化创意，另一方则从此文化创意中获利，这时双方就形成了不当得利之债的法律关系。

（三）文化创意的知识产权属性

文化创意是有创造性的构思，属于思想观念范畴。而思想一般是不受法律保护的，各国著作权法的一个基本原则就是只保护文化创意的表达而不包括文化创意本身。一般的构思是为表现抽象的思想寻找具体形式的过程，构思是思想的最后阶段。文化创意是其他传统知识产权客体的雏形阶段，文化创意或构思是一种精神性或思想性的东西，但它又不是纯思想的与工具材料、物质无关的。可以说，构思或文化创意具有创造性智力成果的全部基因，它相当于未来会成长为胎儿，最后成长为婴儿与成人的受精卵。实际上，对于发明的创造、商标的设计和使用，文化创意的性质和作用也大体如此。显然，文化创意与发明、作品、商标均有一些联系，可以说是它们的雏形和初级阶段。当然，文化创意的范围要远远广于发明、创作与商业上的商标文化创意范围，它还可包括其他方面的文化创意，如企业形象文化创意、营销策略文化创意、电视节目文化创意、个人形象策划的文化创意等。总之，文化创意可以说是传统知识产权客体如作品、发明、商标的雏形，是孕育中的知识产权客体，文化创意已经具有了知识产权客体的全部要素，只是不如知识产权那么具体。但它毕竟具有了一定的客观性，这使得其能够在人们之间进行传播，并能够被利用而在生产与社会活动中产生效益，具有一定价值，它在本质上与传统知识产权客体无异。对文化创意本身来说，由于它是一种对传统知识产权客体的创造性的构思，基本上也应属于创造性智力成果，应纳入知识产权保护的范围。①

四、国外对于文化创意的法律保护比较研究

（一）美国

文化创意在人类社会生活中的各个领域都发挥着重要的作用，可以说文化创意是人类创造性活动的一个起始阶段，没有文化创意，人类的

---

① 曾言：《文化创意保护的法律考量》，《法治论丛》2008 年第 1 期，第 90—96 页。

全部创造性活动均无法进行,正因为文化创意如此重要,法律更有必要对其进行保护。关于文化创意的保护方法,美国法院已经探索使用财产权方法、准合同或不当得利方法、合同方法、信任(秘密)关系方法、反不正当竞争方法和著作权方法来保护文化创意人的文化创意。

1. 财产权方法

英美法中的财产权大体类似于大陆法系中的物权,使用在文化创意上建立财产权的方法来保护创意的办法就是文化创意保护财产权理论,财产权理论为文化创意的创造者提供未经文化创意人许可就不能使用或披露该文化创意的专有权,之所以可以用财产权方法来保护文化创意,是因为财产所有权既可存在于有形财产中,也可存在于无形财产中。需说明的是,美国通常有两种著作权:一是普通法著作权;二制定法著作权。如果作品没有出版,则其普通法著作权是永久存在的,作品一旦出版,则其只有制定法著作权。

财产权保护对于文化创意人来说显然是最有利的,由于财产权是一种对世权、绝对权,其权利效力非常强大。但它与"思想不可被专有"的公理相冲突:一方面,将阻碍人们对文化创意的自由使用;另一方面,也将激励文化创意人提供更多更好的文化创意。因此,美国法院和评论者在讨论文化创意保护包含财产权理论时,都极度谨慎。[①]

2. 准合同方法或不当得利方法

准合同方法是比财产权方法应用稍多的文化创意保护方法,在英美法中,准合同、不当得利和恢复原状几乎被人们交叉使用,准合同不是真正的合同,它不是基于任何有意的当事方或基于其做出的任何承诺,相反它是因公正而由法律所创造的责任。在承诺没有确实做出的情况下给予救济的目的是阻止一方利用使另一方受损失的文化创意,换言之,避免不当得利。

在准合同方法下,法院在对文化创意采取保护措施前要考虑很多因素,包括文化创意的性质、双方的关系和交易、公共政策考虑及双方的预期。准合同方法是一种法律创设的方法,相当于法律对当事人之间的强制干涉,而这种干涉一般只在利益严重失衡的必要情况下才被允许。当

---

① 王太平:《美国对创意的法律保护方法》,《知识产权》2006年第2期,第34—40页。

文化创意具备新颖性和具体性时,利益关系才有可能严重失衡。因此,新颖性和具体性是必需的,而且如果不要求新颖性和具体性的话,法律的强制干涉可能产生直接将某些公共领域的东西划入私人领域的危险。因为不新颖的东西本身就是公共领域的东西,如果对原告提供救济的话就相当于将公共领域的东西划给了原告,这显然是不公平的,而一旦要求文化创意具备新颖性和具体性,则很显然又会遇到与财产权方法保护所涉的同样的问题,这又使得准合同方法无法发挥作用。

3. 合同方法

合同方法是文化创意保护的最有力和在实践中最有效的方法。合同方法包括明示合同方法与默示合同方法,其中最为典型的是明示合同方法,默示合同方法只是在合同产生条件上与明示合同方法有所不同,默示事实合同和明示合同之间的唯一区别是合同双方用行为代替词语表达,而且,在默示事实合同理论和明示理论下的政策含义是一样的,因此,在这里主要以明示合同为主谈合同方法。在美国,在对当事人提供保护时,法院比较慷慨。但也并非说合同方法保护下不需要任何条件,在合同方法下保护文化创意同样要求一定的条件,首先是新颖性条件,其次是具体性条件,再次是文化创意是否能构成合同约因。但合同仅约束了合同当事人,而不会像财产权理论那样产生对抗第三人的强大效力,因此,用合同方法保护文化创意对第三人的影响较小,那么如果没有较高文化创意保护形式,任何一方对于之外的盗用人都是不安全的。[①]

由于新颖性和具体性等条件的要求,合同方法产生了与前述的财产权方法和准合同方法相类似的问题,即不仅文化创意人可能无法完成新颖性和具体性的证明,而且这些条件显然使得文化创意人希望寻找现行的著作权法保护,而不是这种不确定的仅仅在当事人之间有效的合同法保护。

4. 其他方法

在美国,保护文化创意的其他方法还包括信任(秘密)关系法、反不正当竞争法以及著作权法,对于文化创意保护来说,相对前述的几种保护方法,信任(秘密)关系法和反不正当竞争法的保护是较弱和不太确定

---

① 王太平:《美国对创意的法律保护方法》,《知识产权》2006 年第 2 期,第 34—40 页。

的。信任（秘密）关系法和反不正当竞争法实际上性质是相同的法律，它们对权益的保护均是一种"消极性"的保护，即多数情况下只有当有人来侵犯时，"权利人"才能加以抗击，而正常情况下，"权利人"的"权利"是引而不发的，其"权利"是不全面的。就信任（秘密）关系方法来说，"保护的信任关系理论依赖于明示或默示合同理论的生存能力"。"尽管作为它自己的理论出现信任关系理论是其他各种理论的混血。"① 就反不正当竞争法来说，文化创意是否受保护也不是十分确定，著作权方法类似于前述的财产权方法，只不过其产生依据是著作权法，产生结果是一种制定法著作权，文化创意在著作权法框架内一旦获得保护，那其获得的权利是十分强大的。

（二）日本和韩国

随着文化战略地位的不断提升和文化经济价值的日趋重要，文化产业已经成为世界主要国家的战略产业和重要的支柱产业，各国政府纷纷出台旨在促进文化产业发展的政策措施，围绕文化产业的国际竞争日趋激烈。各国文化背景和法治传统的不同，以及经济发展理念上的差异，决定了各国政府在促进文化产业发展中的角色定位、政策方向和领域选择方面存在着明显的区别。② 根据日本学者的研究，国际上促进文化产业发展的典型模式有三种：一是以美国为代表的民间主导和产业政策中心型；二是以法国为代表的政府主导和文化政策中心型；三是以韩国为代表的政府主导和产业政策中心型。日本的促进模式总体上属于中间型，在政策方向和领域选择方面存在着模糊和重心不明确的状况。③ 但是，不论促进模式的选择如何，将促进政策法律化却是一种普遍的做法，所不同的不过是方式不同而已。

韩国是世界上最早制定文化产业促进法的国家。文化产业，在韩国称为"文化内容产业"，韩国的文化产业促进法名为1999年通过的《文化

① 王太平：《美国对创意的法律保护方法》，《知识产权》2006年第2期，第34—40页。
② 刘轶：《他山之石：美、英、法、韩等国的文化政策》，《社会观察》2004年第4期，第10—11页。
③ 方彦富：《国内外文化产业管理若干模式探究》，《亚太经济》2009年第6期，第48—52页。

内容产业振兴基本法》。韩国还有一部关于文化产业的促进法律,即2002年通过的《网络数字内容产业发展法》。韩国文化产业促进法选择的概念是"文化内容产业",强调的是产出品本身的性质,即文化内容,系统包含了各类文化要素的、能够生产出经济价值的有形的及无形的资产(包含文化相关内容及数字文化相关内容)以及它们的结合体。法律规定属于文化内容产业的行业包括:(1)电影相关产业;(2)音像制品及游戏软件等相关产业;(3)出版、印刷、定期发行刊物等相关产业;(4)广播影视等相关产业;(5)文化财产等相关产业;(6)系统包含了艺术性、文化创意性、娱乐性、休闲性及大众性,并且能够生产出经济价值的动漫、设计(产业设计除外)、广告、演出、美术品及工艺品等相关产业;(7)对数字化文化内容进行收集、加工、开发、制作、生产、保存、检索及流通等处理,并且提供相关服务的相关产业;(8)由总统法许可的除以上提到产业之外的有关传统服装、饮食等产业。

与韩国不同,文化产业在日本称为内容产业,相关法律为2004年通过的《关于促进内容的创造、保护及活用的法律》。正如法律名称所示,它实际上是促进内容的创造、保护和活用的,并不是严格意义上的关于内容产业的促进法律。但是,在日本一般将其视为是内容产业促进法。其原因部分是因为本来内容就是内容产业的核心,促进内容也就是促进内容产业;部分是因为在数字化、网络化不断发展、内容传播途径日趋多样化的背景下,提高内容的创造能力和活用能力(如内容的二次利用或多次利用),是内容产业发展的源头活水和关键环节,而加大内容的保护力度,是为了激励内容的创造和活用。正因为如此,这部法律所定义的不是内容产业,而是"内容"。该法第2条明确指出,所谓的"内容",是指电影、音乐、戏剧、文学、摄影、漫画、动画、计算机游戏,其他文字、图形、色彩、音声、动作或影像,或这些元素的组合,或使这些元素通过电子计算机来表现的程序(电子计算机的指令、为了得到某一结果而进行的组合),是人类创造性活动所产生的,具有知识、品位和艺术价值或者娱乐功能的东西。法律给出的相关概念,事实上已经涉及了内容产业。如,法律中所谓的"内容制作等",指的是下列行为中的一种:(1)内容的制作;(2)内容的复制、上映、公演、向公众传输以及其他利用(含内容复制物的出售、租赁和展示);(3)与内容有关的知识财产权的管理。法律中所谓的"内容事业",指的就是从事内容制作等的活动。"内容事业者",指的是以内容事业为主要业务活动的人或机构。

日本和韩国文化产业促进法的定义显示,法律中的定义并不一定要拘泥于文化产业组或群的完整性,而应抓住重点产业或产业链中的核心环节。也就是说,法律上的界定可以不必追求统计意义上的精确性。有些行业,比如服装和饮食,严格来讲不能算是文化产业,但因为它们能够集中反映和体现民族的特色文化和独特生活方式,因此,韩国和日本都在某种意义上将其列入文化产业范围。[①]

第三节　文化产业法律政策体系的构建

一、文化产业的文化安全政策

文化产业的发展存在着相当大的负面效应。在市场经济发展中,受经济利益的诱惑和驱动,文化产品的经济价值必然被其生产者和经营者格外关注,文化产业的经济意义得以强化和提高,而文化产品的社会价值则自觉不自觉地被忽视,文化产业的社会意义被严重弱化。经济利益的突出和社会效益的被忽视是同一个问题的两个方面,成为文化产业化发展中不可回避的现实。为谋求暴利,有些生产经营者会迎合部分人的不健康心理,制造低级粗俗,宣扬迷信、暴力、色情淫秽的文化产品,有些甚至不惜违背法律,侵犯知识产权、走私盗卖文物、盗版、侵害人民利益。同时,在追求利润目的的大背景下,文化产品的生产必然会因眼前看得见的物质利益而导致短期行为蔓延。从长远来看,这种只顾眼前经济利益的短期行为会使文化发展浅表化,不仅起不到弘扬民族文化的作用,而且会伤害到民族文化发展的基础。尤其要看到,在文化产业化的大背景下,随着市场化和经济全球化的发展,西方强权国家往往会利用其强大的政治、经济、军事和科技优势,推销它们的文化产品,打压、冲击和侵

---

① 何增科:《国际社会提高文化软实力的做法和经验》,《毛泽东邓小平理论研究》2010年第 1 期,第 77—84 页。

蚀发展中国家的民族文化。发展中国家实现产业市场化就不可避免地使得西方发达国家一些具有负面影响的产品充斥本国市场,对国人尤其是易受侵害的年轻人产生严重的腐蚀作用。而且事实上,在当今世界上没有一个国家能够做到把文化产品和文化服务完全商品化。

发展文化产业、生产文化产品必须以社会效益为第一位,为根本目的。文化产品如果完全商品化、以牟利为目的,那就违反了发展文化的本质要求。部分文化产业也需要依靠政府重点保护与扶持,中央政府用于文化、娱乐和宗教的支出,即对于文化产业的资助,在很多发达国家也是逐年增加的。①

我国已经加入世界贸易组织,国外文化产业运用高科技手段所带来的结果,必然要对国内文化市场带来冲击。现代高新科技越来越广泛地渗入文化领域,文化产品和文化服务的科技含量越来越高,为优秀精神产品的生产和传播提供了强大的武器,也为精神垃圾的制造和流传提供了可能。我们要主动运用高新科技手段,加强文化原创性创作与开发,加大对文化市场的监管力度,有效打击各类形式的盗版和侵权行为,使我国文化产业更加健康地发展。世界政治多极化的发展趋势需要我们大力弘扬主旋律,经济全球化需要我们积极发展文化产业。我们要在世界文化竞相发展的新的历史时期,努力发展面向现代化、面向世界、面向未来的,民族的、科学的、大众的社会主义文化,使社会主义文化主旋律更加广泛地弘扬,我国文化产业更加健康地发展。

文化安全政策包括文化安全预警系统、保护性屏障等组成部分,我们要把它作为有关我国国家安全的一项重要内容加以研究、制定和实施。要通过建立科学、高效、完善的文化安全机制,对国际文化商品的流动趋势及其渠道进行有效监督,将国际文化资本对我国文化市场和文化产业可能构成的威胁牢牢地控制在安全警戒线之下,始终掌握我国文化产业和文化管理的主动权。

国家为维护政治安全、社会稳定和社会公德,对各种文化产品内容进行管理,其实质是为了确立公民在行使言论、出版自由的权利时应当承担的义务。我国宪法一方面确定了公民拥有"言论、出版自由"的权利和"进

---

① 魏鹏举:《文化事业的财政资助研究》,《当代财经》2005年第7期,第43—48页。

行文学艺术创作和其他文化活动"的权利,另一方面也确定了公民在行使权利的时候,应当承担的义务,即"不得损害国家的、社会的、集体的利益和其他公民的合法的自由和权利"。宪法的规定体现了公民权利和义务的相互依存性和不可分割性,确立公民的义务在本质上不是对自由和权利的背离,而是对多数人自由和权利得以实现的保障。

根据宪法,公民在行使言论、出版自由和进行文学艺术创作权利的时候,不得违背国家的、社会的利益,不得妨害他人的自由权利的行使。不得违背国家利益体现为:不得发表与维护国家统一、民族团结、保守国家秘密、维护国家的安全荣誉和利益相违背的内容的作品。不得违背社会利益体现为:遵守公共秩序、尊重社会公德,不得发表淫秽内容的作品。不得妨害他人的自由权利的行使体现为不得发表诽谤他人和侵害他人隐私或其他权利的内容的作品。有关行政法规将宪法规定细化,对电影、出版物、音像制品的内容提出了具体的要求,即不得含有下列内容:反对宪法确定的基本原则;危害国家统一、主权和领土完整;泄露国家秘密、危害国家安全或者损害国家荣誉和利益;煽动民族仇恨、民族歧视,破坏民族团结,或者侵害民族风俗、习惯;宣扬邪教、迷信;扰乱社会秩序,破坏社会稳定;宣扬淫秽、赌博、暴力或者教唆犯罪;侮辱或者诽谤他人,侵害他人合法权益;危害社会公德或者民族优秀文化传统等。

二、文化生产和文化市场管理政策

文化产业是一个特殊的产业,它以物质生产为基础,满足人的精神需求,要把社会效益放在首位,力求社会效益与经济效益的最佳结合。发展文化产业要讲社会效益,弘扬主旋律也要讲社会效益,应该为人民群众提供民族的、大众的、优秀的文化产品,为发展文化产业培育广泛的消费者群体。因此,在文化产品的生产、经营过程中,必须加强管理,坚持弘扬主旋律,保证文化产业健康发展。

(一)加强文化行政管理,弘扬主旋律

弘扬主旋律,主要是针对文化产品的思想内容而言。文化产品不同于一般的物质产品,其价值不仅在于它外在的物用价值,更在于它内在的精神价值。因此,文化生产管理的重点是对文化产品思想内容的管

理,把好政治方向关。在抓改革的同时,一定要站在政治和战略的高度,善于从全局上观察问题,严肃各类文化产品生产审查纪律,确保社会主义文化方向,为党和国家的大局服务。

弘扬主旋律还要遵循文化自身规律,反映真善美,满足群众多方面的文化需求。随着改革开放和社会主义现代化建设的推进,人民群众对优秀文化产品的需求越来越迫切。这就要求广大文化工作者深入实际、深入群众、深入生活,努力生产出更多更好的优秀文化产品奉献给人民、奉献给时代。文化产品与文化服务的竞争,本质上是产品质量与服务水平的竞争。只有不断提高文化产品质量和文化服务水平,主旋律才能得以弘扬,文化产业才能得以发展。因此,在社会主义市场经济条件下,弘扬主旋律必然要求在文化产品生产过程中树立品牌意识,实施品牌战略,加强质量管理。只有这样,才能不断增强主旋律的影响力和文化产业的市场竞争力。

(二)加强文化市场管理,确保健康繁荣

文化产业是通过市场为消费者提供文化服务的。因而文化市场的正常运行与健康发展对文化产业的经营具有决定意义。文化市场作为一个独立的市场范畴,在我国市场体系中已经是一个客观存在。

我国的文化市场以弘扬积极的、科学的、先进的文化为主,摒弃各种腐朽、落后的文化。对文化市场的培育从政府方面看,要注意如下方面。

对文化市场的政治方向和经营趋向进行定向控制。由于投入文化市场的各类文化产品都是社会生活在文化艺术生产者头脑中的反映,都直接或间接地流露出作者的主观意识、想象和情感,由于我国目前全民的文化素质还不高,在意识形态领域还存在两种世界观的斗争,这就要求对文化市场的政治方向要注意引导和加强控制,同时,还要根据文化市场出现的经营趋向,运用市场调控的方法,不失时机地把文化生产、流通、经营、消费引导到群众喜闻乐见的各种文化活动上来。

目前,文化产品和服务的供给能力远远落后于文化消费需求,造成供求关系不平衡。供求严重失衡,必然给不法之徒留有从事非法活动的空间,致使市场秩序混乱。入世后,外资在音像市场分销的进入和国外影片增加的情况下,再加上原来已允许的外资进入娱乐、演出等市场从事经营活动,文化市场的准入程度应该说是很高的,对市场的规范性要求更高了。现在的问题是如何尽快完善政策,使非国有制经济广泛进入到文化市场中来,从而真正形成一个开放的、多元化的投资主体,增加合法的文化产品对市场的供应,打击和抑制非法文化产品经营活动,形成良好的市场机制,这样随着法制建设的逐步完善,依法管理的加强,文化市场秩序混乱的局面将会逐步得到改善。因此,要把解决文化市场供求脱节作为一个战略问题来对待。文化主管部门要切实加强对这一问题的调查研究,拿出切实可行的政策措施,向市场提供充足的、能满足不同层次文化消费需求的精神文化产品,这不仅是建设好有中国特色的社会主义文化的客观需要,也是规范和繁荣文化市场的基本条件。

近几年来,文化市场法制建设取得了一定成绩,对规范文化市场起到了积极作用。但还应该看到,文化市场涉及面大,变化快,问题复杂程度高,所以文化市场规范和繁荣是一项长期的艰巨的任务,它和整个社会的文明进程是密不可分的,需要得到全社会的关心和支持。同时文化法制建设水平也需要不断提高和完善,使之适应千变万化的文化市场管理工作需要。

(三)加强文化设施和队伍管理

加强文化基础设施和文化队伍建设与管理,既是发展文化产业的基础条件,也是弘扬主旋律的基本保证。在地方财政逐步增加投入的基础上,认真落实国家文化经济政策,利用财政、税收、信贷等经济杠杆,扶持一批重点文化建设项目,加大对重要新闻媒体和公益文化单位的资金投入,同时鼓励社会力量承办、经营文化设施。在发展文化事业的资金投向、产业布局等方面加大调控力度,使宏观环境更加有利于先进文化的发展与传播。从文化工作实际出发,当前要着力培养、引进一批文化新人、文化"名人"和文化经营管理人才。各类文化单位要通过深化内部机构改革,努力创造有利于人才成长和优秀人才脱颖而出的机制和环境,发现人才"不拘一格",使用人才"用其所长",充分调动并发挥广大文化工作者的积极性和创造性,为强化社会主义文化阵地建设提供队伍保证。

三、文化市场许可和准入政策

行政许可是行政机关根据公民、法人和其他组织的申请，以书面证照或其他方式允许其从事某种行为、确认其某种权利、授予其某种资格和能力的行为。[①]　行政许可制度是国家为维护经济秩序和社会秩序，保护资源和生态环境，促进经济发展，保障公民权利等而设立的具有多方面功能的制度。[②]　根据控制程度的不同分为：特别许可，一般许可，符合公开、法定条件即可登记的许可，专业资格的设立和取得。国家对文化产业的大部分行业实行行政许可制度。从事文化经营活动，应当按照有关行政法规的规定，取得有关行政部门的许可、批准、审批。

第一，演出许可。设立文艺表演团体、演出场所、演出经纪机构等营业性演出单位，应当取得文化行政部门的许可，并向工商行政管理部门申请注册登记，取得营业执照后（国家核拨经费的文艺表演团体除外），方可从事营业性演出活动。演出经纪机构承办组台演出，在每次演出前均应当取得文化行政部门的许可。

第二，出版许可。设立报社、期刊社、图书出版社、音像出版社、电子出版物出版社等出版单位以及出版物进口经营单位；从事报纸、期刊、图书的全国性连锁经营业务、总发行业务；出版物进口经营单位在境内举办境外出版物展览，均应当取得国家新闻出版总署的许可。从事出版物印刷或者复制业务和报纸、图书、期刊的批发、零售业务，应当取得省级或者县级人民政府出版行政部门的许可。从事音像制品的全国性连锁经营业务，应当取得文化部的许可。从事音像制品的批发业务，应当取得省级人民政府文化行政部门的许可。从事音像制品的零售、出租业务，应当取得县级人民政府文化行政部门的许可。从事出版经营活动还应当取得工商行政管理部门颁发的营业执照，其中，从事出版物印刷或者复制业务还应当取得公安机关的相应许可。

第三，广播电台电视台许可。广播电台、电视台由广播电视行政部

[①]　方世荣：《行政许可的涵义、性质及公正性问题探讨》，《法律科学》1998 年第 2 期，第 29—33 页。

[②]　姜明安：《行政执法的功能与作用》，《湖南社会科学》2004 年第 1 期，第 158—167 页。

门、教育行政部门设立。需要取得国家广播电影电视管理总局许可的事项如下：设立广播电台、电视台；设立电视剧制作单位；举办国际性、全国性的广播电视节目交流、交易活动。

第四，电影许可。国家对电影摄制、进口、出口、发行、放映和电影片公映实行许可制度。需要取得国家广播电影电视管理总局许可的事项如下：设立电影制片单位；电影制片单位以外的单位独立从事电影摄制业务；电影制片单位与境外电影制片者合作摄制电影片；电影底片、样片的冲洗及后期制作需要在境外完成的；电影洗印单位接受委托洗印加工境外的电影底片、样片和电影拷贝的；举办中外电影展、国际电影节，提供电影片参加境外电影展、电影节等；设立跨省、自治区、直辖市的电影发行单位。

2004 年 7 月 1 日，酝酿了 3 年的《中华人民共和国行政许可法》正式实施，对需审批的项目有了明确的规定。目前，国务院已经分三批共取消和调整了 1795 项行政审批，大大降低了百姓办理项目审批的成本。同时，根据《行政许可法》的规定，各行政部门在办理审批手续时必须公开。民众有权了解审批过程的具体情况，对于审批过程有异议的，公众可以要求举行听证会。《行政许可法》的正式实施将改变政府大包大揽的形象，一个从"管理型"转变为"服务型"的政府正向民众走来，"门难进、脸难看、事难办"的现象也将逐步扭转。根据《行政许可法》所确立的便民原则，行政机关接到申请后再也不能"一拖了事"，能"拍板"的应当场"拍板"，不能当场决定的，行政机关应当自受理行政许可申请之日起 20 日内作出行政许可决定。今后没有法律收费依据的行政许可不能向申请人收取费用，行政许可法甚至明确规定提供申请表格都不许收费。可以想见，《行政许可法》的出台，不仅规范了行政行为，对文化产业的良性发展也将起到积极的作用。

四、文化产业投融资政策

资本是文化产业发展的血液。在市场经济条件下，与文化产业有关的经济活动离不开金融业的辅助。文化产业与金融业建立良好的经济关系。文化产业是金融业的重要服务对象之一，有巨大的发展潜力，双方的协调与合作，是各自取得高效益的重要方面。文化产业与金融业建立良好的信贷关系,金融业对市场前景好的文化服务经营及时给予信贷支持,对生产和经营情况较好的大型企业协助其进行股份制改造,发行股票,进行直接融资,帮助文化产业引进资金,协助文化企业管理非金融业务和管理各种基金。当代文化产业发展的一个突出特点是,投资规模越来越大,大投入带来高回报。目前我国文化企业投资渠道单一,基本上靠文化企业自身滚动发展,这对文化产业发展十分不利。要加快投融资体制改革,拓宽投融资渠道,为实现文化产业的跨越式发展注入强大动力。

走金融市场筹款之路,是解决文化经费不足的重要途径之一,是一项重要的文化产业政策。① 从目前来看,文化产业通过金融机构获得资金,用于发展文化产业,还不多见。可以预见,随着社会主义市场体制的不断发育和文化产业投资体制的改革,金融政策必将成为促进文化产业发展的一个重要手段。制定倾斜金融信贷政策,主要有以下五个方面:

第一,把文化产业纳入信贷范围的政策。金融部门在拓宽对第三产业的信贷范围时,应把文化企事业纳入贷款范围,在国家银行现有年度信贷计划外,增加文化企事业贷款指标。

第二,实行资助性信贷政策。资助性信贷政策,主要包括低息、无息、贴息等优惠政策。这些政策可以大大减少文化部门贷款利息支出,弥补文化部门财政性基本建设资金的不足,扶持文化产业生产资料生产设备的技术改造和更新,以及支持文化产业其他方面的发展。

第三,资产抵押政策。对效益好、有偿还能力的文化经营部门,银行和信用社可给予开办资产抵押业务,也可发放简易设备维修贷款,以支持文化部门的经营活动和硬件改造。

第四,通过股票市场筹措资金政策。文化企业利用股票市场发行股票、债券等筹措资金,在国内已有先例。1992 年原上海市广播电视局,为建设东方明珠电视塔,成立了全国第一家文化股份制企业——东方明珠股份有限公司,资本金为 4.1 亿元,通过公开向社会发行 4000 万元面值股票,集资 2.04 亿元,为上海广播电视事业发展积累了可观的资金。同

---

① 文化部课题组:《文化艺术事业经济政策研究》,《经济研究参考》1994 年第 32 期,第 16—33 页。

年上海电影发行放映公司,经过改制成立了全国第一家电影发行股份制企业——上海永乐股份有限公司,资本金为1.036亿元,按照定向募集的方式,招募股金4633万元。可见,采用发行股票、债券方式筹措资金,是解决文化产业资金不足的一个有效途径,是一项新的文化经济政策。不过这种方式,一般只适用于大型文化企业。

第五,职工集资合股政策。职工集资合股是指文化部门为解决资金短缺,发动本部门职工以股金形式集资,用于本部门文化经营或文化设施建设,这是近年来文化企业常用的一种筹措资金的办法。它把部门利益与职工个人利益捆绑在一起,调动了职工关心本部门生产经营活动的积极性。但是,这方面的政策还不完善,比较普遍的问题是将经营利润全部按股分完,不考虑资金积累、扩大再生产,这对进一步发展文化产业不利。因此,应完善这方面政策,既照顾集资职工的利益,又要提留一部分,作为发展基金,促进生产和经营的不断发展。从长远看,不仅对文化事业和部门有利,而且对职工个人也有利。

尽管文化投融资体制改革是整个投融资体制改革进程中最为薄弱的一个环节,但过去计划经济体制下形成的以国家为单一投资主体、以行政手段来配置资源的文化投融资体制已经初步解体。例如,为了扶持文化产业的发展,2001年,江苏省人民政府制定了《关于加快文化大省建设若干经济政策的意见》,鼓励和支持文化企业实行股份制改造,建立现代企业制度。允许和鼓励文化品牌、创作和科研成果等要素参与收益分配。鼓励文化单位盘活现有资产,通过资产重组,吸纳社会投资。支持文化单位加快科技进步,促进文化产业升级。执行企业会计制度、有承受能力的文化单位的电子设备年折旧率可达到20%,其技术开发费可在成本中按实开支。

第五节　国际化背景下政府对文化产业引导与扶持建议

一、通过区域战略性贸易政策推动文化产业发展

从国际文化贸易的现实看,各国政府都在世贸组织的框架内寻求积

极的文化贸易政策。由于世贸组织在同文化产品有关的政策和法律规制中几乎涉及了当下所有的文化产业形态，而也恰恰是这些领域构成了当今国际文化交往中的常态化关系。因此，世贸组织所确立的就不仅是一般的国际经贸原则，而且也是当今国际社会一种新的国际文化关系规范，成为处理国与国之间文化贸易关系和文化产业发展关系的准则。国际文化贸易所从事的是关于文化精神产品的国际交换，涉及意识形态和不同文化传统的诸多领域。这些意识形态和文化传统所体现的不同价值观念，有许多方面就是根本对立的。通过向他国输出自己的文化产品，传播自己的文化观念和意识形态是当代国际社会斗争与较量的重要形式和主要手段，例如美国依仗其在文化产业领域里的优势地位强行要求"市场准入"它想"准入"的任何一个国家和地区，最终达到不战而胜的目的，就是最典型的表现。因此，世贸组织的原则是保护本国文化的个性化，支持各国文化的多样并存，维护世界文化的丰富性和多样性。世贸组织在它的政策系统中，就不仅规定了市场准入、透明度、非歧视、最惠国待遇等原则条款，同时也包括"涉及保持传统文化的艺术品和文物""允许例外和实施保障措施""维护国家安全"等。这就可以使任何一个国家，特别是一些发展中国家从维护本国的根本文化利益和文化安全出发，制定相关政策保护自己。

二、采取措施促进文化贸易健康发展

一个国家文化贸易的状况，反映了一个国家文化产业实力，也是一个国家综合国力的重要标志。因此，必须从国家战略高度重视文化贸易的发展。具体地说，我们一方面要利用 WTO 文化贸易的有关条款对我国文化产业中的薄弱环节给予适当而有效的保护，控制文化产品进口数量，优化调整进口结构；另一方面要采取有效措施，提高我国文化产品和服务的国际竞争力，千方百计扩大文化产品和服务的出口。

应该加快建设对外文化贸易的法律法规体系。目前，我国已颁布了《对外贸易法》《商业银行法》《保险法》《海商法》等涉及服务贸易的法规，但远不能满足国际贸易发展的需要，更没有针对文化贸易而专门立法。制定一部统一的有关文化贸易方面的法规是十分必要的，要认真落实国家《关于进一步加强和改进文化产品和服务出口工作的意见》和《关于加

强文化产品进口管理的办法》等政策措施,制订并实施中国对外文化贸易发展规划,规范文化产品和服务贸易的市场准入、贸易审批、统计报表、海关出入境、违规处罚等方面的管理体制,推出反垄断、知识产权保护、投融资等一系列与文化产业发展相配套的法律法规和政策,规范竞争秩序,打击走私、盗版行为,从而为企业创造对外文化贸易的良好法律环境。

三、加大对文化产品出口扶持力度

目前,我国政府对文化产品出口制定了一系列的扶持鼓励政策,对我国的文化贸易起到了积极作用。然而,存在的问题是政策力度还不够,有些政策措施在一些地方没有得到很好的落实。要进一步落实有关政策,加大政府扶持文化产品出口的力度。可考虑采用过去鼓励货物商品出口的补贴政策,在一段时间内对文化国际服务贸易出口进行补贴:如对音乐、戏曲、歌舞、芭蕾等,给予适当的财政补贴并减免出口税;对创新型、外向型高科技文化项目实行低息或贴息贷款;对各类文化企业贸易出口创汇提供出口汇差补贴,以间接经济手段进行鼓励、规范和管理;以政府资金为基础,吸纳社会赞助,设立文化产业发展基金和文化国际服务贸易出口发展基金等专项基金,以期实现文化产业及其国际服务贸易出口的长效发展。中小文化企业可以通过向国家申请"中小企业国际市场开拓资金"、向进出口银行寻求信贷支持等途径推进文化产品海外市场营销。国家对有出口业绩的文化公司应给予奖励,对于国家文化产品出口基地,按有关规定享受各项扶持政策。文化出口按国家税法享受出口退(免)税政策;对在境外提供文化劳务取得的境外收入不征营业税,免征企业所得税;对生产重点文化产品进口所需要的自用设备及配件、备件等,按现行税收政策的有关规定,免征进口关税和进口环节增值税。政府对列入指导目录的境外商业演出展览可提供资金支持。

政府还可以帮助企业建立国际营销网络。政府可以制定优惠政策,支持文化企业开辟文化贸易渠道,开拓国际市场。政府在本国文化产品的宣传与推广上也具有不可替代的作用,各级政府要充分利用重要节日和纪念日,组织举办高水平文化交流活动,增进世界对中国的了解。政府要继续推进中外互办文化年,在国外举办中国文化节、文化周、艺术周、电影周、电视周和文物展等工作。在发挥我驻外机构宣传推介中国优秀文化产品的重要作用的同时,要充分发挥多元载体的文化传播作用,借助国外著名的电影节、电视节、艺术节、书展、博览会等平台,积极推介中国文化产品和服务。应适应国外受众需求和接受习惯,不断扩大广播电视节目在境外有效落地。应积极拓展民间交流合作领域,鼓励人民团体、民间组织、民营企业和个人从事对外文化交流。

第二章 宁波现代传媒业发展法制保障问题研究

第一节 宁波现代传媒业的发展和法制保障现状

一、现代传媒业概述

(一)传媒和现代传媒的理解

传媒,是指传播各种信息的媒体,或称"传播媒体""媒体"或"媒介",即信息传播过程中从传播者到接受者之间携带和传递信息的一切形式的物质工具。1943年美国图书馆协会的《战后公共图书馆的准则》一书中首次使用"媒体"作为术语。① 传媒现在已成为各种传播工具的总称,如电影、电视、广播、印刷品(书刊、杂志、报纸),而自从计算机普及之后,网络媒体亦成为一种新形式的传播媒体。

现代传媒一般来说是指以互联网为基础,兼有电视、广播、报纸、期刊等多种元素在内的文化传播系统的总称,相对于以往的传播媒介来说,它的传播速度更快、信息承载量更大、传播的方式更多样、传播的范

---

① 程小萍:《媒体知识管理》,光明日报出版社2007年版,第26页。

围更广泛、影响力和控制力也更大。

(二)现代传媒的功能

传媒作为整个社会系统的一个重要组成部分,对社会影响是多方面的。现代传媒的社会功能也因此呈现出多重性、多元性的特点,很多研究者从不同的角度进行了总结。归纳起来,主要有以下几个方面。

1. 信息传播功能

传媒最为首要的和基本的功能是信息传播功能,也是传媒之所以存在和发展的理由。传媒的信息传播功能主要表现在两个方面:一是为社会公众提供发生在公众所在区域或其他区域的各种信息,以便公众了解信息,满足人们获取信息的愿望;二是为信息接受者参与信息的传播提供条件,使接受者尽可能地和媒体或媒介产生互动。

2. 舆论引导功能

传媒对舆论的作用主要表现在:制造舆论和引导舆论,并形成舆论环境。传媒因此经常被称为社会舆论的传声筒和放大镜。

3. 社会协调功能

大众传媒为人们表达不同的意见提供了一个平台,传媒客观、真实、充分的报道,能在潜移默化中把受众对危机的体验统一到一种理性的认识;另一方面还能够帮助人们宣泄不满情绪,使人们一时的心理需求得到满足。正因为如此,传媒被形象地喻为"社会的排气阀"。

4. 文化传承功能

传媒通过记录、保存人类社会发展过程中积累的经验、智慧、知识、价值以及行为规范等信息,使后人在前人的基础上进一步完善、发展和创造,让一代代人在社会化过程中学习、认同社会传统、经验和知识。传媒对文化的传播主要体现在延续社会传统、传播社会经验和知识以及形成主流道德体系等方面。

5. 身心娱乐功能

传媒的娱乐功能主要表现在其不仅向受众提供了丰富的娱乐节目,同时也为受众参与休闲娱乐提供了广阔的空间。其在丰富和活跃人们的精神文化生活的同时,还释放和减少了那些影响人们生理健康和心理健康的紧张情绪,减轻了社会的紧张度。

6. 商业推销功能

传媒可以通过不断刊登或播出商业推销广告,说服公众购买广告商的产品。在现代市场经济环境下,广告在刺激消费需求和商业竞争中扮演了重要角色。与此同时,传媒自身也融入市场经济获得了广告收入,是媒介与社会互动双赢的典型形式。

传媒的功能具有"双刃性",积极作用的发挥能使传媒具有正能量,但使用不当,也会使传媒功能出现消极性。因此,我们在看到现代传媒的积极功能的同时,必须对其负面影响及早防范,尽可能把负面影响减少到最低程度,以使现代传媒为促进社会的进步和发展做出积极贡献。

（三）传媒产业的定义和现代传媒业的特性

如今,传媒产业术语的使用已是非常广泛,但是对于传媒产业的准确定义却没有统一。不同研究者从不同角度给出了不同的定义,有研究者认为,传媒产业可分为狭义的传媒产业和广义的传媒产业。狭义的传媒产业是指从事大众传媒活动的大众传媒组织所构成的产业;广义的传媒产业则指以大众传媒为核心以及围绕其形成的设备制造、原材料提供、服务等所有部门构成的产业集合。[①] 还有研究者认为,传媒产业是指由传播媒介等信息传播行业所组成的产业群,它主要包括印刷媒介的报纸、期刊、图书和电子媒介的广播、电影、电视、电信、卫星以及其他传播媒介部门。[②] 对于传媒产业的定义,应从传媒产业的内涵和外延两方面进行界定,方能准确把握其涵义。因此,所谓传媒产业,是指从事传媒产品与传媒服务的生产经营活动以及为这种生产和经营提供相关服务的行业。广义传媒产业既包括传媒核心产业也包括传媒配套产业。传媒核心产业指报业、期刊业、图书音像出版业、广播电视业、电影业以及互联网业等;传媒配套产业则指广播电视以及报刊的广告代理业、出版物分销业、出版物印刷制作业、广播电视节目制作业等。狭义传媒产业则仅指传媒核心产业。本书主要围绕狭义传媒产业展开论述。

现代传媒业是传媒产业发展到一定程度的产物,既具有产业的一般

① 张辉锋:《传媒经济学》,南方日报出版社 2006 年版,第 26 页。
② 周鸿铎:《产业化、集团化是我国广播电视业发展的总趋势》,http://www.cuc.edu.cn,2013 年 6 月 13 日访问。

属性也具有传媒产业的属性①，但其自身的特性也非常明显，主要表现在以下几个方面。

1. 现代传媒业属于文化产业

文化产业是指生产文化产品或提供文化服务以满足社会需要的各类行业门类的总称。文化产业在资源配置方式上，是以市场为基本手段；在生产方式上，采用社会化大生产的方式，尤其是工业生产的方式。现代传媒业基本上通过市场化的工业生产方式，为社会生产文化产品和提供文化服务，满足人们的精神需求。

2. 现代传媒业具有经济和意识形态的双重性质

现代传媒业在提供文化产品和文化服务的同时，也要追求自身的经济利益以谋发展，但是现代传媒业的经济性质，不同于一般商品追求经济利益最大化，其在经济价值中要反映一些思想、精神和价值取向及意识形态要求。因此，现代传媒业具有很强的政治属性，其作为"权力的代理人"总是要体现意识形态的要求。②

3. 现代传媒业具有公共性产品和竞争性产品双重属性

作为公共性产品，现代传媒业负担了政治宣传、舆论导向、社会价值体系构建等社会公共职能和政治任务，因此在世界各国，现代传媒业均属于政治敏感地带，也属于政党和政府介入最深、法律监管最严格的产业。作为竞争性产品，传媒产品和服务涉及普通民生和大众消费，具有产业的特性，能够通过市场化、产业化运营，产生巨大的经济效益，并成为经济发展的重要增长点和支柱产业，这已被国际经验所证明。

4. 现代传媒业准入标准较高

现代传媒业是一种特殊的产业，任何国家都对传媒管理实施特殊的政策措施，包括对媒体内容的管制和对传媒市场主体经营行为的管制。虽然现代传媒业政策管制走向逐渐放松，但各国还是实行严格管制，准入条件较其他产业更为严格。

---

①　这里需要说明的是，所谓传媒具有产业属性是从一般意义上来说的。因为在实际中，需要对传媒进行分类，特别是对我国目前的各类传媒予以具体分析的话，则并非所有的传媒均具有产业属性。即使具有产业属性的传媒，其产业化的程度也不是相同的。

②　蓝生、谢绳武主编：《2001—2002年：中国文化产业发展报告》，社会科学出版社2002年版，第141页。

二、宁波现代传媒业的发展

2001年8月,中共中央宣传部、原国家广播电视电影总局、原新闻出版总署印发了《关于深化新闻出版广播影视业改革的若干意见》,这是我国政府全方位深化传媒改革的一个重要文件。2003年7月,中共中央办公厅、国务院办公厅转发了中宣部、文化部、原国家广电总局、原新闻出版总署《关于文化体制改革试点工作的意见》的通知,拉开了传媒体制改革的序幕。之后原国家广播电影电视总局印发了《关于促进广播影视产业发展的意见》,原新闻出版总署印发了《新闻出版体制改革试点工作实施方案》等文件,昭示着我国传媒产业发展进入了一个新的阶段。

(一)宁波日报报业集团的形成和发展

宁波日报报业集团成立于2002年6月,是原国家新闻出版总署批准成立的首批39家报业集团之一。2005年经宁波市人民政府批准,宁波市国资委把国有资产授权给宁波日报报业集团(事业法人)经营,明确宁波市国资委作为委托者和"出资人",履行出资人职责,享受出资人权益。宁波日报报业集团负责国有资产的具体经营,保证国有资产的保值增值。再由宁波日报报业集团(事业法人)拿出资金注册成立宁波日报集团公司(企业法人),负责经营业务。根据宁波市《关于加快推进市属国有资产授权经营工作的若干建议》的规定,出资者对被委托人宁波日报报业集团授予"资产的产权转让权、资产担保权、收益处置权、投资决策权"。同时,对集团在什么条件和范围内行使这些权利也有明确解释和界定。另外,文件还明确了被授权者是行使授权范围内的国有资产出资者权利的特殊企业法人,要承担相应责任及义务:对授权经营的国有资产承担保值增值责任;对其投资的企业依法行使出资人权利和承担责任;按照公司法有关规定,对全资、控股和参股企业重大事项做出决策;整合公司资源,发挥整体优势,实现国有资产的合理流动和优化配置。由宁波市国资委、市委宣传部、组织部和文化广电新闻出版局共同组成"四位一体"的联合监管和考核主体,组成宁波市国有文化资产考核工作小组,由市委宣传部一名副部长任组长,在小组内有明确分工,实现了"管人、管事、管资产"和坚持"党管媒体不变、党管干部不变、正确的舆论导向不变、党和人民喉舌的性质不变"的统一。小组创立了一套对授权单位的管理制度和考核标准,保证相关工作和有关政策及考核推进有统一出口,而不是政出多门。

目前,宁波日报报业集团产业主要由报纸杂志、出版发行、数字新传媒和文化产业四大板块组成。报纸杂志板块主要包括宁波日报、宁波晚报、东南商报、余姚日报、慈溪日报、奉化日报、鄞州日报和宁波通讯、宁波经济、文学港、大爱、天一文化等八报六刊;出版发行板块主要由宁波出版发行集团所辖,包括宁波出版社、宁波市新华书店、东海岸电子音像出版社、天一阁出版策划有限公司等;数字新传媒板块由宁波新传媒有限公司所辖,主要由中国宁波网、新侨报、宁报传媒、悦报传媒、电子显示屏报等组成;文化产业板块主要由宁波书城、宁波报业传媒大厦、宁波数字传媒基地、报业印刷发展有限公司、宁波音乐厅、邵洛羊艺术馆等组成。目前,宁波日报报业集团已成为国内传媒产业链最长的党报集团之一。"十二五"期间,宁波日报报业集团将坚持以科学发展为主题,以转型升级调结构、转换机制促发展为主线,大力推动"转观念、转机制、转方式、转作风",加快推进"多元化、集团化、数字化、本土化、市场化、品牌化",着力提高舆论引导力、产业竞争力、品牌影响力和队伍凝聚力,改革创新,稳中求进,努力实现从新闻出版集团向国内同类城市一流的文化传媒集团跨越。

（二）宁波广播电视集团的成立和发展

从1953年建立宁波市人民广播电台和1984年建立宁波市电视台以来,随着宁波经济和社会的发展,宁波广电事业也得到快速发展,形成了以宁波大市为中心、县市区为纽带、乡镇为基础的布局合理、分工明确的发展格局,基本建成了广播与电视、有线与无线、卫星与光缆相结合的传输覆盖网络,成为极具影响的新闻传媒和文化载体。

经原国家广播电影电视总局批复,2003年3月28日宁波广播电视集团成立。宁波广播电视集团为宁波市政府直属的相当于行政正局级全民事业单位,是拥有广播、电视、广电报等媒体,从事广播、电视节目制作经营,节目传输增值业务、报刊发行、广告、演艺等经营的综合性传媒集团。

宁波广播电视集团实行党委领导下管委会、编委会负责制,设内设机构 29 个,其中:频道频率机构 11 个、综合管理机构 12 个、保障机构 6 个。集团所属成员单位 9 个,即:宁波广播电视报社、宁波大剧院文化发展有限公司、宁波广播影视艺术中心有限公司、宁波广播电视广告有限公司、宁波数字电视有限公司、浙江宁广传媒有限公司、宁波广播电视发射中心、宁波市民卡运营管理有限公司、宁波广电华视移动数字电视有限公司。2012 年 12 月 26 日,宁波广电集团创办的本地化垂直门户——宁波广电网正式上线。网站以整合宁波电视台和宁波电台优势资源为特色,以契合本地实际、注重内容的深度和广度,体现差异化竞争为手段,以创建"国内领先,全省一流"为目标,致力于建设一个区别于传统媒体的、符合互联网特色、拥有良好用户体验的大型地方门户网站。宁波广电集团的主要职责任务是:认真贯彻执行党和国家在新闻宣传、广播电视管理方面的方针政策,组织集团所属成员单位办好栏目、节目,把握正确舆论导向;依照授权管理、经营广播电视实体的国有资产;组织落实重大宣传报道活动;负责提升广播电视的科技规模和水平,增强广播电视集团系统的综合发展能力;负责对广播电视传输覆盖网络统一建设、管理和经营;负责对集团所属成员单位依法规范管理以及业务培训、职业道德教育和人才队伍建设;承办市委、市政府布置的其他任务。

三、宁波现代传媒业发展的法制保障现状

宁波现代传媒业发展的法制保障,离不开国家整体传媒业发展的法制保障环境。因此,宁波现代传媒业发展的法制保障现状,需要从国家层面和宁波地方两方面加以阐述。

目前,在我国并不存在专门的传媒法及现代传媒法,但这并不是说我国就不存在对现代传媒业的法制保障。在我国,传媒业实际上一直受到国家的严格管制。虽然早期的管制比较倚重各种"红头文件",但随着我国传媒业的不断改革和发展,我国现代传媒业的法制建设开始走向法制化、制度化和规范化的轨道,现代传媒业的法制保障体系已经初具规模。宁波现代传媒业法制保障体系,主要由宪法、法律、行政法规、地方性法规、政府规章和部门规章等具有不同法律等级效力的规范性文件组成。

（一）宪法

宪法作为国家根本大法，是制定现代传媒法的基本依据，是现代传媒业发展的基本准则。从宏观层面上说，宪法规定的国家的社会制度和政治制度、根本任务、基本原则等都指导着现代传媒业。从微观层面上说，宪法具体规定的某些条款可以直接规范现代传媒业。如我国《宪法》（1982 年）第 22 条关于新闻出版广播电视事业为人民服务、为社会主义服务的方向的规定；第 35 条关于公民言论、出版自由的规定；第 41 条关于公民对国家机关及其工作人员提出批评建议的权利的规定；第 47 条关于公民进行文化活动自由的规定等，都是对现代传媒业具有根本意义的法律规范。

（二）法律

在由全国人民代表大会及其常务委员会制定的法律中，也存在着调整现代传媒业的法律规范。如《民法通则》（1986 年）中有关民事主体财产权和人格权的规定；《物权法》（2007 年）中有关国家所有权及国有资产保护的规定；《著作权法》（2010 年第二次修改）和《商标法》（2001 年第二次修改）中对民事主体知识产权保护的规定等，均对现代传媒业发展具有一定的约束力，且在一定程度上也具有保护现代传媒民事权利的作用。此外，《刑法》（2011 年第八次修正）中也包含了对现代传媒的约束和对妨害现代传媒业发展犯罪的制裁，如煽动分裂国家罪，煽动颠覆国家政权罪，编造并传播证券交易虚假信息罪，虚假广告罪，出版歧视、侮辱少数民族作品罪，以及制作、复制、出版、贩卖、传播淫秽物品罪等均与现代传媒业有关。而在我国制定的许多专门法中，也不同程度地存在着规范现代传媒业发展的条款，这主要包括《统计法》（2009 年第二次修改）、《档案法》（1996 年修改）、《保守国家秘密法》（2010 年修改）、《传染病防治法》（2004 年修改）、《邮政法》（2009 年修改）、《未成年人保护法》（2006 年修改）、《反不正当竞争法》（1993 年施行）、《广告法》（1995 年施行）、《证券法》（2005 年第二次修改）等。

（三）行政法规

在我国缺少专门传媒法法律的情况下，行政法规就成为调整现代传媒业发展的最主要的依据。这主要包括如下内容。

1. 对各类传媒进行管理的行政法规

如《广播电视管理条例》（1997 年施行）、《互联网信息服务管理办法》（2000 年施行）、《电影管理条例》（2002 年施行）、《信息网络传播权保护条例》（2006 年施行）、《出版管理条例》（2011 年修改）、《音像制品管理条例》（2011 年修改）等。

2. 对现代传媒业中某一具体事项进行单项管理的行政法规

如《关于严禁淫秽物品的规定》（1985 年施行）、《外国记者和外国常驻新闻机构管理条例》（1990 年施行）、《关于非公有资本进入文化产业的若干决定》（2005 年发布）、《外国常驻新闻机构和外国记者采访条例》（2008 年施行）、《广播电台电视台播放录音制品支付报酬暂行办法》（2010 年施行）等。

3. 一些其他领域的专门行政法规中与现代传媒业有关的规定

如《气象灾害防御条例》（2010 年施行）第 40 条就现代传媒公布气象预报做了规定。

从上述众多的行政法规看，行政法规几乎涵盖了所有现代传播媒体的管理，是国家保障现代传媒业发展的最主要的依据。

（四）地方性法规

基于法律和行政法规的授权性规定，浙江省和宁波市在现代传媒业领域也制定了一些地方性的法规。如《浙江省广播电视管理条例》（1997 年施行）、《宁波市有线广播电视管理条例》（2004 年修改）、《浙江省广告管理条例》（2008 年施行）。这些地方性法规不能和法律与行政法规相抵触，而且浙江省地方性法规可以在全省范围内施行，宁波市地方性法规只能在宁波市区域范围内施行。

（五）政府规章

在宁波市有效的政府规章主要是由享有规章制定权的浙江省人民

政府和宁波市人民政府制定，其中规范现代传媒业发展的浙江省政府规章主要是《浙江省广播电视设施保护实施细则》(1998 年施行)、《浙江省文化市场综合行政执法管理办法》(2009 年施行)、《浙江省文化市场管理条例》(2011 年第三次修改)、《浙江省著作权管理办法》(2012 年修改)等。宁波市政府制定的政府规章主要是《宁波市户外广告管理条例》(2012 年施行)。

（六）部门规章

这里主要指由国家新闻出版广电总局(原国家新闻出版总署和原国家广播电影电视总局合并后的国家机构)和国务院各部委根据宪法和有关法律、行政法规制定发布的有关图书报刊、广播、电影电视、音像、互联网、出版、广告的专门规章。在我国缺失专门的传媒法的情况下，部门规章与行政法规同样是保障现代传媒业发展的重要依据。部门规章主要包括以下几种。

1. 有关现代传媒业管理的规章

有《图书质量保障体系》(1997 年施行)、《电影审查规定》(1997 年施行)、《外商投资图书、报纸、期刊分销企业管理办法》(2003 年施行)、《广播电台电视台审批管理办法》(2004 年施行)、《音像制品出版管理规定》(2004 年施行)、《广播电视节目制作经营管理规定》(2004 年施行)、《期刊出版管理规定》(2005 年施行)、《互联网著作权行政保护办法》(2005 年施行)、《图书质量管理规定》(2005 年施行)、《报纸出版管理规定》(2005 年施行)、《电视剧管理规定》(2006 年施行)、《互联网视听节目服务管理规定》(2008 年施行)、《出版专业技术人员职业资格管理规定》(2008 年施行)、《音像制品制作管理规定》(2008 年施行)、《电子出版物出版管理规定》(2008 年施行)、《图书出版管理规定》(2008 年施行)、《复制管理办法》(2009 年施行)、《电影艺术档案管理规定》(2010 年施行)、《电视剧内容管理规定》(2010 年施行)、《音像制品进口管理办法》(2011 年施行)等。

2. 有关现代传媒业传播活动的规章

有《印刷品广告管理办法》(2000 年施行)、《新闻出版行业标准化管理办法》(2001 年施行)、《境外电视节目引进、播出管理规定》(2004 年施行)、《互联网等信息网络传播视听节目管理办法》(2004 年施行)、《广播影视节(展)及节目交流活动管理规定》(2004 年施行)、《广播电视视频点播业务管理办法》(2004 年施行)、《广播电视节目传送业务管理办法》(2004 年施行)、《广播电视安全播出管理规定》(2010 年施行)、《广播电视广告播出管理办法》(2010 年施行)、《有线广播电视运营服务管理暂行规定》(2012 年施行)等。

3. 有关现代传媒业经济活动的规章

有《关于报社、期刊社、出版社开展有偿服务和经营活动的暂行办法》(1988 年施行)、2004 年经原国家广播电影电视总局和商务部审议的《电影企业经营资格准入暂行规定》、2004 年原国家广播电影电视总局通过的《中外合作制作电视剧管理规定》、2004 年经原国家广播电影电视总局审议通过的《中外合作摄制电影片管理规定》、2004 年经原国家广播电影电视总局通过的《电影片进出境洗印、后期制作审批管理办法》《出版物市场管理规定》(2011 年施行)等。

4. 有关现代传媒业行政管理的规章

这方面的规章直接规定的不是很多,更多的是在有关法律法规中涵盖了行政管理的内容。直接规定行政管理的规章有:原新闻出版总署1997 年颁布的《出版管理行政处罚实施办法》、原新闻出版总署 1998 年出台的《新闻出版行政执法证管理办法》、原国家广播电影电视总局 2001年发布的《广播电影电视行政复议办法》、原新闻出版总署 2003 年颁布的《著作权行政处罚实施办法》、原国家广播电影电视总局 2004 年颁布的《国家广播电影电视总局行政许可实施检查监督暂行办法》等。

(七)司法解释

在最高人民法院对有关法律进行的司法解释中,也有一些内容涉及对现代传媒业的规范。如《关于审理非法出版物刑事案件的具体应用法律若干问题的解释》(法释〔1998〕30 号)、《关于审理名誉权若干问题的解释》(法释〔1998〕26 号)、《关于办理侵犯知识产权刑事案件适用法律若干问题的意见》(法发〔2011〕3 号)等。

此外,在我国缔结或参加的国际公约、国家之间的双边或多边协议中与传媒业发展有关的内容,也属于我国现代传媒业发展法制保障的重要组成部分,对宁波现代传媒业发展具有法律规范的约束力。

综上所述,虽然目前在我国并不存在一部专门而统一的现代传媒法,但却形成了以宪法为龙头,以行政法规和部门规章为核心,以其他法律、地方性法规和政府规章及司法解释为辅助的多层次、多方位的现代传媒业法律规范体系,这为宁波现代传媒业发展提供了法制保障的基础。

第二节　宁波现代传媒业发展法制保障存在的问题

通过上述的研究可知,就我国和宁波市对现代传媒业的现行立法而言,我国已经初步建立起了由一系列行政法规、部门规章为核心的现代传媒业的法制保障体系,现代传媒业也正在走向法制化的轨道。然而,与我国法制建设的总体要求相比,宁波现代传媒业法制建设无论在法制保障理念、法制保障体系上,还是在法制保障行政管理主体和法制保障环境上,还都存在着一些问题,还不能完全适应宁波现代传媒业的快速发展和依法管理的要求。

一、宁波现代传媒业发展法制保障理念不能完全适应市场发展需要

宁波现代传媒业的出现和发展,是在我国整个传媒业的改革和发展的基础上完成的。从我国传媒业的体制改革上看,都是在国家的"事业单位"的身份下经过转制,变成具有一定"半事业单位、半企业"性质的现代传媒业。宁波日报报业集团本身仍是事业法人,由其拿出资金注册成立宁波日报集团公司,公司是企业法人,而宁波广电集团形成后仍是事业法人。这种现代传媒业既要履行国家的政治功能,又要实现自身的经济功能,在符合国家基本的政治利益要求下,体现追求经济利益的需求。现代传媒业就是在"双重"要求下不断地完善和发展,努力实现二者的平衡。在我国众多有关现代传媒业的法律法规中,这种法制保障理念贯穿始终,体现在很多法律法规条款中。对传媒业的行业进入、经营范围、经营区域、资本投入等方面实施严格的限制,这使得现代传媒业仍然囿于

过去的发展理念,产业化经营更是没有大的突破。非市场经济发展特征导致现代传媒业还是处于一种垄断经营状态,使现代传媒业缺乏外在的竞争压力和创新精神,市场运作效率不高,传媒业结构单一,抗风险能力较弱。随着我国国内和宁波逐步开放市场,国内和国际传媒业也开始进入宁波本地传媒业市场,无论是图书报纸期刊的分销,还是电影电视节目的引进和网络服务的完全开放,都无疑给我们一个明确的信号:现代传媒业的市场化越来越快了。而目前宁波现代传媒业发展的法制保障理念已不能完全适应市场发展的需要。

二、宁波现代传媒业发展法制保障体系不完备

宁波现代传媒业的法制保障,主要依赖于国家和浙江省及宁波市地方政府制定的法规、规章及行业管理部门制定的规章和规范性文件。从已有的许多法规、规章和规范性文件来看,有的因时代较早缺乏前瞻性,有的因事而设缺乏稳定性,也有的因从部门行业考虑而欠缺科学性,导致已有的法规不完善、不配套、不协调,距离形成完备的法规体系有很大的差距,甚至不少领域还是法律法规的空白点,如网络新媒体,在目前的规范体系中还没有出现。随着国家新闻出版广电总局部门的成立,我国现在基本形成了现代传媒业的统一管理机构,国家新闻出版广电总局的主要职责是:统筹规划新闻出版广播电影电视事业产业发展,监督管理新闻出版广播影视机构和业务以及出版物、广播影视节目的内容和质量,负责著作权管理等。但是基于职能和管理的需要,在国家新闻出版广电总局之下仍然保留了原国家新闻出版总署和原国家广电总局这两个机构,职责基本和原来一样。而原两机构颁布的部门规章仍然有效,难免仍会出现基于部门利益考虑而制定的规章,规章之间甚至冲突和矛盾,急需整合和统一。特别是我国在现代传媒业缺乏位阶较高的《传媒法》,或《新闻法》《出版法》和《广播电影电视法》的情况下,大量的行政法规和部门规章的权威性远远不够,使现代传媒业发展的法制保障欠缺一种顶层的立法设计保障。目前宁波对现代传媒业的统一管理机构是宁波市文化广电新闻出版局,主管全市文化艺术、广播电影电视、文物博物、新闻出版和版权工作。从宁波市已出台的法规和规章看,地方性的规定较少,现有《宁波市有线广播电视管理条例》和《宁波市户外广告管

理条例》，无论从宁波现代传媒业的行业划分，还是基于职能管理需要，地方性法规和规章的体系性远远不够，无法形成统一完备的规范体系。特别是在宁波提出大力发展现代传媒业的今天，通过地方性立法的支持和保护，形成较好的法制保障环境，对发展宁波现代传媒业具有重要意义。

三、宁波现代传媒业发展法制保障行政管理主体不通顺

宁波在传媒业发展过程中，和国家传媒业发展的行政管理基本一样，实行的是多头管理、行业所属、部门所有、条块分割的办报、办台体制。比如宁波市宣传部门贯彻党和国家关于宣传思想、文化、广播电视工作的方针，负责引导社会舆论，指导、协调新闻工作等。宁波市文化广电新闻出版局贯彻执行党和国家关于文化艺术、广播影视、文物博物、新闻出版、著作权工作的法律法规和方针政策；受委托研究起草文化艺术、广播影视、文物博物、新闻出版、著作权管理的地方性法规、规章草案，经审议通过后组织实施等。宁波市教育部门负责教育电视管理。宁波市人民政府新闻办公室负责对外宣传和互联网宣传管理。宁波市工商行政管理局对上述业务的经营进行管理。这种管理体制对现代传媒业而言，明显的问题是可能对同一事项进行多部门管理，职责履行不清，重复交叉管理，而有时也可能会出现管理"真空"，影响产业竞争和产业发展。比如对网络媒体业的管理，宁波市人民政府新闻办公室负责互联网宣传管理、负责本行政区域内的互联网新闻信息服务监督管理工作（根据《互联网新闻信息服务管理规定》第4条的规定而得出的职权，下同）；信息产业局统筹规划全市公用通信网、计算机互联网、广播电视网和专用信息网，负责联系、协调和指导电信行业相关工作（参见《宁波市信息产业局主要职责》第4条）；宁波市文化广电新闻出版局负责本辖区内互联网等信息网络传播视听节目的管理工作（《互联网等信息网络传播视听节目管理办法》第3条），对互联网信息服务活动中的信息网络传播权实施行政保护（《互联网著作权行政保护办法》第3条）。多头管理会造成有利益的事在部门之间抢着管、无利益的事大家都不管的现象。所以，现在网络媒体的发展和监管存在着很多"空白"，网络媒体有泛滥的现象。这些问题的出现都不利于现代传媒业的发展，而必须在行政管理主体上加以理顺。

四、宁波现代传媒业发展法制保障环境不理想

由于规范宁波现代传媒业发展法制保障体系的不完备及行政管理主体之间的不通顺,也使得宁波现代传媒业发展法制保障的环境不理想,影响了宁波现代传媒业的发展速度。尤其明显的是,宁波在享有地方立法权的权力下,却没能很好地抓住机遇进而制定符合宁波实际发展需要的地方性法规和政府规章,仍然更多地依赖于国家相关部门所制定的法律法规,虽然这种依赖省去了许多立法的要求和程序,但也实际上失去了更好发展的立法保障优势。目前宁波现代传媒业的发展情况在全国并不具有十分突出的地位,无论是新闻出版还是广播电视发展规模和盈利能力,和国内其他一些传媒集团相比仍有较大差距。从宁波现代传媒业发展的环境情况来看,首先,宁波新闻出版和广播电视仍然属于两个不同的传媒集团,集团各自规模不大,竞争力不强。原国家新闻出版总署在 2012 年发布了《关于加快出版传媒集团改革发展的指导意见》,明确指出到"十二五"期末,支持出版传媒集团发展以网络出版、手机出版、云出版等为代表的出版新业态;支持出版传媒集团和大型电子商务企业进行战略合作和资源整合,构建线上流通和线下流通相结合的现代化出版物流通体系;鼓励出版传媒集团对业务相近、资源相通的中央和地方出版企业进行兼并重组,实现跨地区发展;鼓励出版传媒集团兼并重组新闻出版领域以外的其他国有企业,实现跨行业发展。可以看出,国家的宏观决策指明了新闻出版行业进一步发展的方向,也为宁波现代传媒业的大发展指出了道路。其次,宁波扶持现代传媒业发展的法规规章及其他地方性规范文件太少,法制保障的支持环境不够。要想实现宁波现代传媒业的大发展和大繁荣,立法和政策的支持必须先行。通过营造良好的发展环境,支持和鼓励更多的主体投入到现代传媒业发展的进程中去,才有可能产生更大的产业规模和效益。因此,宁波现代传媒业发展的法制保障支持环境,在经过一个较长时期的培育和完善之后,必将产生积极的效应。

第三节　国内外现代传媒业发展法制保障的比较和借鉴

宁波现代传媒业发展法制保障存在着诸多的问题和不足,这与宁波现代传媒业的起点低、市场化程度低、规模小等有关。宁波现代传媒业发展在产业规模和结构上、在社会化和产业化的程度上、在经营管理和市场竞争的经验上,与国内许多城市或发达国家的现代传媒业相比都有相当大的差距。因此,通过对国内其他城市或国外的现代传媒业进行比较和借鉴,对宁波现代传媒业发展的法制保障将具有重要意义。

一、国内现代传媒业发展法制保障情况

(一)北京

北京现代传媒业发展的法制保障,目前其还主要以国家的《著作权法》《著作权法实施条例》《计算机软件保护条例》《出版管理条例》《音像制品管理条例》等一法四条例和原新闻出版总署、原国家版权局、原国家广播电影电视总局的一批部门规章作为主要的法律依据和法制基础。北京市出台两项关于现代传媒业管理的地方性法规,即《北京市音像制品管理条例》和《北京市图书报刊电子出版物管理条例》。北京市还在2002年12月1日颁布了《北京市互联网上网服务营业场所管理办法》,但主要还是依国务院2002年发布的《互联网上网服务营业场所管理条例》来进行管理。

在现代传媒业执法方面,北京市在2012年1月1日起开始施行《北京市文化市场综合行政执法办法》。依据该办法,北京市文化执法总队等文化市场的综合执法部门与文化、广电、新闻出版、文物以及公安、工商等行政管理部门建立信息共享机制,同时建立健全文化市场中行政执法与刑事司法的衔接工作机制,建立健全案件移送标准和程序等制度,以加强对文化市场的执法力度。

北京市虽然在现代传媒业方面制定的地方性法规和规章并不是很多,但也针对性地出台了两个法规和一个规章,特别是建立了文化市场综合行

政执法中规定的行政执法与刑事司法的衔接机制,这是一个比较好的举措,建立了行政执法制度和司法制度的衔接,也加强了行政执法的效果。

(二)上海

在现代传媒业立法方面,上海目前有效实施的地方性法规有三个、地方政府规章和规范性文件有十余个,取得了显著的成就。其中,上海市人大制定了《上海市出版物发行管理条例》《上海市文化娱乐市场管理条例》《上海市音像制品管理条例》等地方性法规;上海市政府制定了包括《上海市图书报刊管理规定》《上海市查禁有害出版物暂行规定》《上海市地图编制出版管理若干规定》《上海市文艺演出管理办法》《上海市电影发行放映管理办法》《上海市文化娱乐市场管理条例实施细则》《上海市公共文化管理办法》等十余个地方性政府规章,内容涉及出版、演出、电影、娱乐、新闻广播、音像制品、互联网等领域,基本做到了与国家传媒立法相配套和同步,为上海市的现代传媒业发展提供了强有力的法制保障。

在现代传媒业执法方面,1998年上海市委七届三次全会决定对上海文化市场实行综合执法,于1999年12月29日挂牌成立上海市文化稽查总队。根据《上海市文化领域行政执法权综合行使暂行规定》(市政府2000年79号令),文化稽查总队负责对上海市演出、美术品、娱乐(包括文化娱乐和体育娱乐活动)、广播、电影、电视、音像制品、图书报刊、电子出版物和文物等文化领域实行综合执法。此后又在各区县相继成立了文化稽查队。为了推进文化领域进一步相对集中行政处罚权工作,上海市政府在2003年又组建了文化管理行政执法局,便于更好地依法管理文化市场。

上海市在关于现代传媒业方面制定的地方性法规和规章相对较多,这与上海市的经济、文化地位相匹配,并且在国家已有相关的法规和规章之后,上海又专门出台了更加详细的规定,如图书、报刊、音像制品等方面。通过这种立法办法,制定出来的法规就更加符合地方实际情况和需求,具有很强的针对性。

(三)香港、澳门

在香港的法律中,直接为现代传媒业而制定的,如《电讯条例》《电视条例》《淫秽及不雅物品管理条例》等,或与现代传媒业运作有关的,如体现在《香港特别行政区基本法》及多项普通法中。香港涵盖现代传媒业的法律法规可以分为几个方面:(1)技术方面的规范——如广播电视的技术标准,音像制品的机械标准,电波频率的分配方式,油印过程中产生化学污染的控制等。(2)市场方面的规范——如广播电视执照、有线电视营运特许证及相应的税收政策,防止市场垄断的相应规定,股权结构,广告发布等。(3)行为道德方面的规范——如禁止诽谤言论的规定,电影分级制,关于传媒产品不雅内容的处罚等。(4)传媒政策方面的规范——如在多种法律中关于言论自由、新闻自由、出版自由的规范及限制,确定传媒产业的发展战略,制定资讯科技发展规划,等等。

澳门的法律制度属于大陆法系,在现代传媒业方面的立法体系较为完备,澳门目前大致沿用回归前的法律,主要包括:(1)规范澳门的新闻出版事业,管理从事新闻、出版活动企业的《出版法》。(2)规范资讯、节目编排、广告、广播权、答复权、经营制度的《视听广播法》。(3)具体规范在媒体上被禁止、允许及受管制的广告条款的《广告活动法》。(4)针对澳门居民的信件、电讯和其他私人通讯方式、对私生活加以保障等的《通讯保密及隐私保护法》和《个人资料保护法》。(5)保护在文学、科学或艺术领域内之原始创作的著作权利的《著作权制度》。(6)相关的规章法令,如《出版登记规章》《书刊的法定收藏制度》《公开映、演甄审法令》以及《发出卫星电视广播系统及服务准照应遵守之基本原则》,等等。还有间接对现代传媒业做出管制的法律条款,例如《刑法典》中的“侵犯名誉罪”包括“诽谤罪”“侮辱罪”以及“侵犯行使公共当局权力之法人罪”等。

香港和澳门地区面积虽小,并且在法制传统和现代传媒业管理方面和我国内地明显不同,但是在现代传媒业的法制保障方面却十分健全,规定得也非常详细,看得出港澳两地立法机关和港澳政府对发展现代传媒业的重视。因此,健全的法制也使得港澳地区的现代传媒业日趋发达。

二、国外现代传媒业发展法制保障情况

世界上大多数国家尤其是传媒业比较发达的国家,如美国、英国、法国、德国、加拿大、荷兰、日本等国,都设有专门的机构对传媒行业进行直

接或间接的管理,并有一整套行业制度和法律来规制媒体的行为及传媒业的发展。就广播电视媒介而言,各国对建台、传播实行严格的管理制度,如美、英、德、意等国的《反垄断法》,美国的 1996 年《电信法》、英国的新广播法案,意大利的《广播通信法案》等等,主要内容是实施严格的许可证制度;防止垄断;限制暴力、淫秽内容,保护未成年人;对广告进行限制和约束;等等。近年来许多国家还针对网络技术、数字技术带来的传播手段的变化纷纷制定新的法规。

英、美的法律都规定,所有媒体没有损害国家形象的自由;没有泄露国家机密的自由;没有出版淫秽图书的自由;不得恶意诽谤任何人等法律条款。英国政府设有文化、媒体、体育部来管理控制各种媒体事务。他们在法律的框架内通过强化行政管理、加强税收管理、强化服务与监督等手段来实现对媒体的管理和控制。西方国家关于传媒业的立法相当繁杂,除各种基本立法外,英国议会还时常针对一些特殊事件进行立法,以实现对传媒业的控制。

韩国制定的关于现代传媒业的法律比较健全,主要有:《电影振兴法》《唱片、录像带暨游戏制品法》《影像振兴基本法》《关于保障新闻等的自由和职能的法律》《广播电视广告公社法》《广播电视法》《出版及印刷振兴法》等。

综上可以看出,国外对现代传媒业同样实施严格的立法和控制。这是传媒业本身的特性决定的,并不具有国别性,是任何主权国家都具有的相同做法。因此,只有加强和完善立法,才能保证现代传媒业的健康繁荣发展。

第四节　宁波现代传媒业发展法制保障的完善

现代传媒业是把双刃剑,其通过产品社会化的生产和消费之后,获取了自身发展的经济能力,但在其追求经济利益最大化的同时也可能带来社会效益的降低及社会公共安全方面的担忧。因此,在发展现代传媒业的同时,必须通过合理的政策及法律来规制和引导现代传媒业的行为。传媒业发展历史告诉我们,社会制度决定着传媒业制度。西方学者早就指出:"所有的制度都必须在某种程度上对它们的媒介加以管理和控制"。① 传媒产业的发展进程绝不是脱离现实国情基础的,它受到宏观社会发展的制约,不可能超越国家政治体制改革和政治民主化的进程。② 不同国家对现代传媒业的管制都有着其特殊的历史背景和国情,因而管理的方法和手段可能不尽相同。我们知道,美国是一个传媒大国,美国传媒业的发展就是继承了美国法治的传统。以法治业"从一定意义上,保证了美国的传媒产业在相当长的时间内仍能居世界的领先地位"③。法制保障是现代传媒业健康正常发展的基本保证之一,是现代传媒业发展规律的内在要求,通过对现代传媒业的产权关系、市场关系、经营管理等进行规范,才能使现代传媒业在满足社会公众需求和自身发展需要之间寻求合适的平衡。健全的法制保障不但为现代传媒业提供了良好的内部发展保障环境,也为现代传媒业健康、公正的外部环境创造了条件,法制健全与否在很大程度上决定着现代传媒业的发展水平。没有有效的法律体系和执法体系,是不可能保障现代传媒业正常发展的。

《宁波市"十二五"时期文化发展规划》明确提出,"十二五"时期宁波文化发展的总体目标是:宁波文化软实力在全省和国内同类城市位居前列,文化在城市综合竞争力中的地位和作用更加突出,实现"文化大市"向"文化强市"跨越。宁波现代传媒业作为宁波文化产业发展中一个重要组成部分,也面临着产业升级的问题,为此,宁波市"十二五"时期文化发展规划提出要通过资本运作、资源整合、产业链拓展等手段,运用高新技术改造等方式做大做强现代传媒业,宁波日报报业集团、宁波广电集团要通过结构调整、机制创新、强化管理等方式,导入现代企业制度,积极创造条件将部分优质经营性资产整合上市,不断提升竞争力。要实现宁波现代传媒业的产业升级和发展,必须具有良好的发展环境和保障手段,其中法制保障的环境和手段必不可少。虽然目前宁波现代传媒业发展的法制保障还存在一些问题,但只要我们找出问题根源,进行"对症下

---

① [英]D.麦奎尔:《大众传播模式论》,祝建华、武伟译,上海译文出版社1997年版,第8页。

② [英]尼古拉斯·阿伯克龙比:《电视与社会》,黄列译,南京大学出版社2002年版,第27页。

③ 胡正荣:《媒体管理研究》,北京广播学院出版社2000年版,第279页。

药",问题就可以基本解决,宁波现代传媒业发展法制保障的完善措施可以从以下几方面入手。

一、要高度重视宁波现代传媒业发展法制保障的重要性

现代传媒业生产、服务、传播的是一种文化产品和文化服务,而文化产品和文化服务具有娱乐和教化功能,影响公众的价值取向、情感取向和好恶标准。现代传媒业不仅具有一般物质产品的经济属性,还有意识形态的特殊性,承载着建设社会主义精神文明和发展社会主义先进文化的任务。面对国际和国内传媒业环境的变化,以及国家与市场、国家与企业之间新关系的出现,我们应该以唯物主义的精神和前瞻性的眼光,重新审视我国的现代传媒业政策和管理机制,遵循经济运行规律、产业发展规律,认真实施国家法律法规和中央部门规章,紧密结合宁波现代传媒业发展的实际,积极开展地方立法工作。要及时总结宁波现代传媒业发展决策、监督和执法的实践经验,及时总结传媒业市场综合执法和有关部门联动执法的经验,加强对传媒业市场秩序的执法和监督。要加大对宁波现代传媒业发展法制宣传的力度,要对现代传媒业的从业者和经营者开展有针对性的宣传,提高他们尊重和保障人民群众享有合法文化权益的意识。要尊重和保护知识产权,要具有依法从事文化产品生产和文化市场经营的意识,从而共同推进宁波市现代传媒业的健康发展。

二、积极转变立法理念,制定符合宁波现代传媒业发展需要的地方性法规或规章

宁波现有的地方性立法法规只有一个:《宁波市有线广播电视管理条例》(2004年修改),政府规章也只有一个:《宁波市户外广告管理条例》(2012年施行)。宁波这种立法情况和全国大多数地方性立法情况基本相似,地方依赖国家和上级政府立法的心理仍然较强,主要采用国家制定的法律法规、部门规章及省级地方性法规和政府规章。宁波要大力发展现代传媒业,这种"等、靠、要"的立法理念已不适应现代传媒业的发展需要。宁波在对现代传媒业进行地方性立法工作中,要敢于开拓创新,勇于实践,及时将有特色的成功的经验上升为地方性法规或规章。比如国家的立法中,更多地侧重授予政府管理权力,规范经营行为。宁波在

进行地方性立法时,可以转为通过地方性法规强化政府培育市场职能、协调监督职能、市场服务职能和市场维护职能,更多地在微观上要有所作为,做好市场的服务和监督。在市场准入和行业垄断方面,宁波在制定地方性法规或规章时,可以考虑放宽传媒业的市场准入条件,建立传媒业的投融资体制,允许社会资本参与现代传媒业的市场化改造,消除制约现代传媒业发展的体制性障碍,加强对非国有传媒企业的扶持和管理,充分调动国家体制内和体制外两方面的积极性,使宁波现代传媒业发展走在全国或全省前列。

三、立法时要处理好国家立法和地方立法、超前立法和滞后立法的关系

宁波要实现"文化软实力在全省和国内同类城市位居前列"的发展目标,需要在涉及宁波地方传媒业特色的事务方面加强立法。如果国家立法对此尚未做出规定和调整,而对现代传媒业活动和社会关系进行调整的事项不属于《立法法》所规定的、必须由国家立法的事项,宁波不仅完全有必要,也完全可以在《立法法》规定的地方立法权限范围内,制定宁波地方性法规和政府规章,与国家的法律法规一起,为宁波的现代传媒业建设和发展服务。此外,进行宁波地方传媒立法能更好地发挥补充国家传媒立法存在的不足与空白,也能发挥对国家已有立法的细化和具体操作化的功能与作用。

宁波在进行现代传媒业地方立法时,也应处理好"超前立法"和"滞后立法"的问题。各国的实践证明,"超前立法"既有其合理性,也有其可实现性,但是也要注意把握"度"和对现代传媒业活动与社会关系发展趋势的认识。目前,在传媒业立法方面,国家和宁波的现状是立法大大落后于现代传媒业发展的实际,以及落后于现代传媒业走向市场化、产业化的发展要求,现代传媒业发展的法制保障只是初步做到了"有法可依""有章可循"。所以,就目前而言,宁波不仅要改变现代传媒业立法滞后的现状,还面临超前、及时引导和规范现代传媒业超常速健康发展的"超前立法"的当务之急。

四、建立健全宁波现代传媒业发展法制保障体系

客观上说,宁波在调整现代传媒业发展的一些重要领域,初步做到了"有法可依""有章可循"。然而,应当看到的是,规范宁波现代传媒业发展,特别是真正有效的、体现宁波特色的现代传媒业发展的法律规范体系还是不完备的。加快促进宁波现代传媒业发展的立法进程,逐步形成较为完备的现代传媒业发展法制保障体系,为依法规范现代传媒业发展提供法律依据,对于加强宁波现代传媒业管理、促进宁波现代传媒业发展来说是十分必要的。

出台宁波现代传媒业发展基本法。根据《立法法》规定,宁波市享有地方立法权。因此,宁波在立法工作中可以立足本地现代传媒业发展的法制实践,在宪法和传媒业基本法律的框架内最大限度地完善本地现代传媒业发展立法工作。针对宁波长期以来现代传媒业在社会和国民经济中的地位不明确,对现代传媒业发展缺乏稳定的、有效的规范机制和保障机制,不能实现现代传媒业持续发展的现状,在目前国家级《传媒法》或《新闻法》《出版法》和《广播电视法》暂无条件出台的情况下,宁波可以率先制定、出台调整宁波现代传媒业发展的基本性地方法律规范,即宁波现代传媒业发展基本法,可采用《宁波市现代传媒业发展促进条例》名称。该条例主要内容可以包括:现代传媒业在宁波社会和国民经济中的基本地位;发展现代传媒业的基本策略;各政府职能部门管理现代传媒业的基本原则和职责;现代传媒业的基本定位与范围;确立政企、政事分开和管办分离;促进宁波现代传媒业发展的社会责任;支持现代传媒业发展的经济手段、组织手段、技术手段、奖励制度;有关法律责任,等等。

制定宁波现代传媒业发展基金筹集和使用方面的规范。发展现代传媒业离不开资金的保障,在国家财政资金有限支持的情况下,通过发展基金的筹集,以解决现代传媒业发展所需的资金困境,是形成现代传媒业快速发展的很好途径。规范的内容可以包括:发展基金的基本筹集方法和种类;各种文化发展基金的管理和使用原则;利用发展基金的权利和义务;国家对发展基金的各种支持和优惠政策,以及实施和落实这些支持和优惠政策机关或部门的职责,等等。

修订《宁波市有线广播电视管理条例》(2004 年修改)或出台新的管理条例。宁波市广播电视事业在近几年取得了很大的进步,特别是发展有线电视数字化方面基本上实现了全市的转换工作,广播电视村村通、村村响、广电低保等广电惠民服务工程建设也已完成。但是,我们看到,随着移动电视、楼宇电视、手机电视、网络电视等的出现和发展,相应的管理规范却没有在该管理条例中进行针对性的规定,造成了在管理和监管上缺乏依据。通过修订《宁波市有线广播电视管理条例》或出台新的管理条例,增加对新的广播电视的规定,从而为新传媒形式提供管理和法制保障依据。

五、优化宁波现代传媒业发展法制保障环境

建立健全宁波现代传媒业发展法制保障体系是构建法制保障环境的一个重要部分,也是政府管理现代传媒业,促进现代传媒业健康发展的依据。就宁波目前现代传媒业发展法制环境建设的情况看,有些问题是宁波自身无法解决的,需要在国家法律法规逐步完善的大背景下才能得到解决,但在有些方面却可以通过宁波自身积极努力,开拓创新,勇于实践,进而优化宁波现代传媒业发展法制保障环境。

合理区分公益性现代传媒业和经营性现代传媒业,转变政府对现代传媒业的管理职能,通过“服务、咨询、监督、协调”等方式把现代传媒业市场的管理纳入规范化、法制化轨道。

加大政策性专项资金投入。如通过国家资本金注入、贷款贴息等政策性专项资金投入,培育和扶持一批重点现代传媒企业。对符合宁波市现代传媒业发展方向和发展重点的项目投入启动资金或提供贴息贷款和融资担保;对优秀的、市场前景广阔的现代传媒商品的生产和经营及提供服务的,给予适当的财政补贴;对既有公益性又有经营性的混合性现代传媒业,通过财政补偿、特许经营、贷款贴息等方式支持社会力量举办;积极利用资本市场,整合优势资源,支持有实力和竞争力的现代传媒企业挂牌上市,直接从资本市场筹措发展所需资金。

利用国家和社会资本设立一批现代传媒业发展的专项基金,如现代传媒业发展基金、精品创作扶持专项基金、优秀剧目创作演出专项基金、电影专项基金、出版和版权保护基金、音像发展基金等。

稳妥推进现代传媒业领域国有资产的清理工作,引进社会资本对国有现代传媒业进行股份制改造;扩大市场准入,鼓励和支持社会资本参与现代传媒业建设,加大对民办现代传媒业组织的扶植和管理力度,充分借鉴我国经济改革的成功经验,以增量带动存量,促进现代传媒业的快速发展。

鼓励采取多种形式培养现代传媒业人才。支持宁波市高校开设现代传媒相关专业,参与现代传媒业人才的培养、培训工作;完善在职人员培训机制。推动现代传媒业人才中介市场建设,为人才有序流动创造良好环境,建设一支高素质的宁波现代传媒业人才队伍。

加大对促进现代传媒业升级的高新技术的投入。鼓励高新技术成果与现代传媒业结合,提高文化产品生产和文化服务手段的科技含量;鼓励用高新技术和先进适用技术改造传统现代传媒业,培植开发新兴现代传媒业。

加大对现代传媒业执法工作的力度。继续加大现代传媒业法制宣传工作的力度,不断提高广大文化消费者、经营者的法律意识和文化素质。加强执法队伍建设,不断提高文化执法人员的思想意识、法制观念、政策水平和业务能力。认真贯彻现代传媒业管理的法律法规,坚持依法行政,规范执法行为,提高执法质量。统一协调各文化行政部门和工商、公安、城管、海关等部门的文化执法活动,积极推广联合执法,建立文化市场综合执法机构。

第三章　宁波动漫游戏业发展法制
保障问题研究

第一节　宁波动漫游戏业发展现状概述

一、动漫游戏业概述

动漫产业,是指以"创意"为核心,以动画、漫画为表现形式,包含动漫游戏图书、报刊、电影、电视、音像制品、舞台剧和基于现代信息传播技术手段的动漫新品种等动漫直接产品的开发、生产、出版、播出、演出和销售,以及与动漫形象有关的服装、玩具、电子游戏等衍生产品的生产和经营的产业。动漫游戏产业属于动漫产业的一种衍生产业,因其具有低能耗、低污染、高产业价值、多就业机会等特点与优势,被誉为 21 世纪的朝阳产业。动漫游戏大致可分为两种:网络游戏与机台游戏,多是以同名动漫游戏为原型而制作的游戏。

如今动漫游戏产业已经成为全球新兴的文化产业,甚至成为日、美、英、韩等经济强国的支柱产业之一。2008 年日本动画业年产值在国民经济中位列第六,动画产品出口额超过钢铁。年营业额超过 90 亿美元的日本动漫游戏产业,与其他娱乐产业一起成为日本经济文化的主流。[①]即便是后起之秀的韩国,动漫游戏产品的产量也已占全球的 30%,产值仅次于美、日,成为韩国国民经济的六大支柱产业之一。难怪动漫游戏产业已被称为"世纪世界知识经济的核心产业"。随着现代动漫游戏与数字技术的融合,动漫游戏产业已发展成为集网络运用、手机游戏、多媒体产品、动画卡通、体能智能训练课件等于一体的庞大产业链。与此同时,无线互联网的推出也让动漫游戏产品可直达任意一种手持信息终端。

随着我国政府的大力扶持,近年来,国内动漫游戏产业呈现出异常活跃的发展势头,国内动漫游戏企业实力显著增强,在动画影视和网络游戏领域得到较大发展。然而,如何全方位地保护动漫游戏产业的知识产权,营造良好的市场环境,是关系到我国动漫游戏产业生存和发展至关重要的问题。依托互联网、电视和手机等媒体的巨大广告效应和品牌效应,许多商家开始热衷于动漫游戏衍生产品的投资与开发,使动漫游戏产业的带动效应不断扩大。卡通故事、卡通形象及其个性化虚拟人物的性格、品质被系列化延伸开发后,衍生产品几乎涵盖了玩具、食品、服装、文体用品、出版、家居等大部分消费领域。动漫游戏经济无疑将成为未来中国经济发展的一个强有力的支柱。然而,在我国动漫产业蓬勃发展之际,知识产权保护问题已经成为动漫游戏企业生存和发展的关键。

近年来,在国家及相关部委《关于推动我国动漫游戏产业发展的若干意见》《文化部关于扶持我国动漫游戏产业发展的若干意见》《动漫游戏企业认定管理办法》等一系列优惠政策和扶持措施的引导下,动漫游戏产业在短短 10 余年的时间内实现了量的突破,开始转向质的提升。

二、宁波动漫游戏业的发展特点

目前,宁波有 30 多家动漫游戏企业,企业注册总资金达到 2 亿元,其中注册资金 1000 万元以上的有 15 家,它们不但广泛与国内科研机构开展"强强合作",更涉足海外市场,形成了集动漫游戏创意、设计、后期制作、发行等于一体的比较完善的动漫游戏产业链。2011 年,宁波动画片

[①] 李欣博:《动漫产业的困境与角色商品化权的法律体系构建》,《山西师大学报》(社会科学版)2009 年第 5 期。

创作生产数量 11873 分钟,位列全国城市第七位、全省第二位。

(一)从"宁波制造"到"宁波智造"

宁波动漫游戏产业"从无到有"初具规模,仅仅花了几年时间。宁波动漫游戏企业在数量增长的同时,也由过去的"外包制作、技术构成单一"的"宁波制造",演变为"注重原创、追求精品"的"宁波智造",并呈现出加快发展的良好态势,随之而来的便是产业品质的提升和品牌的树立,宁波动漫游戏产业已迅速成长为国内一支重要的产业力量。

宁波动漫游戏产业原创能力快速提升,精品力作不断涌现。动画片《中华五千年》由宁波水木动画公司创作,被评为 2009—2010 年国家文化出口重点项目,还获得浙江省"五个一"工程奖,已在北美最大的中文电视台麒麟卫视播出,并被东南亚 600 多所华文学校作为教材使用,水木动画入选全国原创动画片制作生产机构。

励志动画片《小牛向前冲》由浙江普达海文化产业公司与央视动画联袂打造,并在央视一套《大风车》栏目播出。

网络游戏帝国重生 2009 年 9 月由宣逸网络科技自主研发推出,并成功出口韩国、日本市场,填补了宁波地区游戏产品出口海外的历史空白,宣逸公司 2011 年获得中国游戏产业"金凤凰"奖。

《海底淘法》由宁波稻草家族动画影视公司携手中国电影集团公司、中国儿童电影制片厂联合出品,是国内首部面向少儿的公益性普法教育动画电影。

天维文化创作的动画作品《漫画英语》2010 年 5 月 22 日起在央视新科动漫游戏频道播出,全年的播放量达到 3650 分钟。

盛光天翼自主开发的网络游戏《天翼决》,在国内网游产品中列综合排名第十,也成功出口韩国、日本和北美市场。

卡酷动画制作的讲述当代宁波青年支教贵州、扎根苗寨事迹的动漫游戏越剧《孔雀西南飞》,2010 年 5 月起在央视戏曲频道"九州大戏台"播出。

宁波民和文化传媒与中国科学院自动化研究所合作制作的大型 3D 动画影视剧《少年阿凡提》,在浙江卫视少儿频道黄金档等播出,深受欢迎。

尚方影视动画有限公司制作的宁波本土首部纯手绘原创动画片《当当与酷巴》2012年3月9日在湖南卫视播出,并受到北京卫视、山东卫视等全国多家卫视的青睐。

宁波新文三维公司近年来完成了150余项产品开发,自主设计、制作的影片《蚂蚁搬苍蝇》获第六届中国科教影视"科蕾奖"二等奖,《梦幻剧场》获2011年度科技馆发展奖展品提名奖。

动漫游戏产业的核心是"文化创意",在动漫游戏产品占据世界动漫游戏市场65%的日本,从《灌篮高手》《宠物小精灵》到《海贼王》等风靡一时的动漫游戏形象及由此衍生的庞大的"动漫游戏帝国",无一不贴着"原创"的标签。再看动画片产量连续三年位居全国各城市之首的杭州,在2009年时其原创动画产量约占全国的1/6。可以说,"原创"是动漫游戏产业的生命线。宁波动漫游戏产业注重"原创",从投入、制作、团队等全方位的精品定位,令水木动画、宣逸、卡酷、民和等一批有实力的动漫游戏企业在全国崭露头角,打响了宁波动漫游戏产业的品牌。同时,本土题材、中国元素的原创精品也让宁波深厚的文化底蕴声名远播,城市影响力日益扩大,这一切都让动漫游戏产业的"宁波智造"显得意义非凡。

(二)宁波"大动漫游戏产业"初具规模

数据显示,近5年来,中国动漫游戏产业年均增速48.25%,到2010年,中国动漫游戏产业总产值超过470亿元,全国动漫游戏企业数量已达8360家,从业人员33万多人。随着中国动漫游戏产业的蓬勃发展,"大动漫游戏产业观"这一概念适时出现。

何谓"大动漫游戏产业观"? 文化部文化产业司司长刘玉珠指出,"大动漫游戏产业观"是一种相对于传统动漫游戏产业而言更为广阔的动漫游戏产业观。的确,当今时代,动漫游戏产业发展已经拓展出全新的空间,动漫游戏创意已经与教育科普、广告宣传、展览展示、城市规划、建筑设计等社会生活的各个方面紧密相连。当动漫游戏产业与传播、消费、服务和应用等其他产业加速融合时,便形成了一个相互合作、相互促进的生态系统,中国动漫游戏产业开始全面步入"大动漫游戏时代"①。

如何打造宁波"大动漫游戏产业"？为此,宁波众多动漫游戏企业的当家人做出了战略选择：充分利用动漫游戏产业作为二、三产业融合新载体的功能,按照动漫游戏产业普遍认同的"动漫游戏生产—动画片播出—衍生产品开发—衍生产品销售—收益—再生产"的盈利模式,构建相互支撑的动漫游戏产业链。

由衍生产品开发起步,如今宁波动漫游戏产业链初具规模,开始实现盈利模式的多元化。比如,随着普达海公司《小牛向前冲》的热播,系列图书和音像产品已陆续问世。公司的"小牛"产业链逐步形成,观众不仅可以在商场超市购买上述产品,还能通过普达海网络商城进行相关产品的在线选购;而卡酷动画的动画形象"麦圈可可"深得青少年喜爱,其光碟、图书、玩具、文具等系列衍生产品的开发也已全面启动,市场反应热烈;《当当与酷吧》的出品方宁波尚方影视公司把音像版权、卡通人物使用权出售给了企业,以"当当与酷吧"为品牌的童装已上市;"水木动画"先后与"广博""欧琳"等宁波企业签订合作协议,开发衍生产品,同时开设了以玩具及文具、生活创意用品为主的创意商品专卖店,第一家旗舰店将登陆上海。

目前,宁波动漫游戏产业与会展产业、影视产业等其他产业的融合效应也日益显现。如作为国内知名的科普场馆系统供应商和特效影院的知名供应商,宁波新文三维公司近几年开发的几款拳头产品,如惠州科技馆的水世界、湖南省科技馆的辛追魅影、江西科技馆的全息科普剧场等项目,已经得到了良好的应用,新文三维公司还朝着国内知名特色主题公园设计和施工的系统解决方案提供商的方向顺利前进。再如由宁波乐盛文化公司完成特技制作的中国首部 IMAX 3D 武侠电影《龙门飞甲》,2012 年 4 月 15 日荣获第 31 届香港金像奖最佳视觉效果奖,乐盛文化还是《狄仁杰之通天帝国》等诸多知名影视作品的后期制作公司。而宁波稻草家族动画影视公司制作的首部真人结合动画电影《肩上蝶》2011 年已在全国公映。

---

① 王宇红、贺瑶、殷昕:《动漫产业的知识产权保护体系研究》,《科技管理研究》2008 年第 9 期。

宁波作为先进制造业高地,和动漫游戏产业关联度高的文具、服装、玩具等产业有很突出的优势,这无疑为动漫游戏产业的衍生产品开发奠定了良好的基础,与之相辅相成的是,动漫游戏服装、动漫游戏玩具、动漫游戏文具、动漫游戏食品及礼品等动漫游戏衍生品的不断创新又提升了宁波传统制造企业产品的附加值,为传统产业的转型升级增添了动力。同时,宁波动漫游戏产业与影视产业、会展产业等新型产业的日益融合,又催生着动漫游戏产业新的业态,促进动漫游戏产业健康发展。显而易见,随着宁波"大动漫游戏产业"时代的到来,依靠动漫游戏这一新兴产业的爆发力和后发优势,它必将成为新的经济增长点,为推动宁波经济的转型升级发挥积极作用。

（三）"动漫游戏产业基地"实现人才和产业的双赢

随着宁波文化产业集约化、基地化、规模化的不断发展,我市已经形成了 20 个文化创意产业园区,其中 10 个动漫游戏产业基地在发展规模、人才力量等方面已经初见成效。

目前,总建筑面积约 2 万平方米的鄞州区已建成国家级动漫游戏原创产业基地,基地内动漫游戏人才培训中心可同时容纳 200 人进行培训,已入驻水木、天维、宣逸、卡酷等多家知名动漫游戏企业,制作的多部优秀原创动漫游戏作品和游戏在国内外有了一定的影响力和竞争力,动漫游戏平台集聚效益明显。

宁波大学科技园区动漫游戏基地自 2009 年 3 月正式运营以来,集研发办公、创业设计和创业孵化于一体,已先后承接横向项目 20 项,其中本地项目 14 项,国内其他地区项目 6 项,创意项目涉及动漫游戏连续剧、动漫游戏影片、政府宣传片、电视栏目包装、企业产品宣传等多个领域,基地入选"国家级大学科技园"。

北仑数字科技园自运营以来,已集聚了 10 多家动漫游戏企业。高新区软件产业园依托区域资源,打造以互联网为载体的文化创意产业基地,目前已集聚各类文化创意企业 60 余家。

投资 33 亿元建设的和丰创意广场 2011 年 10 月开园,先期体验区已有 60 多家国内外知名动漫游戏、创意设计等公司入驻,成为宁波实现由"制造名城"向"创意名城"转变的重要基地。

2011年6月，华特迪士尼（上海）有限公司宁波分公司成立，这是迪士尼在美国以外设立的首个动漫游戏制作基地。一方面是迪士尼公司的品牌和资源；另一方面依托宁波现有的产业环境和政策支持，在宁波开展互联网及与新媒体有关的业务，支持宁波市的动漫游戏产业及文化创意产业发展。

动漫游戏产业基地的建立无疑提高了动漫游戏产业的专业化水平，对动漫游戏产业的发展起了示范、引领、辐射和集聚的作用。同时，动漫游戏产业基地为众多动漫游戏专业人才提供了"八仙过海，各显神通"的舞台，成为地地道道的动漫游戏人才"孵化园"。以迪士尼宁波分公司为例，它聚集了1000名高端网络动漫游戏制作人才来到宁波，这无疑为宁波动漫游戏产业的良性发展注入了新鲜血液。

同时，来自宁波高校的动漫游戏人才也源源不断为宁波动漫游戏产业输送着养料。目前，宁波大学、宁波工程学院、浙江万里学院、宁波大红鹰职业技术学院、浙江大学宁波理工学院、宁波职业技术学院等都开设有动画及相关专业，初步形成动漫游戏、游戏教学、研究、创作的动漫游戏人才培养格局，2010年全市高校动漫游戏等相关专业在校生近2000名，这一数据在全国各大城市中名列前茅。同时，高校在企业建立学生实践基地，实行"订单式"人才培养，如宣逸、莱彼特、圣天龙等动漫游戏企业与宁波大学、大红鹰职业技术学院等高校开展合作，学生在校学习和公司实践相结合，课程设置直接与企业需求对接，有效改变了以往学用脱节的局面，促进了本地人才的培养。

经过几年发展，宁波已经涌现出了一批从事动画制作、网络游戏、手机游戏、虚拟仿真、游戏运营以及技术培训的企业和高端人才，涉及行业涵盖了漫画、图书、动画片制作、网络游戏、手机游戏、三维数字影院、动漫游戏衍生产品等诸多领域。

三、现有的政策支持及法制保障

起步较晚的宁波动漫游戏产业虽然发展态势良好，并形成了一定特色，总体实力跻身全国同类城市前列，但它和许多迅猛发展的新兴行业一样，也正在经历着"成长的烦恼"。与国内先进城市如杭州相比，宁波还有一定的差距。杭州已提出了打造全国文化创意中心和建设"动漫游戏之都"的目标,其打造的中国国际动漫游戏节被评为中国最具影响力动漫游戏节展。而宁波动漫游戏影视产业鲜有在全国、全省叫得响的品牌,存在专业人才稀缺、原创作品不多、缺乏有影响力的大企业、产业发展总体还不够成熟等问题,这对宁波提出了新的挑战。

可喜的是,宁波将动漫游戏等新兴产业列为文化创意产业发展的重点,政府多管齐下,推进宁波动漫游戏产业健康快速发展。连续两届甬港经济论坛分别设立了"动漫游戏合作"及"影视动漫游戏"分论坛,以搭建甬港动漫游戏企业合作双赢的桥梁;去年宁波设立动漫游戏产业专项资金 500 万元,出台动漫游戏产业发展专项资金管理办法,对宁波动漫游戏企业给予最高达到 50 万元的奖励;《宁波市"十二五"时期文化发展规划》重点打造的 50 家文化企业中,动漫游戏、影视制作等内容制造性文化产业有 10 余家。

同时,政府坚持部门协作、市区联动、多策并举、合力推进,不断加大引导和扶持力度,一步步解决着这些"成长的烦恼"。如华特迪士尼公司执行副总裁兼大中华区行政总裁张志忠在公司落户宁波的开业典礼上所言:"宁波拥有雄厚的经济实力、扎实的产业基础、快速发展的信息技术产业、日趋完善的城市建设以及高效规范的行政服务。宁波市还成立了动漫游戏产业基地,大力扶持和动漫游戏相关的产业,这里已经形成了氛围。"

(一)"补""奖""扶"多策并举

企业引进阶段重"补"。对引进的注册资金 1000 万元以上的动漫游戏企业,市里按注册资金的 6％给予补助。此外,动漫游戏产业在办公用房购买租赁、收入上规模奖励等方面,可以比照软件企业享受市扶持软件产业发展的其他政策措施。

产品生产阶段重"奖"。比如对开展动漫游戏业务并拥有著作权的原创动画片企业,其作品在中央台、省级和宁波市电视台首播的,市里一次性分别补助每分钟 2000 元、1000 元和 500 元,企业可以拿到的最高奖励达 200 万元。

企业成长阶段重"扶"。近 3 年来,宁波市委宣传部通过市文化产业发展专项资金,共安排 600 多万元以补助、贴息、奖励等形式扶持 11 个动漫游戏产业重点项目发展,占总扶持资金的近四分之一;同时,通过市文艺精品工程专项资金,安排 60 万元支持 4 件动漫游戏影视作品的创作。市文广新闻出版局已与中国银行宁波分行、建设银行宁波分行、国家开发银行、国家进出口银行等 7 个银行签署金融支持文化产业振兴战略合作协议,其中中国银行宁波市分行已向民和文化传媒公司签署了 5 年内总量为 5 亿元的授信合作意向,向北仑红蚂蚁动漫游戏公司发放贷款200 万元。

（二）以优惠政策引导产业集聚发展

在资金补助、税收、房租等方面予以优惠政策,引导产业集聚发展。如鄞州区实施房租、播出补助,出台税收优惠等政策,吸引动漫游戏企业落户鄞州国家级动漫游戏原创产业基地;和丰创意广场设立了每年 1000万元的和丰创意广场专项资金,用于招商和运营补助;北仑区利用宁波职业技术学院的旧楼房建设数字科技园,并利用较低廉的房租和学校充沛的人力资源吸引企业落户等。

（三）搭建平台服务企业发展

从 2006 年开始举办"宁波国际动漫游戏展",鼓励和组织企业参与深圳文博会、义乌文博会等国内高档次的文化产业展会,对企业自主参与广交会、浙洽会等经贸类展会给予一定的补助。同时推动动漫游戏企业与玩具、文具、服装等生产型企业开展合作,完善动漫游戏产业的下游生产链。推动传统企业运用动漫游戏形象来塑造企业品牌和提升产品档次。

（四）将动漫游戏产业列入今后 5 年重点发展的产业之一

《宁波市"十二五"时期文化发展规划》中,将动漫游戏产业列入 5 年重点发展的八大优势产业之一。宁波市从 2012 年起设立动漫游戏产业发展专项资金,市财政局、市文化广电新闻出版局将出台《宁波市动漫游戏产业发展专项资金管理办法》,专项资金使用范围涵盖全市动漫游戏产业领域,主要用于扶持在宁波注册登记并从事漫画、动画、手机动漫、网络动漫制作、动漫舞台剧制作演出、影视后期制作、动漫软件开发、网络游戏开发和运营服务、动漫游戏衍生品研发设计的动漫游戏企业及其生产的产品和衍生品。

专项资金坚持扶优、扶强、扶原创精品。分别设立 5 个原创动漫奖、5 个企业销售奖、3 个出口贡献奖、3 个最佳创意团队建设奖,将分别给予最低 10 万元、最高 50 万元的奖励;此外对填补宁波动漫游戏产业业态空白(如艺术形态、艺术授权等领域),且具有良好成长性的企业,将给予最高不超过 30 万元的补助。对县(市)区有关部门(单位)引进国内外知名动漫游戏企业落户宁波、企业注册资本在 5000 万元及以上,尤其是其动漫游戏作品曾获得国家政府常设性奖项,获得国家级文化产业示范基地、示范园区、重点企业称号的动漫游戏企业总部,以及引进动漫游戏行业权威人士、著名创意人才及其企业或者国际知名动漫公司在宁波设立总部或具有独立法人资格的区域总部或子公司,将给予最高不超过 30 万元的奖励。此外,对县(市)区建成国家级动漫游戏公共技术服务平台,将给予 50 万元奖励,年服务企业 10 家及以上的再奖励 20 万元;对政府业务主管部门组织的动漫游戏会展、专家评审等活动也将给予一定补助。

第二节　宁波动漫游戏业发展存在的问题及法制保障现状

一、动漫游戏业侵权现象严重

宁波政府高度重视并出台扶持动漫游戏产业的政策,在人才、资金、市场、技术、信息方面,全方位为动漫游戏产业发展提供多方面的支持,动漫游戏产业近年发展迅速,动漫游戏产业和从业人员的数量快速增长。但伴随着的一系列侵权行为的日益猖獗,使得一些以动画品牌为依托走产业化发展的企业蒙受了巨大的损失,权利人,动漫游戏企业或动漫游戏创作者投入大量的人力、物力和财力创作出的动漫游戏作品,特别是动漫游戏的核心构成要素——动漫游戏形象,通常具有很强的商业应用价值,这些都面临着盗版侵权。为此,如何全方位地完善和建立动漫游戏产业知识产权的保护和管理体制,成为关系到宁波乃至中国动漫游戏产业生存和发展至关重要的问题。[①]

　　盗版现象的频繁发生,已成为动漫游戏人的一块心病,极大地制约了动漫游戏产业的发展。而创作者对于打击盗版又心有余而力不足,尤其是侵权人往往对原作品刻意进行某些程度的演绎,导致侵权判定标准不易掌握,创作者不敢贸然起诉。此外,著作权不同于专利权、商标权,权利人以外的人也可能独立创作出相同的或类似的作品,一旦侵权人以此为抗辩理由并举出证据证明,权利人若要维权只能依赖于诉讼手段解决,由司法判定证据的真实性与合法性。但司法维权成本高昂,创作者常常陷入两难境地。

　　目前,抢注行为泛滥,抢注商标、抢注域名、抢先申请专利等,而被抢注最多的则是商标。湖南三辰公司在这方面是有教训的。[②] 该公司自主动漫游戏形象"蓝猫"深入人心,它在动漫游戏爱好者的心目中可以与外来的卡通形象唐老鸭、米老鼠、铁臂阿童木等一较高下。然而,在快速成长之初,"蓝猫"并没有建立起健全的知识产权保护体系,致使饮料类中"蓝猫"商标被河北某企业注册,使得"蓝猫"饮料的推广无法在全国铺开而一度中断在饮料领域的发展。还有深受孩子们喜欢的《喜羊羊与灰太狼》系列动画,盗用喜羊羊形象的产品不仅有玩具、服装,还有护肤品、儿童药品,甚至有打着红太郎招牌的不孕不育广告,如果这些盗版产品中如护肤品、儿童药品等出了什么问题,喜羊羊这个品牌可能就此终结。中投顾问于 2009 年发布的《2009—2012 年中国动漫游戏产业投资分析及前景预测报告》相关数据显示,在我国动漫游戏行业的衍生品市场上,盗版经营者的利润通常都是正版经营商的几倍。三辰卡通的"蓝猫",盗版经营商的利润是正版经营商的 9 倍;广州原创动力的"喜羊羊",盗版经营商的利润是正版经营商的 4 倍。

　　一个成功的动漫游戏形象会衍生出一个庞大的消费市场。然而,一旦某动漫游戏形象被市场认可,创作者花费巨大精力、财力打造的动漫游戏形象所延伸出来的庞大市场,就有可能会被侵权产品所蚕食。服

---

　　① 丘志乔、梅玲:《我国动漫产业知识产权保护的困境与出路》,《政法学刊》2007 年第 3 期。

　　② 祝建军:《角色商品化的著作权法保护——以"米老鼠"卡通形象著作权侵权纠纷案为例》,《知识产权》2008 年第 2 期。

装、文具、食品、饰品,消费市场的每一个角落都会有侵权产品的身影。对知名动漫游戏形象的泛滥性使用,严重影响了该形象在公众心目中的价值,足以使公众心目中独特的知名动漫游戏形象商业价值显著降低,使公众对相同或类似形象的所有动漫游戏产品品质均产生不信任感。对于游戏动漫游戏行业,必须充分运用法律法规保护自己的权益,其中最主要涉及的就是知识产权保护。动漫游戏的知识产权保护体系,由知识产权的行政保护、海关保护和司法保护三个方面构成。

二、动漫游戏业的法制保障现状

(一)知识产权的行政保护

知识产权行政保护措施的优势主要表现为:第一,对商标、专利及版权侵权人或竞争对手进行打击,使其遭受行政制裁并在行政机关留下不良记录;第二,借行政执法顺利取得合法的侵权证据;第三,快捷、及时且无需缴纳费用,这些都是其他保护手段所不可及的。笔者认为,知识产权权利人应积极主动地去寻求知识产权行政保护这一措施来维护自身利益,与自我救济等途径相比,通过行政执法维权往往事半功倍。

(二)知识产权的海关保护

有些学者将知识产权的海关保护归入行政保护一类,但笔者认为,由于海关保护有许多不同于一般行政保护的特点,现单独列出予以详述。

1. 我国知识产权海关保护的形成及法律依据

国际上关于知识产权边境保护措施规定主要有两部分:一个是《与贸易有关的知识产权协定》中的第三部分《与边境措施有关的特殊要求》;另一个是世界海关组织(WCO)所提供的《赋予海关权力执行与贸易有关知识产权协定的国家法律范本》。

为履行我国在中美知识产权谈判中所承诺的义务,我国海关总署根据国务院的指示,于 1994 年 9 月 1 日发出公告,宣布自 9 月 15 日起,侵犯受中华人民共和国法律和行政法规保护的知识产权的货物禁止进出境。从此,我国开始对知识产权实施海关保护。

1995 年 6 月,中国海关总署设立了知识产权边境保护处,全国各海关也指定了本地区内负责知识产权保护的主管部门和联系人。

在中美知识产权谈判期间,为增进海关边境措施的保护职能,《知识产权海关保护条例》于 1995 年 7 月 5 日公布,后来,随着形势发展的需要,新的《知识产权海关保护条例》(国务院令 395 号)于 2003 年 7 月 1 日公布,其实施办法也于 2004 年 5 月 31 日公布。

2. 知识产权海关保护的两种模式

知识产权的海关保护措施可以分为主动保护和被动保护两类模式。

主动保护是指海关依职权主动采取措施对有侵犯备案知识产权嫌疑的进出口货物进行扣留的保护模式。主动保护是依职权的保护,但这种保护的范围仅为在海关总署备案的知识产权。关于知识产权保护的备案,在新旧《海关保护条例》中的规定是不一致的,1995 年版的《保护条例》中要求强制备案,且有效期为 7 年;而 2003 年版的为自愿备案,有效期为 10 年。依笔者的经验,知识产权权利人要想更为有效地获得海关保护(无论是主动保护还是被动保护),最好主动将自己的知识产权向海关总署备案。

关于主动保护主要体现在《知识产权海关保护条例》的第十六和第二十条的规定。同时,第二十条也规定了海关调查权,而该调查权是主动保护所独有的。

被动保护,也称依申请保护,是指知识产权权利人向海关申请扣留侵权嫌疑货物的保护模式。被动保护模式主要体现在第三条和第二十四条(一)的规定。

被动保护模式是依照 TRIPS 关于边境措施的规定设立的;而主动保护模式则是 TRIPS 倡导的主动依职权(ex-officio)保护制度。主动保护模式和被动保护模式的设立,充分体现了我国海关在保护知识产权方面"主动保护和被动保护相结合"的基本原则。在海关保护中,主动保护启动最多的为商标、侵权及版权案件,而因为专利案件的技术含量高,多为被动保护。

无论是主动保护还是被动保护,海关对侵权嫌疑货物的扣留仅为临时措施,因此被扣留货物的利害关系人不能对该扣留行为提起行政诉讼。而且用提供反担保的方式放行扣留品的仅限于侵犯专利权,因侵犯其他知识产权被扣留的货物不能因提供反担保解除。

3. 知识产权海关保护措施评价

海关保护所针对的是侵权产品的进出口环节,因为实践中有很多侵权人生产的产品并不在国内销售而是直接销往国外,在国际市场上同权利人的产品竞争,在这种情况下用行政保护或司法保护的手段就很难奏效。以出口为例,权利人的产品或因其技术含量高或因品牌价值高在国际市场上畅销,而侵权人往往也将侵权产品输出到国际市场上销售而国内销售却很少甚至没有。在这种情况下,行政保护及司法保护无法启动。

知识产权海关保护措施的优势主要有:第一,打击侵权人或竞争对手,使其侵权货物无法出口或迟延出口,这将导致其与外商违约,而且外商了解到货物涉及侵权,一般情况下就不会再与侵权人有持续贸易;第二,由于海关对每一票进出口货物情况都有详尽的记录,所以海关保护措施有助于权利人取得完整的侵权证据,为进行司法保护创造有利条件。

(三)知识产权的司法保护

知识产权的司法保护,是指对知识产权通过司法途径进行保护,即由享有知识产权的权利人或国家公诉人向法院对侵权人提出刑事、民事诉讼,以追究侵权人的刑事、民事法律责任,以及通过不服知识产权行政机关处罚的当事人向法院提起行政诉讼,进行对行政执法的司法审查,以支持正确的行政处罚或纠正错误的处罚,使各方当事人的合法权益都得到切实的保护。可见,知识产权的司法保护是通过刑事、民事及行政诉讼来体现的。[1]

1. 与知识产权司法保护措施相关的新规定

为了适应经济发展和科技进步的要求,根据中国国民经济发展的客观需要,通过借鉴国际公约、条约规定和其他国家在知识产权保护立法方面的先进经验,中国不断建立健全了知识产权保护的立法体系。入世

---

① 祝建军:《角色商品化的著作权法保护——以"米老鼠"卡通形象著作权侵权纠纷案为例》,《知识产权》2008 年第 2 期。

前后,《专利法》《商标法》《著作权法》及其实施细则(条例)均做了修订;最高人民法院也在这段时间出台了审理知识产权纠纷案例使用法律的多个司法解释。

中国现有的知识产权保护法律体系主要由法律、行政法规和部门规章三个部分组成。在加入世贸组织的过程中,为履行入世承诺,中国政府严格遵循世贸组织《与贸易有关的知识产权协定》(Agreement on Trade—related Aspects of Intellectual Property Rights,简称 TRIPS)的有关规定对国内知识产权立法进行了修改和完善。怎样运用这些政策法规保护自己是很多知识产权权利人感到茫然的问题。与之相反,近年来,越来越多的国外大型企业,凭借丰富的知识产权经验和强大的知识产权优势,向国内企业频频发出颇具威慑的挑战。

专利方面,自 1985 年我国实行专利制度以后到 20 世纪 90 年代,跨国公司在中国申请量平均每年增长 30% 左右,近几年这个增长速度是40%。从专利构成来讲,我国 100 件专利申请当中仅有 18 件为发明专利,而国外同样数量的申请中有 86 件为发明专利。两者之间的悬殊对比对我们国家企业发展环境是很不利的。

商标方面,自 1989 年我国加入了《商标国际注册马德里协定》以来,129 个国家和地区通过该协定到中国注册了 13.5 万件商标,然而中国通过该协定在国外注册的商标只有 5907 件,并且我国有 15% 的商标在国外被抢注。这种局面的发生主要源于我国企业知识产权品牌保护的意识比较差。2004 年世界品牌中国 500 个最具价值的品牌中,有 46% 没有在美国注册,50% 没有在澳大利亚注册,54% 没有在加拿大注册,而在欧盟没有注册的比率则高达 76%。可以看出来我们国家的产品自主品牌、自主技术方面很薄弱,特别是跟国外发达国家相比。

等同侵权、定额赔偿、驰名商标司法认定与保护、诉前禁令和诉前证据保全等新概念、新措施就是近几年涌现出的。

2. 诉前禁令和诉前证据保全

诉前禁令是根据世界贸易组织 TRIPS 协议对知识产权执法的要求新增设的条款,属于知识产权权利人在其权利受到侵害时获得的临时救济。诉前停止侵犯专利权行为的措施,在英美法系和大陆法系中被称为"临时禁令"或"中间禁令"。TRIPS 第 50 条称为临时措施(Provision

Measure）。我国关于诉前禁令的规定体现在《专利法》第六十一条。

诉前禁令的适用的效果有两个：一为打击侵权人；二为取得证据。鉴于诉前停止侵犯专利权行为的措施，涉及双方当事人的重大民事权益，因此，人民法院采取这项措施应当非常慎重。在德国、美国等专利制度发达的国家，法院在做出是否准予临时禁令措施时，都要考虑原告胜诉可能性。在德国，诉前禁令采取后，50％的案件的被告会主动提出和解，案件不必再进入实体审理程序。

TRIPS 协议第 3 节第 50 条临时措施规定了停止侵权行为可以在开庭前"单方采取"和采取措施后对被申请人的及时通知。这就是说，为实施停止侵权行为措施切实有效，人民法院在实施该措施时可以不通知被申请人，而在采取该措施后再及时通知。我国最高人民法院 2001 年 6 月 5 日通过的《关于诉前停止侵犯专利权行为适用法律问题的若干规定》第九条第三款规定："人民法院诉前责令被申请人停止有关行为的裁定，应当及时通知被申请人，至迟不得超过五日。"诉前责令停止侵犯专利权行为裁定的效力一般应维持到终审法律文书生效时止。人民法院也可以根据案情，确定具体期限；期限届满时，根据当事人的请求，仍可以做出是否继续采取停止有关行为的裁定。当事人申请复议的，复议期间不停止裁定的执行。诉前禁令的适用不因反担保而解除。

证据保全对于知识产权案件的审理至关重要，人民法院及时保全到证明被告侵权的证据或者侵权获利的真实的财务账册，将促使专利侵权案件顺利解决。《民事诉讼法》第七十四条规定，在证据可能灭失或者以后难以取得的情况下，诉讼参加人可以向人民法院申请证据保全。《专利法》第六十一条仅规定了诉前停止侵犯专利权行为的措施和财产保全，没有规定诉前证据保全的内容。作为补充，《关于诉前停止侵犯专利权行为适用法律问题的若干规定》第十六条对诉前证据保全加以规定。

以上是对诉前停止侵犯专利权措施的分析，对于商标权和著作权，《最高人民法院关于诉前停止侵犯注册商标专用权行为和保全证据适用法律问题的解释》和《最高人民法院关于审理著作权民事纠纷案件适用法律若干问题的解释》也做了类似规定，在此不再赘述。

三、动漫游戏产品的权利形式

（一）动漫游戏产品权利保护的基本形式

1. 动漫游戏产业链的四个基本环节:漫画(图书、报刊)——动画(电影、电视、音像制品)——舞台剧(角色扮演)——网络动漫游戏、游戏、玩具等周边产品开发。[①]

2. 动漫游戏产品在我国现行的知识产权法律体系中主要包括以下几种权利形式:

(1)著作权保护方面,动漫游戏产品中的动漫游戏形象、情节、插曲、软件程序及其文档等具有独创性,并能以某种有形形式进行复制,符合我国著作权法中"作品"之构成要件。因此,动漫游戏产品融汇了美术、音乐、图形、摄影、计算机软件、模型等多种作品形式。创作者自该作品完成之日起即取得著作权,且无需履行必然行政许可或备案程序。

(2)商标权保护方面,以典型动漫游戏形象或图形为基础,将动漫游戏作品申请为商标后,则产生权利交叉,动漫游戏的识别功能和主动保护功能均大大增强。广东爱威公司先于动画片《神探威威猫》投播,申请注册了"威威猫""爱爱兔""顽逗"等卡通形象商标。由于商标的授权程序已对其新颖性进行了初步审查,在未有明显相反证据的情况下,对于同类别商品侵权判断比较容易。因此,以商标权寻求行政或司法途径进行维权的力度相对较大。

(3)外观设计专利权保护方面,为制止不良商家对动漫游戏衍生产品侵权,有的动漫游戏企业将其创作的动漫游戏作品申请为外观设计专利。动漫游戏衍生品价值高,成本低,对其盗版最猖獗,须重点加强保护。外观设计专利权被授予后,任何单位或者个人未经权利人许可,都不得以生产经营为目的制造、销售、进口其外观设计专利产品。外观设计专利的审查要求相对较低,只需符合新颖性原则即可,无需实质性审查,因而易获授权,保护力度较大。

[①]　黄大赛:《论动漫产业的知识产权法律保护》,《重庆邮电大学学报》(社会科学版)2007 年第 3 期。

（4）反不正当竞争法、计算机软件保护条例、信息网络传播权条例等方面的保护。

（5）综合保护方面，一些动漫游戏作品，可适用著作权、商标、外观设计进行综合保护。在动漫游戏实现数字化后在网上传播，可依网络传播权条例加以保护；对于动漫游戏衍生产品中的方法和专有技术等，不打算申请专利或者在申请专利之前，可采取商业秘密的形式来保护。

（二）几种权利保护形式的优缺点

著作权保护、商标权保护、专利权保护各有优缺点。

1. 著作权的取得无需履行行政许可或备案程序，其权利覆盖面广，权利存续周期长，至少 50 年，且多数情况下著作权可作为在先权利抗辩非法抢注侵权行为。其缺点是，权利人在未取得确权判决之前，以著作权为由请求行政查处时往往面临举证困难，尤其是在侵权人对原作品进行一定程度的演绎后，侵权判定标准更不易掌握。另外，著作权并不排斥他人独立创作出相同或类似的作品，侵权人往往以此为抗辩理由不惜造假，对于证据的真实性、合法性判断只能依赖于诉讼解决，造成维权成本高昂。

2. 商标权保护的优点是，由于商标的授权程序已对其新颖性进行了初步审查，在未有明显相反证据的情况下，对于同类别商品侵权判断比较显见，以商标权寻求行政或司法途径进行维权力度相对较大。其缺点是，动漫游戏作品产生后虽然在某种程度上相当知名，但由于我国对驰名商标的构成要件限制较严，新生商标在短时间内难以取得驰名商标认定，因此，不能实现对新生动漫游戏商标的跨类别、跨地域保护。权利人虽可选择在尽可能多的类别里申请注册，但在应对名目繁多的衍生品侵权时仍不乏遗漏。另外，若权利人只申请不使用，商标异议人亦可申请商标局裁定撤销该商标。

3. 外观设计专利保护，外观设计专利的审查要求相对较低，只需符合新颖性原则即可，无需实质性审查，易获授权，保护力度较大。在专利权被授予后，任何单位或者个人未经权利人许可，都不得为生产经营目的制造、销售、进口其外观设计专利产品。其缺点是，外观设计专利权的存续时间较短，仅有 10 年。

知识产权的行政保护、海关保护和司法保护三个方面互相渗透、互相配合，形成社会综合治理的立体防线，可见，中国已经建立了比较健全的知识产权保护法律体系。然而，为了适应"入世"后国际知识产权保护形势的要求，我们的企业需要能够更好地掌握和运用知识产权来参与市场竞争，从而赢得更多的主动。①

四、动漫游戏产业法制保护面临的主要问题分析

原创是动漫游戏产业的灵魂，也是知识产权的生命线。动漫游戏的知识产权如果得不到充分保护，其原创能力将遭受重创，进而形成恶性循环并最终导致产业的逐渐衰退。因此，只有将知识产权保护提升到产业战略层面，才能为民族动漫游戏产业创造出良好的发展氛围。要建立切实有效的知识产权防御体系，避免动漫游戏企业因侵权而萎缩，有待于国家、企业和创作者个人的共同努力。

侵权、盗版问题已经成为中国产业发展的一个巨大的障碍，知识产权意识单薄是一方面，另一方面执法力度也是盗版屡禁不止的症结所在。中国知识产权立法的不完善也是问题的关键。

（一）盗版、侵权行为猖獗

如今，盗版、侵权现象的频繁发生已成为动漫游戏人的心病，极大地制约了中国新兴的动漫游戏产业的发展。因为任何人都可以对动漫游戏产品进行低成本、高质量和无限次数的复制，并将其传送给其他用户，或上载至网络站点供人自由下载。目前动漫游戏产品在网站、网络视频方面侵权现象严重，根据研究，目前排名前10名的动漫游戏网站，全部传播盗版漫画或动画。有些电视播出机构也存在播放盗版情况。而创作者对于打击盗版又心有余而力不足。尤其是侵权人往往对原作品刻意进行某种程度的演绎，导致侵权判定标准不易掌握，创作者不敢贸然起诉。

产品侵权猖獗。衍生产品这一环节原本是中国动漫游戏产业以此为赢利的重要手段和期待之一（且不说市场的认同的风险），一个成功的

---

①　李娟：《中国动漫产业发展问题分析》，《经济论坛》2007年第3期。

动漫游戏形象会衍生出一个庞大的消费市场,但同时一旦动漫游戏形象被市场认可,低廉的仿冒产品纷拥而至,很快正牌就失去了销路。对知名动漫游戏形象的泛滥性使用,严重影响了该形象在公众心目中的价值,足以使公众心目中独特的知名动漫游戏形象商业价值显著降低,使公众对相同或类似形象所有动漫游戏产品品质均产生不信任感。

抢注泛指抢注商标、抢注域名、抢先申请专利等。目前,抢注最多的是商标,中国古典名著被抢注的情况非常严重。中国许多古典名著,如《西游记》《三国演义》《孙子兵法》等都被日本游戏公司申请注册为游戏产品商标。此种抢注有别于普通商标抢注情形,涉及著作权和商标权两种权利,进行维权处理难度较大。

对动画原创者来说,付出的艰苦劳动、投入的大量资金,会因为这些行为而遭到毁灭性打击。动画产业原本就是高投入、高风险、高收入的产业,盗版增加了风险,收入得不到保证,投资者就会忧虑重重,这样的结果只能导致恶性循环。上海点击书实业有限公司总裁梁钢认为盗版这个黑洞,使得无论是原创作品还是海外作品,其市场价值均等于"零元"。他认为,这个畸形的定价模式吸走了最新最全的动漫游戏内容,吸走了原创漫画家和动漫游戏商家的心血,也吸走了商家和漫迷对动漫游戏内容和动漫游戏产业的尊重。从全局而言,这个"黑洞"损害的是国家知识创新的能力。

(二)执法力度不够

司法与行政执法并行是中国版权保护的特色。目前中国版权刑事执法工作体制不健全,一方面,法律规定的赔偿额较低,难以起到威慑作用;另一方面,相关工作机制不够健全,版权犯罪的起诉受理机制的启动存在技术障碍,侵权行为受到刑事制裁的还为数不多。部分地区执法不严,某种程度上存在地方保护现象。行政执法上"三缺现象"严重,普遍存在"机构不健全、物质无保障、执法缺手段"的问题。目前,中国各知识产权执法和管理部门的人力和物力都相对不足,专利和商标分开管理,分散了人力物力,降低了效率。同时,授权管理与行政执法一体化的体制不利于监督和制约。人、财、物不足的问题,特别是基层知识产权执法队伍不足,打击侵权盗版的力度不强,难以有效打击侵权盗版行为、维护权利人的合法权利。

(三)知识产权立法不完善

主要表现在知识产权法律体系不够完善,配套法规和规章缺位,法律制度前瞻性不够,还不能完全适应高速发展的市场经济和高技术发展的要求。动漫游戏产业市场的确立,要求动漫游戏产业的政府管制必须建立在完备的法律制度基础之上。版权、形象权等知识产权是动漫游戏产业最核心的竞争力。只有对创意成果给予严格的法律保护,才能建立利益回报机制,从根本上维护动漫游戏产业的正常运转,目前我国政策对这方面还不够细化,而在网络时代对著作权的有效保护是缺失的。

从著作权对动漫游戏产业进行的保护来看:由于无需登记,在实际司法中举证比较困难,需要先经确权判决,尤其是作品还存在演绎、改编、汇编形成新作品的复杂情况,侵权判定标准不易掌握;此外,著作权不保护思想,也不排斥他人独立创作出的相同或类似的作品,使侵权人以此为抗辩理由来掩盖事实,不利于权利人的保护。从商标权对动漫游戏产业进行的保护来看:商标只能在一定的商品上给予保护,跨类的侵权无法制裁,因此新生商标在取得驰名商标认定前,无法有效实现对动漫游戏产业的全面立体保护。而在尽可能多的类别中申请注册,提高了维权成本。此外,注册商标权利人若只申请不使用,商标异议人亦可申请商标局裁撤销该商标,注册商标权利人丧失了权利。从专利权对动漫游戏产业进行的保护来看:首先,外观设计专利权仅有十年,保护时间较短。其次,权利人以诉讼前需要经过行政复审程序,也使得侵权人可以拖延诉讼。

(四)管理执法体制尚未理顺

动漫游戏产业知识产权行政管理分属文化、版权、工商等多个部门,作为一种对司法的补充手段,行政执法在净化动漫游戏产业发展环境上做出了极为重要的努力,但由于管理体制机制不畅,管理中重罚轻管,相互推诿等问题不同程度存在。另外由于文化市场综合执法队伍刚刚组建完成,在执法装备、经费、业务培训等方面还有很大缺口,也影响着动漫游戏产业知识产权保护任务有效落实。

（五）动漫游戏企业及个人的知识产权保护意识薄弱

根据中国电视艺术家协会卡通艺术委员会的最新统计：我国仅有51％的动漫游戏企业在发展过程中实施了动漫游戏知识产权保护工作，在企业创立之初就将企业知识产权保护作为重点工作的不足1％。在实施了知识产权保护工作的企业当中，能够做到科学保护知识产权的企业不足8％，聘请了法律顾问的还不到1％。这一方面是由于动漫游戏产业在我国起步较晚，部分企业的整体实力较弱，不愿增加管理成本；另一方面对现代企业管理制度还不是很了解，知识产权自我保护的意识还不强。

第三节 完善宁波动漫游戏业发展法制保障的对策

动漫游戏产业是中国文化产业的重要组成部分，是具有辉煌发展前景的朝阳产业。随着中国政府的大力扶持，近年来，国内动漫游戏产业呈现出异常活跃的发展势头，动漫游戏企业实力显著增强，在动画影视和网络游戏领域得到较大发展。同时也预示着对动漫游戏产业进行法制保护的问题会越来越受到社会各界的普遍关注，要逐步将法制保护作为动漫游戏产业目前和未来可持续发展的重要保障，纳入到议事日程。但伴随着的一系列侵权行为的日益猖獗，使得一些以动画品牌为依托走产业化发展的企业蒙受了巨大的损失。为此，如何全方位地完善和建立动漫游戏产业知识产权的保护和管理体制，成为关系到中国动漫游戏产业生存和发展至关重要的问题。从全球范围来看，动漫游戏产业在经济社会中地位日益提高，尤其在美、日、英、韩等国已经成为重要的支柱产业之一，加强动漫游戏知识产权的保护和管理是这些国家普遍关注和坚持探索的重要课题。[①] 总的看来，强化法律在动漫游戏知识产权中的作用，实行动漫游戏知识产权的法治化管理，是这些国家的基本做法。总结和梳理美国等国家对动漫游戏知识产权进行立法和管理的经验，对中

---

① 肖庆红：《动漫知识产权论的发展契机与选择》，《信息网络安全》2007 年第 3 期。

国动漫游戏知识产权的保护和管理有重要的参考价值和借鉴意义。

一、美国等国家动漫游戏知识产权保护的基本经验

综观美国等国家的动漫游戏产业的知识产权保护的经验，以下几个特征比较明显。

(一)完善的法律体系是动漫游戏产业健康发展的前提

颁布修订法律法规、法律条文在明确动漫游戏产业的产业性质，为其健康发展提供有力的法律保障的同时，也对其产业运行中的某些容易出现的问题进行了规范约束。

美国对知识产权的刑事法律见于商标、版权、专利和商业秘密等方面的专门法律，其中包括侵犯版权犯罪、假冒专利罪、贩卖假冒货物或服务罪与盗窃商业秘密等。总体看来，侵犯知识产权在美国属于"重罪"，要处以巨额罚款和长期监禁。同时，刑事处罚的"门槛"很低，除了版权方面有一定的数量和金额标准外，一般只要存在主观故意和侵权事实，就可以判处刑罚。英国对知识产权提供了强有力的法律保护。比如，对侵犯版权和商标行为刑事处罚包括：对于即席判决，一般判以 6 个月以下的监禁，并征收 5000 英镑以下的罚款；对于犯罪情节较重的起诉案件，则可判以 10 年以下徒刑，且罚金数额不限。2001 年韩国政府对《著作权法》进行了修订，修订后的《著作权法》增设并加重了关于刑事处罚的规定。日本国会 2002 年 11 月 27 日通过了政府制定的《知识产权基本法》，为"知识产权立国"提供了法律保障，并相继出台一系列相关政策和法规，全面规范知识产权的创造、保护、利用和知识产权人力资源发展等。①

在数字化的网络时代，任何人都可以对动漫游戏产品进行低成本、高质量和无限次数的复制，并将其传送给其他用户，或上载至网络站点供人自由下载。要在网络时代对著作权进行有效的保护，只有保证数字化作品中的技术保护措施本身能够正常运行，才能降低著作权遭受侵害的概率。对于这一点，国际社会已经达成了共识。美国国会于 1998 年10 月通过了"千禧年数字版权法"。2001 年 5 月，欧盟通过了"协调信息

---

① 陈磊：《日本动漫产业优势分析》，《传媒》2008 年第 3 期。

社会中版权和相关权利特定领域的指令"。指令和美国一样,禁止"制造、进口、发行、出售、出租、以商业目的持有可以规避技术措施的设施和产品"。1999 年,澳大利亚通过了"数字议程法案",以修改 1968 年版权法,其中对技术措施的保护是重要组成部分。

(二)健全的管理体制是动漫游戏产业知识产权保护的基础

对知识产权的行政管理,美国联邦政府拥有涉及多机构的管理体系,其主要职能是负责知识产权的事务性工作以及新技术的推广和转让。如按照功能分类,联邦知识产权管理机构分两类:第一类是行政主管机关。如美国专利商标局负责专利和商标的受理、审查、注册或授权、公开等。第二类是特别设立的、与科技法律有关的机构,如国会研究服务署、会计署、科技评估室、国会预算室。另外,美国各地有数百名专利代理人,他们对新技术进行认证并在潜在的买卖双方之间充当桥梁作用,以促进技术转让。根据 2004 年的统计,美国拥有 3 万人从事知识产权工作的专业人员。

英国是世界上最早实行知识产权保护的国家,其实践和经验一直被许多国家效仿和借鉴。1852 年,英国开始实施《专利法修正法令》,同时成立国家专利局,标志着现代知识产权体制的确立。2007 年 4 月 2 日,英国专利局正式更名为英国知识产权局被赋予了新使命,以更好地应对全球化挑战,增加国际竞争力。现在英国申请专利、商标和设计注册的程序十分简单,只需登录知识产权局网站就可以下载申请表格。知识产权局在各类项目的审批和保护程序方面制订了一系列细则,尽可能公开透明,按期发表季报、年报和计划。

(三)对知识产权的强有力的司法保护

多层次的司法体系是知识产权的最主要保护手段。美国知识产权刑事执法的主要部门是司法部。打击知识产权犯罪,是司法部的重点工作。而在通常情况下,美国联邦地区法院是知识产权侵权案件的初审管辖法院。纠纷案件分为两种情形:专利纠纷,一般在联邦巡回法院审理,上诉则由联邦高级法院上诉法庭审理;其他纠纷,如州注册商标和按习惯法取得的商标侵权案及商业秘密的滥用、不正当竞争等案件一般由州法院审理。

美国解决纠纷的方式是法庭审判,案件审理时间较长,纠纷双方的代理费和诉讼费支出较大,因此多数纠纷当事人都希望直接通过律师间的协商解决纠纷。事实上,许多纠纷也都是采用这种方式解决的,这也成为美国处理知识产权纠纷案的一大特色。从事知识产权代理的律师有自己的组织——美国知识产权法律律师协会。

(四)企业的知识产权保护意识强

当前,美国、日本等跨国公司和大企业集团都很重视运用知识产权战略与策略来谋划自身的健康、快速、可持续发展,用知识产权巩固和发展自身的竞争优势。[①] 例如迪士尼公司非常注重品牌专利保护,今天,公司专利保护的范围已从电影播放以及电影人物形象使用权扩展到了主题公园业务,部分公园的名字、主题区名和游乐项目等都申请了专利保护。除政府机构外,美国大多数企业都设有专门部门调查侵权问题,为避免孤军作战,很多行业的企业都设立了众多的知识产权保护联盟,例如美国出版者协会、电影营销协会、计算机软件和服务工业协会、商业软件联盟、全国音乐出版者协会等。一般的做法是聘请法律顾问,监督市场,积极参与有关知识产权保护的立法和执法活动。

最后这些国家的政府都不遗余力地向公众介绍知识产权知识,提高全社会的知识产权观念。为加强知识产权意识和人才培养,日本政府出巨资,发挥知识产权研究会、发明协会等社团和民间组织的作用,编辑出版了系列针对不同对象的知识产权教材和辅导读物,并免费发放给幼儿园、中小学、大学以及研究机构,对启迪创新意识,普及知识产权知识和培养专门人才发挥了基础性的作用。英国有关部门积极开展"英国知识产权局意识日"活动以及各种论坛、研讨会、培训班等,为企业和大众提供知识产权方面的建议和帮助。

二、国外知识产权保护与管理对宁波的启示

宁波在动漫游戏知识产权立法与执法上已经积累了宝贵的经验,但

[①]　陈磊:《日本动漫产业优势分析》,《传媒》2008 年第 3 期。

仍然需要借鉴世界有关国家动漫游戏知识产权保护和管理的基本经验，以适应动漫游戏产业快速发展的需要。2008年6月，中国政府正式颁布了《国家知识产权战略纲要》，将知识产权战略作为国家的一个重要发展战略，服务于建设创新型国家的总体目标。这些战略性方针也为动漫游戏产业发展指明了方向。

（一）增强知识产权的宣传普及和培训工作

"公众的版权认识水平决定着中国的版权保护水平。"必须把知识产权保护提升到产业战略层面，为民族动漫游戏产业创造出良好的发展氛围。增强知识产权的宣传普及和培训这项工作是目前最薄弱和最急需加强的重要环节。必须确立面向全社会、面向大众开展版权宣传教育的基本战略，对宣传教育的资金要加大投入，在宣传的办法上大力改进。同时运用宣传培训等手段，提高动漫游戏创作企业和个人的知识产权保护意识，使他们学会利用法律来保护自己。

加强宁波动漫游戏产业的知识产权保护，要提高动漫游戏创作者的保护意识。运用宣传培训等手段，提高动漫游戏创作企业和个人的知识产权保护意识，使他们学会利用法律来保护自己。比如，动漫游戏创作企业和个人可以把创作出来的卡通形象进行版权登记，如果有条件的话最好再进行商标注册和多种产品的外观设计专利申请。

（二）尽快建立完善知识产权尤其是版权法律体系

完善中国版权法律体系以及配套的法规、规章，以尽快适应市场经济和高新技术发展的要求。动漫游戏产业市场的确立，要求政府管制必须建立在完备的法律制度基础之上。版权、形象权等知识产权是动漫游戏产业最核心的竞争力。只有对创意成果给予严格的法律保护，才能建立利益回报机制，从根本上维护动漫游戏产业的正常运转。

（三）加强动漫游戏产业知识产权保护的管理和执法力度

动漫游戏产业链的每个环节上都涉及知识产权，知识产权管理部门应加快提高行政人员的素质，认真、公平、高效地处理各类申请。尽量简化申请手续，完善评价体系，建立信息平台，健全搜索系统，让公众能够充分重视各种信息的检索、传播与运用,避免过程的重复。另外动漫游戏创作企业和个人如果亲力亲为地进行权利的管理、运营和保护,往往力不从心。针对中国动漫游戏发展缺乏第三方版权公共管理和公共服务平台的现状,应建立第三方知识产权专业管理机构。通过专业知识产权管理机构的有效管理,帮助动漫游戏创作企业和个人管理和运营动漫游戏产业相关的知识产权权利。管理部门每年组织一次展示交易活动,为国内外的投资机构、投资人和动漫游戏创作者搭建交易平台。[①]

在侵权盗版屡禁不止、社会版权法律意识急需进一步加强的新形势下,加强执法、厉行监管已成为动漫游戏产业发展工作的重中之重。实践证明,法律的生命在于它的执行,这一点要求在执法方面要投入更多的资源和力量。

(四)由政府指导建立第三方知识产权专业管理机构

在形成动漫游戏产业链的时候,由第三方知识产权专业管理机构与动漫游戏创作企业和个人签订一揽子的知识产权代理合同。由该专业机构代理动漫游戏创作企业和个人进行知识产权交易活动。通过专业知识产权管理机构的有效管理,帮助动漫游戏创作企业和个人管理和运营动漫游戏产业相关的知识产权权利。

(五)政府部门的扶持和鼓励

比如,实施动漫游戏产业知识产权登记、注册和申请的资助政策。由保知办协调版权、工商、专利、文化等相关部门,共同出资设立资助资金,对于符合资助条件的对象,资助其进行版权登记、商标注册和外观设计专利申请。又比如,出台一系列的优惠政策,深圳怡景国家动漫游戏产业基地给予入驻企业免租金和对有潜力的动漫游戏产品给予资金支持等政策;并且深圳政府将从中选出优势领域进行扶持、鼓励,最终建设提供版权交易平台,让深圳的版权通过交易产生财富,为深圳的动漫游戏产业发展提供永不枯竭的创意源泉,这些都可以成为宁波在促进动漫

---

① 李欣博:《动漫产业的困境与角色商品化权的法律体系构建》,《山西师大学报》(社会科学版)2009 年第 5 期。

游戏产业发展时可以借鉴的方式。

在动漫游戏产业链的发展中,目前宁波在衍生产品开发、动漫游戏形象推广和交易上做得都不如人意。因此,可以建立一些立足宁波、面向全国的创意产业展示交易平台,并且每年组织一次展示交易活动,邀请国内外的投资机构、投资人和动漫游戏创作者进行洽商交易,为双方提供面谈的机会,促进交易成功。

(六)建立动漫游戏知识产权维权援助机制

对于动漫游戏创作企业和个人,提供知识产权的法律法规、申请授权的程序、纠纷处理和诉讼等方面的咨询服务;为具有较大影响的涉外知识产权纠纷以及无能力支付纠纷处理和诉讼费用的当事人提供一定的经费资助以及律师专业服务;协调有关机构,提供研究促进重大涉外知识产权纠纷与争端合理解决的方案等方面的援助服务。

动漫游戏产业以艺术原创为生存基础,视知识产权为生命线。由于目前国内市场上,侵犯动漫游戏产品的知识产权行为依然十分严重。因此针对这种局面,笔者认为,只有将知识产权保护提升到产业战略层面,才能为民族动漫游戏产业创造出良好的发展氛围。动漫游戏的知识产权如果得不到充分保护,其原创能力将遭受重创,进而形成恶性循环并最终导致产业的逐渐衰退。而建立切实有效的知识产权防御体系是避免动漫游戏企业因侵权而萎缩的唯一途径,这取决于国家、企业和创作者个人的共同努力。

总之,侵权问题已成为动漫游戏企业生存和发展的"绊脚石",动漫游戏知识产权保护问题至关重要。政府应在研究动漫游戏产生的权利形式和侵权形态,关注保护动漫游戏知识产权的有效途径,提高动漫游戏企业权利意识等方面发挥应有作用,建立切实有效的动漫游戏知识产权保护体系,保障我国动漫游戏产业健康有序地发展。

尽管近些年来,我国政府开始重视文化创意产业的发展,并投入大量的人力、物力,使动漫游戏产品的价值不断经过挖掘,由原先单一的玩具衍生行业向多元化发展。但是,仅凭短短的数年时间,想要追上美、日动漫游戏产业近百年时间的发展成果绝不是一件简单的事情。在法律层面,动漫游戏产业的发展就先为我国现有对动漫游戏角色的法律保护提出了许多新的挑战。

被誉为"21 世纪知识经济核心产业"的动漫游戏产业之于我国经济发展有着重要意义,我国应该一如既往地为动漫游戏产业发展提供更好的知识产权保护。保护动漫游戏产业的知识不仅要求完善的知识产权法律制度和经验丰富技术精湛的裁判者,同时也需要动漫游戏作品的创作者提高自身知识产权保护意识。目前我国的知识产权保护体系基本能够给予动漫游戏创作者周全的动漫游戏知识产权保护,国家政府部门在政策上也予以了积极的支持。但针对动漫游戏业发展中面临的问题,还应当进一步以促进产业发展为目标,完善法制,以利于更好地保护著作权利人的合法利益,提高他们的国际竞争力。与此同时,裁判者要不断地提高自身的裁判技能和积累裁判经验,不断地学习专业知识,能够在裁判中恰当地判断侵权形式及判定侵权责任,做到兼顾知识产权权利人、社会公共利益和相对人的合法利益,真正实现动漫游戏产业的腾飞。

第四章　宁波出版发行业发展法制保障问题研究

　　相比动漫游戏等伴随现代信息科技而产生的新兴产业,在文化产业结构中,出版发行业是文化产业中的传统部门之一,并将继续占据重要的地位。文化产业的繁荣离不开出版发行业的发展。在优化文化产业结构下,如何发挥这一传统行业的优势,推动这一传统行业的进一步发展,进而促进整个文化产业的做大做强,具有重要意义。《宁波市"十二五"时期文化发展规划》提出重点发展包括出版发行业在内的八大优势产业。针对出版发行业的发展,提出"整合出版发行资源,创新出版体制和机制,把宁波出版发行集团建成多媒体经营、编印发和产供销一体化的大型集团。加大发行网络建设力度,发展若干家较大规模的出版物销售连锁企业,促进大型书城、特色书店、便民书店等业态的合理布局,提高市场竞争能力。利用高新数字技术,推动印刷产业不断升级,实现传统印刷业向'高、新、特、精、专'的转变,打造现代印刷之都"的发展目标。而上述产业政策的落实,产业发展目标的实现离不开法制的保障。因此,研究宁波出版发行业发展法制保障问题具有重大现实意义。

第一节　宁波出版发行业发展法制保障的现状和问题

一、出版发行业及其法制保障概述

（一）出版发行业

在现代社会中,出版发行是指这样一种活动:对已有的可供阅读或通过视觉可以感知的作品进行选择、整理、加工,并以有形的载体形式进行大量复制,形成可供大众消费的图书、报刊、音像制品等出版物,进而通过一定的方式把出版物传送到公众手中。[①]

人们一般在广、狭义两个层次上定义出版发行业。广义的出版发行业是指为社会公众提供出版产品和出版、发行服务,以满足其精神需求的出版、发行门类的总称。而狭义的出版发行业则是与出版发行事业相对应的,是指把出版产品和出版、发行服务作为一种经营性行为,按照一般的经济运行规律而从事的经济活动,是整个国民经济活动的一个组成部分。[②]　在我国,所谓产业是指"从事相同性质的经济活动的所有单位的集合",而"文化产业"则是指"经营性文化单位的集合",[③]那么,从产业角度来看,作为文化产业重要组成部分的出版发行业显然是指狭义上的出版发行业。

"产业的特征主要是通过一定的物质形态的产品表现出来。"出版物是出版发行业产业特征的物质载体。[④]　在我国,作为出版发行业产品的出版物涵盖了图书、报纸、期刊、音像制品及电子出版物。作为文化产业的重要组成部分,从范围上看,我国的出版发行业包括出版服务与发行

---

①　参见张新华:《转型期中国出版业制度分析》,中国传媒大学出版社 2010 年版,第 21 页。

②　参见孙洪军:《日本出版产业论》,中国传媒大学出版社 2009 年版,第 18 页。

③　参见国家统计局:《文化及相关产业分类(2012)》,http://www.stats.gov.cn/tjbz/t20120731_402823100.htm.2013-06-24。

④　参见孙洪军:《日本出版产业论》,中国传媒大学出版社 2009 年版,第 18 页。

服务。其中,出版服务包括图书出版、报纸出版、期刊出版、音像制品出版、电子出版物出版以及其他出版业,发行服务包括图书、报刊批发、音像制品及电子出版物批发,和图书、报刊、音像制品及电子出版物零售。[①]

作为文化产业的组成部分,出版发行业既是按照一般经济规律而从事的活动,是整个国民经济活动的组成部分,因而具有产业的一般特征;与此同时,它又是文化思想的重要载体,因而又具有意识形态属性。由此可见,出版发行业具有特殊的经济和社会属性。由于其特殊的经济和社会属性,出版发行业表现出如下特征:从宏观层面上看,出版发行业以产业作为手段来发展,以文化为资源来进行生产,向社会公众提供出版品和出版服务,最终实现满足社会公众的精神文化需要的目的,具有知识密集、技术含量高、附加值高的特点。从微观层面上看,出版发行业的产品——出版物具有私人物品和公共物品,抑或普通商品和意识形态产品的双重属性;产品种类繁多,差异化程度低,同质性强;由于其产品的版权特性,导致出版发行业成为一种版权产业;由于供需、供销信息严重不对称而带来的高库存积压和高风险。[②]

作为国民经济的重要产业部门,出版发行业在整个国民经济中发挥着重要的功能。第一,出版发行业能直接创造产值,从而构成国民经济总产值的重要组成部分;第二,出版发行业对国民经济其他部门有重要的支持和促进作用;第三,出版发行活动能够传递思想和信息,从而为经济决策与管理提供思想和信息服务,从而发挥经济引领和服务的功能。[③]

(二)出版发行业发展的法制保障

出版发行业的法制保障属于文化产业法制的构成部分。所谓文化产业法制,是规范、引导、促进、保障与服务文化产业发展的法律规范的总称,它应包括一切"引导、促进、保障和服务于文化产业发展的法律制度体系与法律规范活动",是从法律角度为文化产业发展所提供的一种

---

①　参见国家统计局:《文化及相关产业分类(2012)》,http://www.stats.gov.cn/tjbz/t20120731_402823100.htm.2013-06-24。

②　参见孙洪军:《日本出版产业论》,中国传媒大学出版社2009年版,第8页。

③　同上,第4页。

社会环境保障和服务。①

　　市场经济是法制经济,它需要在法制的框架下运行,并由法制为其提供保障。建立在市场经济基础上的文化产业的发展同样离不开法制的保障。文化产业的正常发展同样要遵守合同法、公司法、反不正当竞争法、反垄断法、产品质量法等维护社会主义市场经济运行的基本法律规范。没有这些基本法律的保障,文化产业就无法在正常的经济秩序下发展。同时,由于文化产业相对于其他产业所具有的独特属性,其自身具有特殊的运行规律和市场需求,因此需要专门的符合文化产业特性与需求的法律规范来给予特殊的保障。

　　文化产业法制既包括由国家各级权力机关制定的文化产业相关的规范性法律文件,涵盖法律、行政法规、地方性法规、行政规章及地方政府规章等法律文件涉及文化产业相关的内容,也包括文化产业相关的规范性法律文件的产生与执行的过程与活动,涵盖立法、执法、司法、守法、法律监督、法制宣传和法制教育等涉及文化产业的各环节。这些法律文本与法律实践活动一起构成了完整的文化产业法制体系。

二、宁波出版发行业发展概况

(一)中国出版发行业发展概况

　　改革开放推动了中国经济、政治、文化以及社会各个方面的转型与变革。作为这场变革的一部分,出版发行业经历了深刻的转型过程。在传统的计划经济体制下的出版发行业仅是政治宣传工具,出版社是政府的附属机构,出版资源和产品都按照计划手段进行分配。经济体制由计划经济体制向社会主义市场经济体制的深刻变革的背景下,经济转型推动着出版发行业的转型,并为出版发行业改革提供了外部市场环境。通过改革使出版发行业建立在市场经济体制基础上,即以市场为基础,出版机构摆脱对政府的附属地位,从政府的行政控制中脱离出来,成为独立的市场主体;政府则从直接办出版的角色转变为间接的行业管理者;

---

　　① 　参见张庆盈:《中国文化产业法制建设问题研究》,2011 年山东大学博士学位论文,第 13 页。

出版资源和产品在政府的宏观调控下主要通过市场机制进行配置。

2002 年,党的十六大明确提出"文化产业"的概念,指出"发展文化产业是市场经济条件下繁荣社会主义文化、满足人民群众精神文化需求的重要途径",要求要"完善文化产业政策,支持文化产业发展,增强我国文化产业的整体实力和竞争力"。这指明了文化体制改革的方向之一是实现文化的产业化。文化的产业化,就是指"在文化发展过程中,经济成分不断增加,市场手段不断引入,文化生产和管理中越来越渗透各种经济要素,文化活动越来越自然地融入经济活动之中,文化产品的制造、流通和服务日益具有经济功能和市场效益"[①]。经过 30 余年的改革,中国的出版发行业正逐渐从计划经济条件下的政治宣传工具转变为社会主义市场经济条件下的文化产业的重要组成部分。[②] 从中国出版发行业取得的成就来看,出版发行业改革促进了中国出版发行业的壮大与发展,促进了包括图书、报纸、期刊、音像制品、电子出版物等在内的各种出版物市场的繁荣,促进了社会公众精神文化生活的丰富,促进了社会文化的进步。

出版发行业创造的国民生产总值日益增加,在国民经济中的比重逐步增大,逐渐向国民经济的支柱型产业发展。2012 年,全国出版发行业实现营业收入 16635.3 亿元,增加值 4617.0 亿元,利润总额 1317.4 亿元,不包括数字出版的资产总额为 15729.6 亿元,所有者权益(净资产)为 8164.2 亿元,纳税总额为 873.4 亿元,继续保持平稳快速增长。而依据《2013 年新闻出版产业分析报告》,2013 年新闻出版产业主要经济指标平稳增长,产业规模继续扩大。全国出版、印刷和发行服务实现营业收入 18246.4 亿元,较 2012 年增加 1611.1 亿元,增长 9.7%;利润总额 1440.2 亿元,较 2012 年增加 122.8 亿元,增长 9.3%。这反映出新闻出版产业仍继续保持了较强的可持续发展能力。

从出版发行活动主体来看,出版发行单位经历了单位性质的改制,由原来的事业单位,转变为企业,成为具有独立法人资格的经营性实体。

---

① 陈野、汪俊昌:《加快发展文化产业,增强文化产业竞争力——浙江文化产业发展述略》,载叶取源等:《中国文化产业评论·第六卷》,上海人民出版社 2007 年版,第 175 页。

② 参见张新华:《转型期中国出版业制度分析》,中国传媒大学出版社 2010 年版,第 3 页。

同时在政府的推进下,出版发行企业走上了集团化发展的道路,经过一系列的兼并、重组,在全国范围内形成一批具有较强实力的大规模出版发行集团。大型的出版集团成为中国出版发行业的主体。根据国家新闻出版总署公布的 2012 年新闻出版产业分析报告提供的数据显示,2012年,全国图书出版、报刊出版和发行集团共实现主营业务收入 2333.9 亿元,较 2011 年增加 239.2 亿元,增长 11.4%,占全国书报刊出版和出版物发行主营业务收入的 57.9%,提高 0.4 个百分点;拥有资产总额4202.2 亿元,增加 522.1 亿元,增长 14.2%,占全国出版发行全行业资产总额的 73.7%,提高 0.3 个百分点;实现利润总额 194.3 亿元,增加 21.0亿元,增长 12.1%,占全国出版发行全行业利润总额的 44.6%,提高 1.4个百分点。①

2013 年,出版传媒集团骨干地位进一步巩固,发行集团业绩突出。全国图书出版、报刊出版和发行集团主营业务收入增长 13.3%,在全国书报刊出版与出版物发行主营业务收入中所占比重提高 3.7 个百分点;资产总额增长 14.1%,提高 3.4 个百分点;所有者权益增长 11.6%,提高2.5 个百分点;利润总额增长 16.2%,提高 4.9 个百分点。江苏凤凰出版传媒集团有限公司、湖南出版投资控股集团有限公司、安徽出版集团有限责任公司、山东出版集团有限公司、江西省出版集团公司与安徽新华发行(集团)控股有限公司主营业务收入、资产总额均超过 100 亿元,“双百亿”集团由 4 家增到 6 家。此外,资产总额超过 100 亿元的集团由 8 家增到 9 家。发行集团主要经营指标增长速度明显高于集团整体水平;图书出版集团继续保持良好增长态势;报业出版集团主营业务收入与利润总额分别降低 14.6%与 6.9%,43 家报业集团中有 15 家营业利润出现亏损,较 2012 年增加 3 家。

上市公司业绩较快提升,投资价值凸显。在国家全面深化改革、大力发展文化产业的政策利好背景下,出版传媒上市公司充分顺应行业发展趋势,多方开拓传统业务市场,积极拓展手机游戏等新兴业务领域,取得不俗经营业绩。26 家在上海和深圳上市的出版发行和印刷公司共实

---

① 参见新闻出版总署出版产业发展司:《2012 年新闻出版产业分析报告》,http://www.gapp.gov.cn/govpublic/80/671.shtml.2013-05-13。

现营业收入 804.5 亿元,较 2012 年增加 93.6 亿元,增长 13.2%;实现利润总额 82.9 亿元,增加 8.2 亿元,增长 11.0%。以 2013 年 12 月 31 日收盘价计算,32 家在境内外上市的出版发行和印刷公司股市流通市值合计 1740.9 亿元人民币,增加 837.8 亿元,增长 92.8%,接近翻番。在 2013 年全国股市总体低迷大背景下,26 家在上海和深圳上市的出版发行和印刷公司,有 22 家(包括全部书报刊出版公司)股价上涨,其中 4 家股价翻番,最高涨幅超过 1.5 倍;其间,多家公司股票连续涨停;股市总市值合计 2232.1 亿元,增加 730.3 亿元,增长 48.6%。反映出出版发行上市公司投资价值已逐渐被投资者真正认识,开始受到青睐与追捧。[1]

同时,国家放开了对包括民营资本及外商资本在内的非公有资本投资进入包括出版发行业在内的文化产业的限制。根据国务院《关于非公有资本进入文化产业的若干规定》及相关文件规定,出版发行业的开放范围包括:包装装潢印刷品印刷,书报刊分销,可录光盘生产,只读光盘复制,文化产品、服务出口等事项对内对外完全开放;出版物印刷、发行,新闻出版单位的广告、发行等事项对内全部放开,外商可合资、合作经营,但中方 51% 以上控股;出版物的出版(含网络)、制作、总发行和进口事项禁止外商投资;出版物的出版(不含网络)和进口事项禁止国内非公资本投资。

(二)宁波出版发行业发展概况

宁波十分重视包括出版发行业在内的文化产业的发展,早在 1997 年即制定了《宁波市文化发展纲要(1996—2010 年)》;2003 年,成为浙江省两个文化体制改革试点城市之一,按照"管办分离"的要求,在文化市场综合执法等方面进行改革试点;2004 年,公布了《关于推进文化产业发展的若干意见》;2005 年,通过了《关于推进文化大市建设,加快社会事业发展的决定》;2007 年,制定了《宁波市"十一五"文化发展规划》,并下发《宁波市全面推进文化体制改革实施方案》;2008 年,出台《关于推动文化大发展大繁荣的若干意见》;2009 年,召开全市文化体制改革工作会议,全

---

① 参见:《2013 年新闻出版产业分析报告》,http://cips. chinapublish. com. cn/china-publish/toutiao/201407/t20140710_157016. html. 2013-05-13。

面部署经营性文化事业单位改革,宁波文化体制改革进入攻坚阶段;2010年,宁波市文化建设领导小组成立;2011年,制定了《宁波市"十二五"时期文化发展规划》,下发《关于金融支持文化产业发展繁荣的实施意见》《关于建立文化强县考核评价体系的实施意见(试行)》《关于支持我市文化体制改革和文化新兴业态发展的若干意见》《关于鼓励和引导民间资本投资发展文化产业的若干意见》,通过《关于贯彻党的十七届六中全会精神加快文化强市建设的决定》。[①]

2010年,宁波市文化产业总产出完成810.52亿元,文化产业增加值250.26亿元,占全市GDP比重为4.85%。在其构成中,核心层、外围层和相关层的比例为16.5∶28.8∶54.7,比例结构渐趋合理化。2010年,包括出版发行业在内的核心层实现增加值41.25亿元,外围层实现增加值72.02亿元,核心层和外围层相加,在全市文化产业增加值中所占比重为45.2%。[②]

2011年12月,在完成对宁波出版社和宁波市新华书店体制改革的基础上,宁波日报报业集团出资2.3亿元,组建了宁波出版发行集团有限公司,以全新运作模式开拓市场,实现图书出版、发行两大产业聚合发展。到2012年,宁波出版发行集团的资产总额达到3亿元,年销售收入达到2亿元,已经具备"两社6店5公司"规模,拥有华东地区单体面积最大的图书零售卖场,年均出版图书500多个品种。宁波出版发行集团等非报业单位对集团主营收入和利润的贡献率不断增加,销售收入占比已经达到32.6%。宁波日报报业集团总投资8亿元,于2011年年底建成的宁波书城,总规模9万平方米,是宁波市"十一五"重点文化工程,未来将打造成为宁波新的商业文化广场和宁波市文化产业示范基地。[③]

针对宁波出版发行业的发展,《宁波市"十二五"时期文化发展规划》提出:"整合出版发行资源,创新出版体制和机制,把宁波出版发行集团建成多媒体经营、编印发和产供销一体化的大型集团。加大发行网络建

---

　　①　参见中共宁波市委宣传部:《文化如歌　响彻东海——宁波文化建设这十年》,《宁波通讯》2012年第21期,第42页。

　　②　《"十一五"宁波文化产业突破性发展》,《宁波经济》2013年第3期,第23页。

　　③　参见何伟、谢安良:《创新·融合·转型:向着综合性文化传媒集团的新跨越》,《新闻战线》2012年第6期,第7—10页。

设力度,发展若干家较大规模的出版物销售连锁企业,促进大型书城、特色书店、便民书店等业态的合理布局,提高市场竞争能力。利用高新数字技术,推动印刷产业不断升级,实现传统印刷业向'高、新、特、精、专'的转变,打造现代印刷之都。"

三、宁波出版发行业发展法制保障现状与问题

(一)宁波出版发行业法制保障现状

改革开放以来,中国文化领域的变革,包括出版发行业在内的文化产业的发展是在建立和完善社会主义市场经济的背景下起步的。正是以社会主义市场经济为目标的改革的深入,大力发展文化产业才可能提上国民经济发展和文化发展的进程。而市场经济为法制经济,法制是市场经济的必要保障。法制的保障是包括出版发行业在内的文化产业发展的必要前提与条件。

对于出版发行业来说,首先作为一门产业,它必然要建立在市场经济的基础之上,因此符合社会主义市场经济规律,维护社会主义市场经济正常运行的法律制度为其发展提供了保障。从法律法规上包括《合同法》《公司法》《产品质量法》《反不正当竞争法》《反垄断法》《消费者权益保护法》等民事、经济法律部门构成了出版发行业在市场经济基础上正常运行的基本保障。同时,《行政许可法》等行政法对政府的行政执法行为进行了规范,防止因行政权力的滥用而对正常的出版发行活动进行不当的干涉。

其次,出版发行业又是一门特殊的产业,其特殊性在于以出版物这一特殊商品为其产品。"产业的特征主要是通过一定的物质形态的产品表现出来。"①出版物是人类思想、精神产物的物质载体,因此可以说,出版发行业是内容的制造和加工产业,是"内容产业"。与此同时,出版产业也是一种"版权产业"。因为"出版业经营在本质上是一种著作权利(著作权与版权系同义语),出版活动是由著作权衍生的经济活动,出版产业是以版权要素为核心的提供精神产品的生产和服务的产业,出版产

---

① 参见孙洪军:《日本出版产业论》,中国传媒大学出版社 2009 年版,第 18 页。

业的核心组成是版权要素"。版权是出版发行业所赖以生存、发展的基础。创造版权资源、提高版权资源的拥有量和占有量是出版发行业可持续发展的重要途径。① 作为这样一门特殊的产业，出版发行业的发展需要有符合出版发行活动规律、满足出版物市场需要的法律制度为其提供保障。下文就集中于此方面，从国家到地方在不同层次上对宁波出版发行业发展法制保障进行考察。

1. 国际层面

中国已加入世界贸易组织（英文简称 WTO）。世界贸易组织的相关国际公约通过中国的承诺相应地构成国内法律法规的一部分。《关税及贸易总协定》《服务贸易总协定》《与贸易有关的知识产权协定》是构成WTO 多边贸易体制的三大支柱。这三大协议均有涉及出版发行业的内容。其中，出版发行业与《服务贸易总协定》关系最为密切。"印刷与出版"属于《服务贸易总协定》第一大类"职业服务"中的 F 类"其他职业服务"中的一个项目。而第二大类"通讯服务"中的 D 类"视听服务"中的多数项目则与出版物中的音像制品、电子出版物有关。《服务贸易总协定》主要涉及出版发行业的市场准入问题，其实质是出版发行业对外开放的承诺。另外，《关税及贸易总协定》也涉及出版物的市场准入问题，包括出版物关税减让及取消出版物进口上的贸易壁垒。《与贸易有关的知识产权协定》（英文简称"TRIPS"）主要涉及著作权的保护问题，其实质是提高国外著作权的保护水平和范围，成员国主要依据《巴黎公约》《伯尔尼公约》《罗马公约》和《集成电路知识产权条约》承担义务。②

2. 国家层面

在宪法层次上，出版是宪法赋予中华人民共和国公民的一项基本权利。《中华人民共和国宪法》第三十五条规定："中华人民共和国公民有言论、出版、集会、结社、游行、示威的自由。"这给予出版自由最高层次的保护。

在法律层次上，我国于 1990 年颁布并于 1991 年开始施行《中华人民共和国著作权法》，为出版物的出版、发行提供了全方位的法律保障。

---

① 参见孙洪军：《日本出版产业论》，中国传媒大学出版社 2009 年版，第 25—26 页。
② 参见余敏：《加入 WTO 与中国出版业发展》，中国书籍出版社 2001 年版，第 6—7 页。

《中华人民共和国刑法》第二百一十七条、第二百一十八条分别对侵犯著作权罪、销售侵权复制品犯罪进行了规定与处罚,从而为著作权提供刑法上的专门保障。

在行政法规层次上,国务院针对出版发行业制定的行政法规基本上涵盖了出版发行业的各个方面。其中,针对著作权保护的法规,于2002年颁布,并分别于2011年、2013年修订《中华人民共和国著作权法实施条例》;针对报纸、期刊、图书、音像制品、电子出版物等各类出版物的出版发行活动进行一般性规范管理的法规,于2001年颁布并于2011年修订的《出版管理条例》加强对出版活动的管理,于2001年颁布的《印刷业管理条例》对各类出版物的印刷经营活动进行规范;针对不同的出版物,按照不同的出版物类别分别加以规范的法规,如于2001年颁布并于2011年修订的《音像制品管理条例》;于2000年颁布的《互联网信息服务管理办法》适用于出版的互联网信息服务。

在部门规章层次上,新闻出版总署(即国家版权局)作为出版发行业的主管部门,颁布了数量众多的部门规章。其中,针对著作权保护,于2003年颁布了《著作权行政处罚施行办法》规范著作权行政管理部门的行政处罚行为,于2005年颁布了《互联网著作权行政保护办法》。针对出版发行活动的不同环节,于2011年颁布了《出版物市场管理规定》规范图书、报纸、期刊、音像制品、电子出版物等各类出版物的发行活动及其监督管理,于2001年颁布了《印刷业经营者资格条件暂行规定》规范印刷业经营者的设立和审批,于2002年颁布了《互联网出版管理暂行规定》加强对互联网出版活动的管理,并于2002年与公安部联名颁布了《印刷品承印管理规定》规范印刷业经营者的印刷经营行为,于2011年与商务部联合颁布了《出版物市场管理规定》规范出版物发行活动及其监督管理。而根据出版物的不同类别,针对图书的出版发行,于2004年颁布《图书质量管理规定》,于2008年颁布《图书出版管理规定》;针对报纸的出版发行,于2005年颁布了《报纸出版管理规定》;针对期刊的出版发行,于2005年颁布了《期刊出版管理规定》;针对音像制品的出版发行,于1996年颁布了《音像制品复制管理办法》,2004年颁布《音像制品出版管理规定》,2008年颁布《音像制品制作管理规定》,2009年颁布《复制管理办法》,于2011年与海关总署联合颁布了《音像制品进口管理办法》加强对音像制品进口管理;针对电子出版物的出版发行,于 1997 年颁布了《电子出版物管理规定》,2011 年颁布了《数字印刷管理办法》规范我国数字印刷经营活动,促进数字印刷业健康发展。另外,海关总署于 2007 年颁布了《中华人民共和国海关进出境印刷品及音像制品监管办法》对印刷品及音像制品进出境监管进行规定。

3. 地方层面

从省一级层面来看,浙江省人大常委会于 1995 年颁布,并分别于 2001 年、2004 年、2011 年三次修订的《浙江省文化市场管理条例》规范浙江省内出版物经营活动的管理。浙江省人民政府于 2008 年颁布,并于 2012 年修订《浙江省著作权管理办法》对浙江省内著作权的保护与管理进行规范。除此以外,浙江省并未出台其他的规范性法律文件专门为出版发行业发展提供保障。

从市一级层面来看,宁波市并未专门针对出版发行业出台相应的规范性法律文件。

(二)宁波出版发行业法制保障问题

宁波出版发行业法制保障面临的问题首先是我国出版发行业法制保障在国家层面上所面临的普遍问题。

从立法上来讲,出版发行业的专门法律立法层次较低,效力位阶不高。虽然法律体系中位阶最高的由全国人民代表大会及其常务委员会制定的法律中有不少涉及出版发行业,比如著作权法、合同法、公司法、反不正当竞争法、行政许可法等,为出版发行业的发展提供法制保障,但是没有一部出版发行业乃至文化产业的专门法律。出版发行业的专门法律规范是以位阶较低的国家行政机关制定的行政法规、行政规章形式存在的。国务院针对出版发行业专门制定了《出版管理条例》《印刷业管理条例》《音像制品管理条例》等行政法规。而占据绝大多数的是行政部门制定的行政规章,如作为出版发行业主管部门的新闻出版总署即针对出版发行业中包括出版、发行、印刷等各个环节,图书、报刊、音像制品、电子出版物等各个方面制定了大量细致的规章。因此,出版发行活动更多是由国家行政机关制定出台的专门法律性规范文件来规范、调整的。

立法上的这种状况给出版发行业发展造成的影响就是,出版发行业立法主要针对出版发行业的管理,而不以对公民的出版发行权利的保障为出发点,在内容上偏重于对出版发行业从业主体以及出版发行活动的规范和控制。行政机关对出版发行业立法的主导,往往更多地代表行政机关的意志,甚至会掺杂行政机关或部门的利益,使得法律有单纯地沦为政府的一种规制手段与工具的危险。法制不仅规范个人、企业,更是对公权力、对政府行为的约束。而法律的缺失直接导致了出版发行业中政府规制的法治化、制度化程度低。而在缺少制度制约的情况下,政府行为的失范则难以避免。

而从行政执法上来讲,从我国出版发行业的发展历程来看,在计划经济体制下形成了政府整体包办出版发行业的格局,出版发行单位均为管办合一的事业体制,政府对出版发行业的管理主要依靠行政手段。我国出版发行业现正处在以实现产业化、市场化为目的的转型过程中,而这一转型是以政府为主导的强制性制度变迁。在这一转型过程中,政府不仅能够从宏观上对出版发行业进行规范与管理,同时其权力仍能够不受限制地深入到出版发行业具体经营领域的方方面面,从微观上对出版发行活动实行层层规制。这种过度集中的管理体制忽略了市场对资源配置的基础性作用,不利于出版发行活动主体的市场主体地位的确立。这种管理体制又与政出多门、条块分割等结合在一起,加剧了我国地区之间出版发行业发展不平衡,造成出版物市场的地方保护主义和行政性垄断。与此同时,政府在创建有序的市场秩序、界定清晰的产权、建立法制基础等方面却明显缺位。

第二节　其他区域出版发行业发展的法制保障

一、国外出版发行业发展的法制保障

出版发行业的产业化是建立在市场经济的基础上的,都必须遵循共同的市场规律,必须受到市场经济法律规范的调整,这对任何国家都是适用的。对于我国来说,研究国外发达国家出版发行业相关法制的建设情况,借鉴其出版发行业发展法制保障的先进经验,对于我国完善出版

发行业发展法制保障是有着积极意义的。

（一）美国

1. 美国出版发行业

美国是世界上出版发行业最为发达的国家。美国的出版发行业在世界上居于绝对的领先地位。仅在 2002 年，美国出版发行业（仅统计报纸业、杂志业和图书业等，且不包括互联网）的年收入即达到 2422 多亿美元。[①] 出版发行业是美国文化产业中最大的一个部门。从出版发行业的结构上来说，图书业自 20 世纪 90 年代以来一直稳居世界图书出版业的首位。2000 年，美国的图书销售额为 253.2 亿美元，几乎达到了全世界图书销售总额 850 亿美元的 30％，远远超过了其他国家。美国图书业发展呈现出垄断的趋势。到 2002 年，美国前五大图书出版集团在美国国内市场上总收入达到了商业图书和大众图书市场份额的 45％。2002 年，美国报业的价值达到 500 亿美元，年增长率达到 5％。美国报业的一个特点是集中度大。根据 2002 年数据，全美前 22 家最大的报业集团共拥有报纸 562 种，发行量占美国日报总发行量的 70％和周日版报纸总发行量的 73％。杂志业一方面发行量在持续下滑，另一方面集中度同样在增强。根据 2003 年数据，前六位消费类杂志出版公司的发行量占全美消费类杂志总发行量的 35.1％。160 多种杂志的收入占据了美国杂志业的 85％。[②]

2. 美国出版发行业发展法制保障

对美国出版发行业发展的法制保障来说，美国并没有一部具有独立主题、自成体系的出版法。相反，美国出版发行业发展的法制保障是由不同领域（包括宪法、版权法、合同法、侵权行为法等）；不同层次（包括联邦层次、各州层次）上的法律相互结合，共同提供的。

美国宪法第一修正案确立了出版自由，并禁止国家权力以包括立法在内的任何形式剥夺这一基本的宪法权力。这构成美国出版发行业发展的根本出发点。宪法第一修正案确立了美国出版发行业发展的基本

---

　　① 　参见张慧娟：《美国文化产业政策及其对中国文化建设的启示》，2012 年中共中央党校博士学位论文，第 15 页。

　　② 　同上，第 24—25 页。

原则,即保障人民的出版自由。它以宪法形式为美国出版发行业发展提供了最根本的法制保障。纵观美国出版发行业的发展历程,充满着围绕宪法第一修正案所进行的自由与监管的博弈。而自由的空间和适当的监管正是保障出版发行业发展的根本。

版权保护是出版发行业健康发展的重要基础。美国宪法第一条第八款授权国会保障作者对其作品的有限的所有权。针对出版发行业核心的版权保护,美国早于 1790 年即颁布了第一部专门的《版权法》(Copyright Act)。但该法适用范围比较狭窄,仅限于书籍、地图和期刊。1909 年修订后的《版权法》将保护范围扩大到所有作品。其后,为提供更完善的版权保护,于 1976 年全面修正了《版权法》即现行版权法。该法于1978 年 1 月 1 日开始实施,从此美国开始对版权实行单一的联邦保护制度。美国于 1988 年加入《伯尔尼公约》。而为了加入《伯尔尼公约》,美国对版权法再次进行了补充修改。自实施以来,该法经历了几十次修订,使得这一版权法逐步走在世界前沿,同时通过美国在版权执法、司法等方面的发展,使得其版权保护不断增强,顺应了国际版权保护的发展趋势,并逐步趋于世界领先水平。面对互联网络的到来与冲击,为顺应数字化时代版权业发展的要求,美国于 1998 年通过了《数字千年版权法》(Digital Millennium Copyright Act),为网上著作权的保护提供了法律依据,为公众提供了数字化版权保护。其他的还包括 1998 年的《版权保护期限延长法》,2000 年的《防止数字化侵权及强化版权补偿法》,2005 年的《家庭娱乐和版权法》等。同时,作为 WTO 成员方,美国签署了《与贸易有关的知识产权协议》(TRIPS)。所有这些法律法规共同构成了美国版权保护的法律体系,为美国出版发行业的发展奠定了基础。[①]

针对近年来网络业的迅速崛起,美国也通过了一系列法律,建立起一套比较实用有效的法律体系,以实现对网络发展的规范。这些法律主要包括:1966 年通过的《信息自由法》;1974 年通过的《隐私法》;1986 年通过的《电子通信隐私法》;1995 年通过的《个人隐私与国家信息基础结构》白皮书;1998 年通过的《儿童在线隐私保护法案》;1999 年通过的《互

---

① 参见张慧娟:《美国文化产业政策及其对中国文化建设的启示》,2012 年中共中央党校博士学位论文,第 41—42 页。

联网保护个人隐私的政策》等。

除了上述出版发行业的专门立法外，还有许多法律虽然并不专门针对出版发行业，但其反映市场经济基本规律与要求，规范市场经济运行的基本秩序，因而与出版发行业的发展息息相关。这些法律主要包括联邦税法、合同法、劳动法、公司法、反垄断法和消费者权益保护法等。这些法律与专门针对出版发行业的法律一起构成了美国出版发行业发展的法律保障体系。

而作为一个判例法国家，判例是极其重要的法律渊源。美国没有制定专门的出版法对出版发行活动进行规范，在观念上也持反对态度。而联邦最高法院在一系列判例中通过对宪法条文的解释所确立的一些法律原则，事实上构成了相应的法律标准。

执法是法制的重要环节。美国出版发行业的基本性质是商业属性，出版发行单位以营利为目的，其生产和销售活动主要受市场调节，带有明显的一般商业经营特征。出版物的出版和发行高度市场化。出版发行业与其他产业一样，必须遵循市场规律。同时，宪法第一修正案赋予任何个人或团体从事出版发行活动的自由，并免除了美国政府对出版发行活动的控制。对于出版发行业的发展，最重要的是创造和维持一个能使各种声音自由表达的环境，同时保证受众能有充分的选择权，而不需要特殊的保护。与其他产业一样，美国政府对出版发行业发展也仅进行有限干预。政府中没有专门管理出版发行业的部门或机构，相应地就不存在规范出版发行业的行政法规、部门规章或其他规范性文件等。出版发行主体在市场秩序范围内享有充分的经营自由。政府的职责在于维护市场经济秩序，为出版发行活动创造自由的市场环境，在出现破坏市场秩序的行为时进行干预。而面对市场自发调节的失灵，政府也会出台一些相应的措施，如对某些文化机构进行资金补贴、税赋减免，对原创作品进行著作权保护等。面对市场导致的分配不公问题，政府也会通过财政手段或其他调控措施来保障社会弱势群体的文化权益，能够享受到出版资源。但无论采取什么样的管理手段或保障措施，政府的行为必须依法进行。这是政府行为的最基本原则与要求。

（二）日本

1. 日本出版发行业

日本的出版发行业在世界上占有重要的地位，被称为亚洲出版发行业的"旗帜"。从 20 世纪 60 年代开始，伴随着日本经济的高速增长，日本开始大力发展文化产业。从政府、企业到普通民众，各方主体参与文化产业的热情高涨，各种特色鲜明的文化产业逐渐走向成熟。正是在这一时期，日本的出版发行业发展达到鼎盛。1986 年日本的出版社数量即达到 4183 家，其中 103 家的资产达到 1 亿日元以上。在发行方面，1985 年日本书刊批发公司数量为 150 多家，其中规模最大的两家东京出版贩卖株式会社和日本出版贩卖株式会社占据了书刊批发营业总额的 70%。日本书籍出版协会、日本杂志出版协会、日本出版贩卖协会、日本书店联合会等行业机构也在这一时期陆续成立。在 1989 年，日本出版发行业的营业总额达到了 20399 亿日元。[1] 1996 年，以纸质媒体为基础的传统出版发行业的发展达到了顶峰，总销售额达到了 26563 亿日元。1997 年，报纸产业也达到了总体发行量 5376 万份的发展顶峰。[2]

近年来，由于受到互联网潮流的冲击，日本出版发行业呈现出的趋势是传统纸质出版物萎缩、数字网络化出版增长。传统的出版发行业自 1996 年达到发展顶峰后，即逐年下行。出版数量持续减少，部分出版社陆续破产，图书、杂志销售明显不景气，期刊订购也大幅下降。2000 年度日本新书上市 6752 种，比上一年增加 3.8%，杂志新创刊 209 种，比上一年增加 37 种，但图书、杂志的销售额却比上一年减少 2.6%。到 2007 年传统的出版发行业总销售额仅为 2853 亿日元，已经跌至 20 年前的水平。报纸产业在发行量、销售量、广告规模等方面也呈现出明显减少趋势。[3]

而与此同时，电子书借助互联网和手机网络等的普及，迅速在出版发行业崛起，成为出版发行业中极具市场潜力的细分行业。随着日本电子书市场规模的不断增长，出版发行业越来越致力于电子媒体的开发利

---

① 参见沈强：《日韩文化产业发展比较研究》，2010 年吉林大学博士学位论文，第 48 页。

② 同上，第 49 页。

③ 同上，第 110 页。

用。网络出版物销售以及网络电子书籍正在促使日本出版业发生变化。而网络书店以其技术优势迅速发展,网络经销模式正给日本出版业带来结构性变化。①

2. 日本出版发行业法制保障

日本文化产业的发展是在政府有意识的推动之下实现的。针对文化产业的发展,日本发布了一系列的战略思想和规划。与这些战略思想和规划相应的是,日本制定了大量的法律法规以及相关政策,其中既包括文化产业总体发展的纲领性指导文件,也有分门别类针对文化产业内部不同部门的具体规范措施。相对完备的法律及政策,为日本文化产业的发展提供了行动依据。② 从 1995 年日本制定《文化立国:关于振兴文化的几个重要策略》的报告到日本国会随后在第 153 届临时会议上提出的《振兴文化艺术基本法》,日本迅速为全面振兴文化产业,实现文化产业的快速发展奠定了坚实的政策和法律基础。《振兴文化艺术基本法》"明确规定了艺术、媒体、传统技能、生活文化、大众娱乐、出版物、唱片、文化遗产等文化产业领域的基本概念,国家及地方政府发展文化产业的相应责任,同时还提出了振兴文化产业的基本政策与方法"③。2004 年通过《关于促进创造、保护及应用文化产业的法律案》。

同时,日本还为文化产业发展的不同领域分别制定了更为具体的法律规范,以保障文化产业的健康发展。一个典型例子就是知识产权保护领域。日本曾于 1970 年 5 月颁布过《著作权法》。而为了更有效地维护作者权利,引导社会更好地使用文化成果,从而使文化产业得以健康有序发展,日本于 2001 年对其进行了修订,并更名为《著作权管理法》。2002 年 7 月,日本政府在知识产权战略会议上发表了《知识产权战略大纲》,将"知识产权立国"列为国家战略。2002 年 11 月 27 日,日本国会通过了政府制定的《知识产权基本法》,并于 2003 年 3 月 1 日开始生效,从

---

① 参见沈强:《日韩文化产业发展比较研究》,2010 年吉林大学博士学位论文,第 80 页。

② 同上,第 92 页。

③ 同上,第 50 页。

而为日本的"知识产权立国"提供了法律保障。[1]

日本文化产业法律的一个显著特点是具有较强的可操作性。对于已经适用了较长时间的法律,立法机关会依据现实情况的变化相应地予以及时修订,例如专利法、著作权法等均经过多次修订。而对于相对比较完善的法律,则会进一步制定与之配套的实施细则以求优化实施效果。[2] 例如同《文化艺术振兴基本法》相配套的《关于文化艺术振兴的基本方针》细化了实现文化艺术振兴的具体措施,而根据《知识产权基本法》制定的《有关知识产权创造、保护及其利用的推进计划》具体包括了270项实施措施,被日本知识产权界称为"知识产权战略推进计划"[3]。

相对健全的法律法规体系为日本文化产业发展提供了完善的运营依据,有效保障了文化产业的健康发展。作为文化产业的重要组成,大量的出版法律法规使得出版发行业的发展也同样得到一个良好的法制环境。1947年5月实施的日本新宪法规定了对出版自由的保障。这构成对日本出版发行业发展的最根本的法律保障。而著作权法为出版发行业的知识产权保护提供了基本的法律依据。另外,还有公司法、合同法、反垄断法等各项法律。目前日本与出版发行业相关的基本法律有16部,涉及了出版业的团体组织、税收、图书审定、法人活动等出版发行业的各个方面。而这些法律几乎都体现并适应了新形势下的出版发行业的发展要求,从而能够为出版发行业的发展提供良好的保障。[4]

从行政执法方面来看,虽然包括出版发行业在内的日本文化产业的快速发展是国家有意识推动的结果,但政府并未包办一切或大部分文化产业活动。在日本政府确立"文化立国"战略之前,日本的文化产业已经具有了较大的市场规模和较强的发展基础,并通过市场运行形成了一定的积累,构成日本政府确立"文化立国"战略的前提和基础。在文化产业

---

① 参见沈强:《日韩文化产业发展比较研究》,2010年吉林大学博士学位论文,第93—94页。

② 参见王冠群:《美日韩文化产业发展经验借鉴》,《中国与世界年中经济分析与展望(2010)》,2010-08-01。

③ 参见沈强:《日韩文化产业发展比较研究》,2010年吉林大学博士学位论文,第94页。

④ 参见新闻出版总署赴日韩考察团:《日本、韩国出版业考察报告(下)》,《出版发行研究》2004年第4期,第20页。

发展路径问题上,日本充分考虑了市场规律和企业的发展自主决策问题,从而选择了介于政府主导和民间自发之间的中间模式,通过将政府与市场有效结合来促进文化产业发展。文化产业的发展建立在市场经济基础上。市场机制是调整文化产业活动的基础。而以营利为目的的文化企业和个人是推动文化产业发展的主体。

在政府行政管理层面上,日本推行了一种独特的"行政指导体制"。所谓行政指导,指的就是"行政机关在其职责范围内为实现一定行政目的而采取的符合法律精神、原则、规则或政策的指导、劝告、建议等行为"。在文化产业发展问题上,行政指导的形式"通常是政府制定产业规划,并依据国内外经济变化趋势来指导产业发展,力求符合国家发展战略",行政指导的目的在于"协助产业界确立具体发展形式和发展方向,避免盲目性和无政府状态"。① 在对出版发行业行使行政管理职能的过程中,日本政府并不直接采取过于强硬的行政命令式手法,而是以相关法律法规为依据,采取向出版发行活动主体提出劝告、建议、指导、指示、期望等行政办法,促使出版发行活动主体接受政府的意图并付诸实践,引导出版发行活动主体走向最终发展目标。在这一过程中,企业享有更多的自主选择的权利。比如政府会通过制定各种扶持和刺激政策,采取包括信贷、财政补贴、税收优惠等经济激励手段,在创业资金、科研经费和与企业联合开发等方面提供各种扶持措施,引导更多的社会资金投向出版发行业。同时,政府更要为出版发行业的发展、出版发行活动的正常进行创造良好的环境。比如日本政府有关职能机构建立了完善的知识产权保护体系,从法律法规和打击盗版等方面,为出版发行业提供有效的版权保护。②

作为政府管理职能的延伸,对出版发行业大量的监管职责是通过行业协会等组织来完成的,比如对出版物内容的审查与评定、对著作权的登记与管理、组织出版物的评奖、推荐优秀书目等都不是由政府直接负责的,而是交给了行业协会来完成。因此,政府的产业政策在很大程度

---

① 参见潘淑会:《试论我国文化产业发展中政府与市场职能的优化——基于美日韩文化产业发展经验》,2008 年河北大学硕士学位论文,第 27 页。

② 参见沈强:《日韩文化产业发展比较研究》,2010 年吉林大学博士学位论文,第 65—66 页。

上是需要通过行业协会来执行和实现的。在日本,行业协会是纯粹的民间机构,与政府没有任何委托关系。政府对行业协会只是进行一般事务性方面的管理,而没有进行财政援助等义务。

在日本政府之中,并没有成立专门的出版物监管机构对出版物市场进行监管。对出版物的管理完全遵照国家现行出版发行业法律法规。出版发行业问题的解决主体是司法机关。对出版物市场的违规行为由各级法院按照法律程序,依照相关行业法律进行处理。另外,当发现有违法行为时,也可以向行业协会举报,由各地方政府、警察机构临时来充当监管和处罚的角色。[①]

(三)韩国

1. 韩国出版发行业发展

韩国属于世界文化产业发展中的新兴国家。韩国的文化产业经历了从计划管制到市场竞争的转变过程。韩国早期由于在文化产业的许多领域长期面临外来文化产品输入压力,政府为此在产业政策和法律法规等方面制定了详细的抵制性措施,如对电影、电视、广播等产业都是采取配额制管理模式,在播映内容及数量、播映时间、范围等方面进行严格管制。这些管制措施使得韩国的文化企业难以灵活经营,市场竞争较弱,从而对韩国本土的文化产业发展造成了严重制约。[②]

韩国"文化立国"战略的确立从根本上改变了韩国文化产业的发展。亚洲金融风暴后,韩国政府制定了"文化立国"战略,开始全力支持发展文化产业,并于2003年将文化产业确定为韩国"未来增长动力十大产业"之一。各种政策和扶持措施密集出台。在政府的大力推进下,韩国文化产业呈现出跨越式发展态势,实现高速增长,韩国迅速成为世界文化产业强国之一。同时,文化产业与现代技术相衔接,实现了内部的结构优化和产业升级。[③] 从1999年到2003年间,韩国文化产业的年均市场规模增速高达27.7%,远远高于韩国的GDP增速。2003年开始,韩国文化

---

① 参见新闻出版总署赴日韩考察团:《日本、韩国出版业考察报告(上)》,《出版发行研究》2004年第3期,第14—15页。

② 沈强:《日韩文化产业发展比较研究》,2010年吉林大学博士学位论文,第81页。

③ 同上,第54页。

产业市场规模增速有所放缓,但 2003 年至 2006 年的平均增速依然高达 9.4%。2006 年,韩国的文化产业的市场总销售额已经达到 57.9 万亿韩元,占当年韩国 GDP 比重升至 6.86%。①

自 2003 年以来,韩国的出版发行业也保持着平稳的发展态势。从市场规模来看,出版发行业在 2003 年实现销售额 155211 亿韩元,2004 年实现销售额 189210 亿韩元,2005 年实现销售额 193922 亿韩元,2006 年实现销售额 198793 亿韩元,2003 年到 2006 年年平均增长率 8.6%。2006 年韩国文化产业的市场规模为 579385 亿韩元,出版发行业占比 34.31%,是文化产业内部占比重最大的产业类别。②

近年来,新兴的数字化浪潮给出版发行业内部结构带来了冲击,出版发行业呈现出新的发展态势:传统的纸质出版业陷入明显的衰退趋势,而电子出版业则呈现出蓬勃发展态势。2007 年韩国注册的出版社共计 29977 家,其中就有 27273 家出版社全年没有出版图书。除儿童图书出现较大幅度的发行增长以外,其他种类图书均表现为发行减少或持平。而与此形成鲜明对比的则是包括了电子图书、手机书、专业知识以及学术论文、图书原文检索、有声读物以及其他电子出版物的韩国电子出版业,在 2004 年至 2007 年的平均增长率达到 56.2%。③

针对韩国出版发行业的发展,韩国文化体育观光部于 2007 年 4 月制定了"知识出版产业的培育方案",计划到 2020 年,将韩国出版发行业的市场规模提高到 10 兆韩元,将出版物种类增加到 15 万种,将国民阅读率提高到 90%,使出版物出口额增长至 5 亿美元等,把韩国建设成为世界第五大出版强国。④

韩国文化产业能够发展得如此迅速,在短时间内取得巨大的成就,韩国政府在其中发挥着关键作用。韩国文化产业采取了一条由政府主导的自上而下推动型的发展路径。韩国文化产业的基础较为薄弱。为了能在尽可能短的时间内实现文化产业的振兴与繁荣,韩国制定了"文

---

①　参见沈强:《日韩文化产业发展比较研究》,2010 年吉林大学博士学位论文,第 117 页。

②　同上,第118页。

③　同上,第 86 页。

④　同上,第 86—87 页。

化立国"的经济发展战略,大力发展文化产业并以此来振兴经济。在这一战略指引下,韩国采取了政府主导的方式,通过各种跨越式和超常规的手段,迅速培育起了文化产业的规模,甚至在包括投融资、产业集群和人才培养等诸多方面,采取了行政指令、甚至政府包办方式,在短期内促进文化产业迅速崛起,获得高速增长。[1]

2. 韩国出版发行业法制保障

韩国是世界上最早针对文化产业的发展而制定专门的产业促进法的国家。确立"文化立国"的战略后,为更好地形成文化产业的基本框架,制定了扶持文化产业所需的法律和制度,韩国于 1999 年 2 月制定并正式通过了《文化产业振兴基本法》,并在 2000 年进行了修订,2002 年 1 月,结合数字化环境的变化又对该法进行了全面的修订。[2]《文化产业振兴基本法》明确了文化产业的定义,提出了振兴文化产业的基本方针政策,是韩国发展文化产业的纲领性法律文件,为韩国发展文化产业制定各种具体的政策措施提供了重要的依据。同时又针对文化产业的不同领域制定或修订了一系列相关法律法规,如《著作权法》《演艺法》《广播电视法》《唱片录像带游戏制品法》《音影法》《文艺振兴法》《地区报业发展支持特别法》《定刊法》《观光振兴法》《互联网地址资源相关法律》《设立文化地区特别法》《促进信息通讯网络应用及信息保护关联法》《电影振兴法》等。其中针对出版发行业的发展,将原来的《出版及印刷振兴法》分割为《出版文化产业振兴法》和《印刷文化产业振兴法》,并对相关条文进行了补充修订。就知识产权的保护,韩国早在 1957 年即制定了著作权法,并从颁布至今进行了十多次修订。在法律的框架下,政府从立法、司法和执法三方面对国内知识产权侵权行为进行打击,并取得了相当成效。通过这一系列的立法,为文化产业的发展提供了法律法规保障。韩国在文化产业的产业振兴和宏观调控方面进展迅猛。

在行政执法方面,韩国出版发行业在长期的发展中逐渐形成了以政府为主导,政府与行业协会相结合的市场监管体系。韩国政府并没有成立专门的出版物市场监管机构。对出版发行业的管理职能分散在各个

---

① 参见沈强:《日韩文化产业发展比较研究》,2010 年吉林大学博士学位论文,第 108 页。

② 同上,第 100 页。

相关政府职能部门。而管理出版发行业的政府职能部门始终按照出版发行业的发展变化做出相应调整,在宏观调控、投资引导、政策出台、产业分析等多个方面与出版发行业的发展保持密切同步,有效地推动了出版发行业的发展。[①] 出版发行业的行业协会履行着大量的市场监管职责。在韩国,行业协会分为官办协会、官民联办协会和民办协会三种类型。其中官办性质的协会系受政府委托并由政府拨款。在出版发行业,享有市场监管权力的协会主要有韩国刊行物伦理委员会和韩国复写传送权管理中心。韩国刊行物伦理委员会主要负责对出版物的审核,以出版发行业的伦理及社会责任为标准,判断出版物是否具有有害性。韩国复写传送权管理中心则执行打击盗版的职责,一方面接受版权所有者的委托,对著作权和传送权进行集中管理;另一方面杜绝盗版出版物的流通。在打击盗版方面,该协会采取与政府执法人员联合协作的方式,对盗版物进行清缴,并有权就触犯刑法的盗版商向法庭提起刑事诉讼。针对行政执法,在进行市场监管、收缴非法出版物,甚至收缴方式方面,都有法律做出了详细的规定。执法环节可以做到有法可依。[②]

二、国内其他地区出版发行业发展法制保障

(一)北京

北京是我国出版发行业的中心。北京的出版发行业在我国占据最为重要的地位。根据 2007 年数据,从出版物的类别上看,2007 年北京出版图书 125412 种,占全国的 50.5%;总印数 18.68 亿册,占全国的 29.7%;定价总金额 314.84 亿元,占全国的 46.5%。报纸 256 种,占全国的 13.2%;总印数 73.10 亿份,占全国的 16.7%;总印张数 218.6 亿印张,占全国的 12.85%。期刊 2809 种,占全国的 29.67%;总印数 9.17 亿册,占全国的 30.16%;总印张数 54.21 亿印张,占全国的 34.33%。音像制品 10541 种,占全国的 33%;出版数量 2.30 亿盒(张),占全国的

---

① 参见沈强:《日韩文化产业发展比较研究》,2010 年吉林大学博士学位论文,第 54—55 页。

② 新闻出版总署赴日韩考察团:《日本、韩国出版业考察报告(上)》,《出版发行研究》2004 年第 3 期,第 15—16 页。

46.8%。电子出版物 6196 种,占全国的 71.6%;出版数量 8056 万,占全国的 59.3%。[①]

而从出版发行业在北京市内产业格局中的地位来看,包括出版发行业在内的文化产业已经成为北京市的支柱产业之一。按照国际标准,如果一个产业的增加值占 GDP 的比重能够超过 6%,那么这个产业就成为一个支柱产业。从数据上来看,北京市文化产业自 2005 年到 2008 年,实现产业增加值分别为 700 亿元、812 亿元、992.6 亿元、1346.4 亿元,占当年全市 GDP 比重分别为 10.2%、10.3%、10.6%和 12.1%,比重逐年提高,年均增速达到 10.8%。2009 年,文化产业增加值已经达到 1497.7 亿元,占全市 GDP 比重为 12.6%,增速达 11.2%。2009 年,文化产业的产业增加值已经超过批发零售业、房地产业、商务服务业、交通运输业等传统行业,在全市第三产业中位居第二,仅次于金融业。[②] 新闻出版业实现产业增加值 159.8 亿元,收入 565.8 亿元,占文化产业总收入的 7%。

相比国内其他地区,北京出版发行业的发展拥有其得天独厚的优势。北京作为国家首都,为其出版发行业提供了优秀的生产要素资源。在中国城市竞争力的比较中,北京的资本竞争力综合排名略输香港和上海,位列第三,为其出版发行业的发展提供了良好的融资环境;北京人才竞争力综合排名略输香港,位列第二,为其出版发行业发展提供了丰富的人力资源,近 100 所大学有能力输送大量出版发行方面的人才;另外,北京科学技术竞争力综合排名第一,基础设施竞争力综合排名第三,这些丰富的生产要素成为北京出版发行业发展的源泉。同时,北京作为全国的政治文化中心,不仅拥有深厚的文化底蕴,更拥有丰富的出版发行资源,包括中央企业在内的出版发行企业的数量和规模位于全国前列。这些构成了北京出版发行业发展得天独厚的优势。[③]

从对出版发行业的法制保障来看,北京市很早就重视从法律方面对

---

① 参见赵书华、周媛:《北京出版业的创新发展及竞争力分析》,《工业技术经济》2010年第 6 期,第 33 页。

② 吴悦:《北京文化创意产业发展模式研究》,2011 年首都经济贸易大学硕士学位论文,第 22 页。

③ 赵书华、周媛:《北京出版业的创新发展及竞争力分析》,《工业技术经济》2010 年第 6 期,第 36 页。

出版发行业的规范。早在 20 世纪 80 年代,北京市即制定了出版发行业的相关地方法规,北京市人民政府于 1986 年颁布了《关于加强出版管理的暂行规定》《关于加强图书、报刊市场管理的规定》,1988 年颁布了《北京市印刷业管理暂行办法》,1991 年颁布了《北京市图书报刊市场管理实施办法》《北京市音像市场管理实施办法》,1996 年颁布了《北京市电子出版物经营管理暂行规定》。之后北京市人大常委会于 1997 年分别颁布了《北京市图书报刊电子出版物管理条例》《北京市音像制品管理条例》,对北京市出版发行业的规范上升到地方法规的高度。2011 年北京市人民政府颁布了《北京市文化市场综合行政执法办法》。

（二）上海

出版发行业一直是上海文化产业发展中的核心部门之一。从发展数据上来看,上海出版发行业 2008 年全年实现总产值约 760 亿元;2009 年全年实现总产值 844.8 亿元,比上年增长 11.58％,实现增加值 225 亿元,占全市国民生产总值 1.51％;2010 年全年实现总产值 988 亿元,比上年增长 16.95％,实现增加值 266 亿元,比上年增长 18.22％,占全市生产总值比重 1.58％;2011 年全年实现营业收入 1172 亿元,比上年增长 18.6％,实现增加值 330 亿元,比上年增长 24.1％。① 从出版发行业内部结构来看,根据 2007 年的统计数据,在图书出版发行方面,图书出版单位有 39 家,共出版图书 16958 种,其中新书 9085 种,总印数近 2.4 亿册,总印张数 24.05 亿印张;在期刊出版发行方面,共出版期刊 624 种,每期平均印数 1117 万册,总印数 1.83 亿册,总印张数 8.75 亿印张,总发行量 1.77 亿册;在报纸出版发行方面,出版报纸 101 种,每期平均印数 815 万份,总印数 17.04 亿份,总印张数 86.75 亿印张,总发行量 16 亿份;在音像制品出版发行方面,出版音像制品 3569 种,出版数量 5282.91 万张/盒,发行数量 4448.82 万张/盒,发行金额达到 33096.49 万元。从出版发行业进出口贸易上来看,进口图书 14.15 万种,数量 120.39 万套/册,贸易金额 2599.77 万美元,出口图书 14.74 万种,数量 147.99 万册,贸易金额

① 参见上海市新闻出版局:《2008、2009、2010、2011 年上海新闻出版产业情况》,http://cbj. sh. gov. cn/cms/main/article_list. jsp? resId＝CMS0000000000002114♯. 2013-06-30。

707.75 万美元;进口报刊 1184 种,数量 44.73 万册/份,金额 301.37 万美元,出口期刊 610 种,数量 0.75 万册/份,贸易金额 5.2 万美元;进口音像、电子出版物 1330 种,数量 1.95 万张/盒,贸易金额 385.77 万美元,出口音像、电子出版物 2439 种,数量 44.42 万张/盒,贸易金额 111.41 万美元。从出版发行业相关版权方面来看,版权合同登记 1203 份,作品自愿登记 2024 份,引进版权 1384 项,输出版权 120 项。[①]

　　从统计数据来看,上海出版发行业发展比较快,但在文化产业整体处于高速发展的情况下,出版发行业的发展速度与其他文化产业部门相比较,处于落后状态。而进出口贸易数据显示,出版发行业虽然出口种类大大高于进口种类,但出口贸易金额却大大少于进口贸易金额,这说明了上海市出版发行业相对于发达国家同类产业处于大大落后状态。[②]

　　上海市出版发行业的体制改革起步较早,一直以来都作为我国改革的试点。1999 年 2 月,经国家新闻出版署批准,上海市正式成立了中国第一家出版集团——上海世纪出版集团。2003 年开始,上海市出版发行业正式开启了体制改革,新闻出版局与所属有关单位实行"政企分离、管办分离",出版单位从事业单位改制为独立运营的企业单位。经中央有关部门批准,正式组建了上海世纪出版集团、上海新华发行集团、解放日报报业集团、文汇新民联合报业集团、上海印刷集团、上海印刷新技术集团六家出版发行集团,横向涵盖书、报、刊三种媒体,纵向涉及出版、印刷、发行三个领域。

　　从出版发行业相关的地方立法来看,上海市制定了两部地方性法规。《上海市出版物发行管理条例》由上海市人大常委会于 1997 年颁布,并于 2003 年进行修订;《上海市音像制品管理条例》由上海市人大常委会于 2002 年颁布,并于 2007 年进行修订。上海市人民政府没有针对出版发行业出台专门的政府规章,但其已制定的政府规章中有一部分与出版发行业的发展息息相关,比如于 2000 年发布的《上海市著作权管理若干规定》对上海市内著作权以及与著作权有关权益的行使及其管理进行规范;于 2004 年发布的《上海市文化领域相对集中行政处罚权办法》规范文

---

　　① 　参见王良鸣:《上海文化产业发展中政府职能的研究》,2009 年上海交通大学硕士学位论文,第 11—12 页。

　　② 　同上,第 12 页。

化领域相对集中行政处罚权以及与行政处罚权相关的行政强制权和行政检查权的行使;于 2004 年发布并于 2005 年施行的《上海市行政许可办理规定》和《上海市监督检查从事行政许可事项活动的规定》对政府部门的行政许可行为进行规范。

第三节　宁波出版发行业发展法制保障的建议与对策

立足本地,充分发挥本地区的比较优势,利用本地区的优势资源,走一条适合本地区实际情况的发展之路,这是国内外出版发行业发达地区出版发行业发展经验所证明的。相比北京、上海等地区,宁波的比较优势在于其所拥有发达的民营经济。民营经济的活力、竞争力已经在其他产业的发展过程中充分体现。这将是宁波出版发行业发展可供利用的最大资源。如何充分、有效地利用、发挥这一资源优势,将是宁波出版发行业走出一条符合自身境况的发展之路的关键,同时也是宁波出版发行业发展法制保障的重点。

一、以地方性法规保障出版发行业的市场化发展

市场化是出版发行业发展的方向。出版发行业的市场化就是市场对出版发行业资源配置发挥的作用持续地增大,出版发行业对市场机制的依赖程度不断地加深、增强,出版发行业的市场体制从产生、发展逐步到成熟的演变过程。[①] 出版发行业发达国家的实践经验证明,成熟的市场体制,能够充分发挥市场机制在资源配置中的作用是包括出版发行业在内的文化产业迅速发展成为国家的支柱性产业的根本因素。中国出版发行业的发展最终要建立在社会主义市场经济体制之上。

市场经济是法制经济,出版发行业的市场化发展需要法制的充分保障,法制化是出版发行业市场化发展的内在要求。法制化意味着出版发行业的发展要建立在法制的基础上,出版发行业中的各方主体、各方主

---

① 　参见张新华:《转型期中国出版业制度分析》,中国传媒大学出版社 2010 年版,第 112—113 页。

体的行为与活动都要在法制的框架下进行。现代法制是权利本位的法律。对权利的确认与保护是法制的根本出发点。法制化不仅要对市场主体的违法、违规行为进行处罚、制裁,更重要的是要为市场主体的合法权利与利益提供维护、保障,包括政府在内的任何主体都不得对市场主体的合法权益进行侵害;不仅要规范市场主体、规范市场主体的活动,更要制约作为市场监管者的政府、制约政府行为。这对于中国、对中国出版发行业长期以来由行政权力主导的情况尤为重要。而规范性的法律文件是法制的起点与依据。目前中国出版发行业法制的现实情况是通过立法程序形成的法律、法规比重较小,构成主体的是行政机关颁布制定的行政规章。侧重的是行政管理,内容重点在对市场主体、市场活动的规制,反映行政机关的意志,从行政主体监管角度出发甚至可能掺杂利益。只有通过立法程序,经过立法机关内部各方利益代表的充分协商与妥协,制定出的法律文件才能以权利为出发点,广泛地反映不同主体的意志与利益。因此,宁波市应当由其地方立法机构即宁波市人民代表大会及其常务委员会针对出版发行业制定专门的地方法规。在不与较高位阶法律相抵触的前提下,通过地方法规,明确宁波市出版发行业市场主体的权利义务,规定市场监管者的职责与权限,为出版发行业经营活动和政府监管行为都提供有效的法律依据,从而为出版发行业的发展提供最根本的法制保障。

从内容上来说,宁波市出版发行业地方法规应围绕出版发行业的市场化发展,符合出版发行业自身特点,反映市场规律,满足出版发行业市场需求。要保障出版发行业能够按照市场机制运行,保障市场在出版发行业资源配置中的基础性地位。凡是能够通过市场进行配置的出版发行资源,都进入市场,接受市场的选择。价格机制、供求机制和竞争机制等市场机制在出版发行资源配置中充分发挥作用。凡是市场能解决的,都交由市场解决,交由企业自己解决。法制提供的是一个公平、自由的竞争环境。

而要充分、有效地利用和发挥宁波市发达的民营经济来发展出版发行业,极其重要的一点就是在出版发行业市场准入制度上打破过高的产业进入壁垒,降低出版发行业的准入门槛。由于出版发行业所具有的意识形态属性,我国对出版发行业一直实行进入规制,通过严格的许可制度,对出版发行业的从业主体以及产品等从数量、种类、结构等诸多方面实行严格控制。然而在出版发行业以市场化为发展方向,在市场准入上设置过高的壁垒却对出版发行业的市场化进程造成延缓与阻碍。严格的市场准入不仅阻止了大量潜在竞争者的进入,同时也抑制了出版发行业内部的竞争程度,助长了不同出版发行领域及地区中寡头型垄断市场结构的发展,从而阻碍了市场机制在出版发行业资源配置中基础作用的充分发挥。因而要实现出版发行业的市场化发展,首先就要放松对出版发行业的进入规制,消除与市场经济不适宜的行政壁垒,降低市场准入门槛,使国有企业以外更多有能力的主体进入出版发行业,通过充分的市场竞争,促进出版发行业的发展与繁荣。而宁波市民营经济在文化产业中的竞争力已经得到充分体现。例如,宁波文具业正是在以广博、得力、贝发等民营龙头企业的推动下获得迅速发展,现在年产量已经占全国的五分之一,出口占全国的三分之一,宁波也因此成为"中国文具之都"。欧琳集团投资创建的千玉水晶工艺品发展有限公司所制造的琉璃产品现已成为博鳌论坛国礼。宁波音王集团有限公司积极抢占国外高端用户市场,一举收购了"卡迪克"等三个国外知名音响品牌。海伦钢琴成为丹麦王室御用钢琴,并成为获得维也纳金色大厅永驻权的亚洲钢琴品牌。民营企业、民间资本已经成为宁波发展文化产业的重要力量。[①]民营经济对文化产业发展的巨大推动力充分体现在宁波市文化产业结构上。按照国家统计局 2004 年版《文化及相关产业分类》对文化产业"核心层""外围层"和"相关层"的划分,在宁波市文化产业结构中,对民营经济最为开放的"相关层"的比重超过包括出版发行业在内的"核心层"与"外围层"的总和。这也是宁波市文化产业结构相比于国内其他城市的一个显著特征。[②]

　　目前,在我国出版发行业改革过程中正全力推进组建大型出版发行集团。在政府的强力推动下,原有的出版社、新华书店等国有的出版发行单位经过兼并重组而成为大型的出版发行集团。宁波市在 2011 年 12月,由宁波日报报业集团在完成对宁波出版社和宁波市新华书店体制改

---

　　①　《"十一五"宁波文化产业突破性发展》,《宁波经济》2013 年第 3 期,第 23 页。
　　②　参见宁波市文化广电新闻出版局课题组:《宁波发展文化产业的若干思考》,《宁波通讯》2007 年第 2 期,第 35 页。

革的基础上,出资组建了宁波出版发行集团有限公司。这些新组建的企业资本较为雄厚,并拥有人才、技术、经验等方面的优势,相比原有的出版发行主体,能够在更高层面上参与市场竞争。[①] 但这些出版发行集团的先天缺陷在于其主要是行政力量推动的产物,大多是在同一区域内同一主管部门主管下的各单位下的联合,而非跨地区、跨部门的资产兼并以及优质资产扩张,在其组建过程中往往会出现违背市场规律,拼凑和捏合的情况,因而可能其资产规模虽大,在市场竞争中的竞争力却不强,甚至有可能会借助长期以来在行政干预下所形成的行业壁垒而以市场保护、地区封锁等不正当竞争手段阻碍正常的市场竞争。而多种经济形式的参与能够有效地改变这种局面,推动出版发行业的市场化进程。要以立法形式清除出版发行业市场准入上的不合理壁垒,在上位法律法规允许的范围内解除出版发行业对民营经济的限制,让民营经济充分参与到出版发行业的市场化发展进程。

二、在法制框架下构建政府与行业协会相结合的市场监管体系

(一)转变政府职能,由微观管理转向宏观调控

出版发行业市场化发展的关键在于实现政府职能的转变。经过三十余年的改革进程,出版发行业的市场化发展已经有了很大提高,出版物的市场体系逐步建立,越来越多的出版发行单位经过企业化改制确立了市场主体地位。与此同时,出版发行业行政主管部门的职能也发生转变,对出版发行业的监管逐步向着规范化、法制化的方向发展。但行政监管机构在职能上尚不能完全适应出版发行业的市场化发展。政府在出版发行业的管理上职能比较分散,出版发行业在行政管理机构上分别在文化、教育、社会、投资、知识产权保护等方面"多头管理",政出多门现象比较严重。对出版发行业的行政监管效率较低,不同的行政管理部门之间职能交叉和职能缺失的问题较为严重。[②] 政府的监管职能往往出现某种程度的"越位"和"缺位",一方面过多地干预出版发行市场的微观运

[①] 参见沈强:《日韩文化产业发展比较研究》,2010 年吉林大学博士学位论文,第 132 页。

[②] 同上,第 134—135 页。

行,管理过多、过细、过严;另一方面面对出版发行业发展过程中出现的新问题、新情况不能及时做出反应,监管不到位。同时,行政监管机构在相当程度上仍然要对其所辖区域内出版发行机构的发展负责,因而对诸多切身利益的考虑使得行政监管机构往往难以保证其有关监管措施的独立性与公正性。在市场经济体制下,政府的干预与调解是对市场运行的一种外力作用,是对市场运转出问题的一种纠正,以弥补和修正市场失灵的缺陷,从而维护正常的市场秩序,提高资源配置效率。因此,在出版发行业的发展中,行政监管机构不应深入出版发行业的微观运行中,不能直接介入到出版发行企业的市场运作,而应定位于宏观调控,通过经济政策、法律措施对不同出版发行企业进行间接管理,并对出版发行活动进行监督管理。

(二)充分发挥行业协会的作用

行业协会是市场经济发展到一定阶段的产物,是行业内自然形成,同一行业成员自愿参加,对本行业具有一定管理职能的自律性组织。在市场经济条件下,行业协会能够充当政府与产业之间的桥梁,对政府管理职能无法涵盖之处进行一种补充性管理。

日本、韩国等国家出版发行业的发展经验已经表明在市场经济条件下,行业协会在出版发行业监管体系中的巨大作用。日本和韩国在构建出版发行业的监管体系中,均充分发挥了行业协会的作用。在日本及韩国出版发行业的监管体系中,政府一般仅在宏观层面通过制定产业政策,出台财政、税收措施等对出版发行业进行调控与支持,而就出版发行活动的微观管理方面,政府则相对比较超脱,没有繁重的监管职责。大量的管理职能,如对出版物内容的审查与评定、对著作权的登记与管理、组织出版物的评奖、推荐优秀书目等都是由行业协会来行使的。两国在出版发行业都设立了大量的行业协会。行业协会不仅种类众多,而且各协会之间分工明确、职责清晰,代表着整个出版行业的共同利益,一方面开展行业自律,并及时把出版发行业的信息反馈给政府监管;另一方面也延伸了政府的行政管理职能,对行业进行指导和管理,从而成为向上与政府、向下与市场主体沟通互动的桥梁,对贯彻政府宏观层面的战略意图和具体指导并促进市场主体的经营活动,对维护整个出版发行业的市场秩序,发挥着至关重要的作用。[①]

　　在出版发行业的市场化发展中,宁波市应借鉴日本、韩国等国的经验,培育和发展出版发行业行业协会,而其中的关键是要将行业协会从政府管理部门中分离出来,使行业协会摆脱对政府的依附与从属地位,而作为行业的利益代表者,真正成为出版发行业的自律性组织,在出版发行业内部进行自律性管理。要通过法制确立政府与行业协会的关系,形成政府监督指导、行业协会自律管理的市场监管体系。通过行业协会建立健全出版发行业的自律机制,在制定行业标准、专业资质认证、组织行业交流等方面充分发挥作用。在法制框架下,将原本由政府行使的部分市场监管职能转交给行业协会行使,逐步淡化政府对市场的直接干预,使行业协会成为政府之外的市场监管力量,从而建立起政府与行业协会相结合的出版发行业市场监管体系。

　　[①]　参见沈强:《日韩文化产业发展比较研究》,2010年吉林大学博士学位论文,第130页。

第五章　宁波影视制作业发展法制保障问题研究

随着社会对精神文化产品需求的日益增长,我国的影视制作业在近十年的时间里得到了快速的发展。影视制作业的核心内容是指电影、电视、广告等可视多媒体作品的创意、投资、制作、发行、播映,延伸范围还包括以影视作品为核心的关联产业的发展,例如影视衍生作品的制作、制造品的生产销售、关联主题的会展、旅游等文化活动的开展,等等。

文化产业是 21 世纪最具潜力的"黄金产业",影视制作业作为文化产业的重要组成部分之一,其产业特点十分鲜明。一方面,影视制作业是低能耗、低物质投入、无烟化的绿色环保产业,对环境和资源的损耗较低;另一方面,影视制作业对于资金、人才、技术的要求又十分高,高投入高风险,同时对产品创意、理念创新的依赖度较高,因此在融资和人才方面需要大量的资源集聚。

第一节　宁波影视制作业发展现状与存在问题

一、宁波影视制作业发展现状①

从 1913 年宁波人张石川导演中国第一部故事片《难夫难妻》始,130

---

① 陈朝霞、陈甬浦:《宁波影视文化产业形成完整影视产业链》,《宁波日报》2011 年 11 月 16 日。

多位宁波籍电影名人、30 多个由宁波籍电影人创造的"第一"曾让宁波人在中国百年电影史上书写了一段传奇。而今,倚靠悠久的电影历史,凭借宁波人诚信、务实、开放、创新的精神,宁波积极培育打造国有影视企业和鼓励引导民营影视企业发展双管齐下,逐渐形成了包括投资公司、创作团队、影视基地、后期制作、影视孵化等完整的影视产业体系(见图 5-1)。近年来,宁波影视制作业发展迅速,在各个方面都取得了显著的进步。

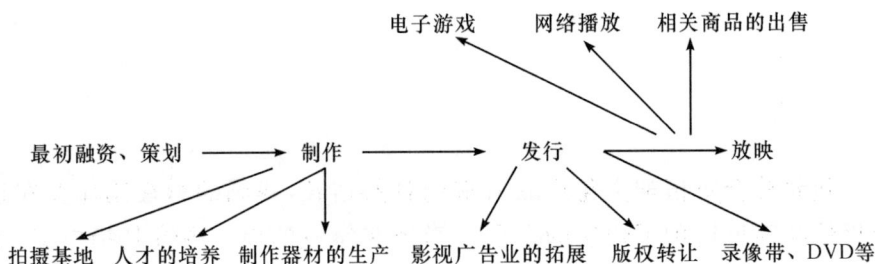

图 5-1　影视产业集群构成①

　　影视投资创作方面:宁波参与影视剧投资创作历史悠久。从 2003 年宁波电视台电视剧制作中心参与投资拍摄的 20 集电视连续剧《至高利益》开始,电视剧《天地粮人》《名校》《我是太阳》《国家机密Ⅱ》《北风那个吹》,《雪花那个飘》《小姨多鹤》《家常菜》《五星红旗迎风飘扬》《双城生活》等,都有"宁波制造"的烙印。

　　宁波影视制作经营机构发展迅速,产业规模得到进一步扩大,目前全市影视制作机构已发展到 45 家,先后制作完成了一批例如电视剧《向东是大海》、动画片《少年阿凡提》在国内有一定影响力的影视作品。

　　从 2003 年以来,宁波广播影视艺术中心有限公司共创作拍摄电视剧 16 部 456 集,以安建导演为核心的优秀创作团队逐步成熟,在国内电视剧行业形成了较高的影响力和号召力。宁波广播影视艺术中心有限公司已成为国内重要的影视剧制作机构,创造了在浙江省及国内同类城市领先的优势。

　　同时,宁波民营资本也开始青睐影视业,各地影视项目成果初现。

———————————

①　兰金华:《我国影视产业发展问题研究》,2007 年福建师范大学硕士学位论文。

2009 年,宁波本土第一家电影公司"稻草家族"成立,它投资拍摄制作发行了《肩上蝶》《海底淘法》等 5 部电影。此外,宁波五千年影视、屺沙影视、亮剑影视等民营影视企业,纷纷投资涉足连续剧、情景剧、专题片等各种类型电视片的摄制,内容包含了新农村、都市生活等多种贴近百姓生活的题材。①

影视基地方面:作为宁波的品牌影视基地,2005 年建成的象山影视文化基地凭借《神雕侠侣》《赵氏孤儿》《西游记》等名片效应,积极致力于打造文化服务、旅游服务、影视制作和商贸流通等四大平台,全面发展影视文化产业。2010 年,依托象山影视基地成立了宁波影视文化产业区。产业区已完成电影《亲亲海豚》的投资制作,开设微电影作坊,基本配备了专业摄影道具、专业技术人员。在商贸流通平台打造方面,产业区依托正在建设的民国城项目,配套购物街、餐饮街、酒吧街、娱乐街等商贸产业。据悉,还将逐步引进品牌专卖、大型连锁等业态,配置影视衍生品销售中心、4D 影院等商贸流通点。②

影视制作人才培养方面:2011 年 11 月,宁波首个影视制作基地——中青影视基地在宁波北仑揭牌。这个基地将致力于建设包括中国电影学院的实习基地、明星视听、录音、碟片制作发行等影视专业人才培训基地。

影视后期制作方面:宁波乐盛文化有限公司已成为中国电影后期制作业中最大的民营企业联合体,旗下企业涵盖了三维特技、调光调色、电影剪辑以及以三维成像为核心的多媒体展陈等一系列的专业化领域,先后为《狄仁杰之通天帝国》《非诚勿扰 2》《龙门飞甲》等电影提供了后期特效制作。

影视作品发行方面:成立于 2010 年的宁波早点影视有限公司定位为"影视流通服务商",视频网站上可以观看到的《奋斗》《亮剑》《向着炮火前进》等影视作品都是该公司发行的。

影视业有一个特别庞大和综合性特别强的产业链,包括文学、美术、化妆、摄影、照明、制景、服装、道具、工艺、表演、导演、广告、动画设计、动

---

① 宁波文化网,http://zw.nbwh.gov.cn/art/2013/7/11/art_96_41979.html.2013-07-11。

② 中国象山港:《宁波影视文化产业区再获国家服务业引导资金 500 万元》,http://xs.cnnb.com.cn/system/2013/07/31/010679455.shtml.2013-07-31。

画制作、烟火特技、电脑特技、放映、发行、制作管理、资金运行等许多方面。优先发展影视业将会带动整个文化产业的迅速崛起。

《宁波市"十二五"时期文化发展规划》把影视文化产业的孵化培育作为"十二五"的发展目标,提出"进一步增强文化传播力",其中与影视产业配套的"电影院线良性运行",同时"重点扶持具有宁波特色的文化艺术、电影、电视剧、动画片等产品的服务和出口"。此外,在文化发展"1235 工程"中,将打造宁波影视文化产业园区、宁波文化广场、宁波广播电视集团等多个重点文化发展集聚区、重点文化项目及重点文化企业,这必将进一步促进宁波影视文化产业的集群化发展。

二、宁波影视制作业发展存在的问题

宁波作为东南沿海副省级城市之一,距离上海、杭州等文化大市以及横店、无锡影视城等影视制作资源集聚地较近,对宁波相关产业的发展带来一定的制约,导致宁波长期以来缺乏影视制作的天然平台和优质资源,在资金、人才、技术等方面缺乏突出优势,影视制作业发展较为乏力,与宁波的历史文化名城和经济强市的地位不相匹配,发展滞后。

宁波市影视制作行业协会 2012 年针对宁波影视制作业发展的调研报告认为,宁波影视行业相对成熟,影视业务量非常大,但业务流失严重;宁波影视公司技术实力相对比较弱(相对北京、上海、杭州),多数公司小而全、影视设施不完善、设备级别较低;专业分工不明显;但宁波公司地域特点明显,公司的企业人脉好,整体运营情况良好。[1] 突出的问题主要体现在以下三方面。

(一)产业规模小、竞争力弱

宁波虽有大大小小上百家影视广告公司,但普遍规模较小,资源分散,专业水平和技术水平无突出优势,呈现"小而全、低而散"的局面,在行业内和社会上影响力和知名度不高。规模小导致对产品的投入少,小额投资又无法生产出高质量的产品,在行业内不能获得普遍认可,市场

---

[1]　徐健民:《宁波市影视制作行业协会 2013 年度年会报告》,http//www. nbfta. cn. 2013-07-31。

发展空间狭窄。

（二）资金难觅

宁波作为东南沿海经济较发达的城市之一，民间资本雄厚，但真正参与影视产业的投资者不多，剧本难找资本的情况比较普遍。浙江亮剑影视有限公司董事长石永喜表示，现在宁波拥有影视剧制作许可证的企业大部分是从事动漫的，从事影视剧制作的为数不多，主要原因就是资金和人才的短缺。当前业内融资主要是采取合作的方式，因为文化产业公司没有不动产可以抵押，只能通过和客户合作的方式来筹措资金。文化产业，特别是影视制作行业与金融资本对接仍不顺畅，是当前影响文化产业发展的瓶颈。①

（三）人才匮乏

宁波的影视公司普遍杂、乱、小，很难做到术业有专攻。演员、导演、编剧等影视人才的匮乏是宁波发展电影产业的软肋，道具师、灯光师、分镜师等一系列的专业人才也很缺乏。② 宁波市文化广电新闻出版局文化产业处处长廖先锋认为："宁波本土文化底蕴丰厚，不缺影视题材，但缺少将这些元素形成好剧本的编剧。宁波出过袁牧之等一大批领跑时代的电影人，但目前宁波缺乏挖掘和培养影视人才的平台。"③

第二节　影视制作业相关法律问题评析

一、影视编剧权益的法律保护

文化产业的核心是创意产业。影视作品的创意则来自于编剧。剧

---

① 《50万家宁波民企七成半需要融资 两项扶持政策下月起实施》，杭州网—都市快报，http://biz.zjol.com.cn/05biz/system/2012/03/22/018349154.shtml.2012-03-22。

② 《资金难觅、人才匮乏，宁波影视产业该往何处去？》，中国宁波网，http://xf.cnnb.com.cn/system/2013/05/08/007713480.shtml.2013-05-08。

③ 《携手抱团　从产业链寻找突破》，《东南商报》2013年5月7日。

本是影视作品的灵魂,没有好的剧本,再好的导演和演员都没有表现实力的舞台。虽然目前我国的电影、电视剧市场十分繁荣,但是对于编剧的尊重和权益保护力度明显不足。应当承认,我国影视界侵犯剧作者权益的现象比较突出。这表现在:制片人和导演不经编剧授权,擅自篡改或歪曲剧本原意;随意取消合约,剽窃编剧的创意和构思;违背合约规定,任意拖欠、克扣剧本酬金;侵犯编剧的署名权、作品复播权等版权的利益分成权。由此带来的一个直接后果就是,因编剧不受尊重,好的作品出不来,大量浮躁、肤浅的作品充斥国内影视;一些缺少素养的导演和制片人胡编乱造,闭门造出来的"剧本"既缺乏精彩故事,又脱离现实生活,引得观众诟病不已。可以说,编剧不受尊重带来的剧本危机和负面影响,已成为中国影视发展的短板之一。[①] 与编剧权益保护相关的法律问题主要如下。

（一）著作权保护

著作权也称版权,是指作者及其他权利人对文学、艺术和科学作品享有的人身权和财产权的总称。分为著作人格权与著作财产权。其中著作人格权的内涵包括了公开发表权、署名权及禁止他人以扭曲、变更方式,利用著作损害著作人名誉的权利。著作财产权是无形的财产权,是基于人类智识所产生之权利,故属知识产权之一种,包括复制权、公开口述权、公开播送权、公开上映权、公开演出权、公开传输权、公开展示权、改编权、散布权、出租权等。

对影视编剧来说,侵犯其著作权主要表现为:创意构思的剽窃、署名权的侵犯、违背编剧意图的修改和改变剧本、作品复播权的利润分成等。

（二）合同权益保护

影视编剧以自由职业者为主,一般以个体身份参与影视作品的制作情形较多,因此在谈判和合同签订过程中处于弱势地位。可能出现的不利情况包括:任意拖欠、克扣剧本酬金、被剽窃剧本构思后解约等。要防止出现此类情况,需要加强编剧自身的维权意识,同时也需要行业内部

以及相关行政部门的管理和引导。

在影视文学创作合同中,应明确约定如下内容:拥有作品的权利归属;拥有作品中不包含侵犯他人合法权益的内容;作品使用中所涉及的权利的种类、权利限制和行使权利的时间等有关问题;酬金数额、支付时间、支付方式,以及作品的著作权归属、作者的署名方式、署名位置甚至还可包括署名字体大小等有关问题;剧本内容以及质量要求、验收标准;创作的时间节点要求,并按阶段支付报酬。一旦有因为创作的客观原因不能按时完成作品的情况出现,应约定具体的处理规则;约定违约责任、不可抗力、合同解除、合同效力的情况等。①

2009 年 2 月,中国电影文学学会组织的第三届"编剧维权大会"在国家版权局和律师等的协助下,向编剧及影视业推荐了 3 个剧本交易合同范本——《影视剧本著作权许可使用合同》《影视文学剧本委托创作合同》《影视剧本著作权转让合同书》。三个合同范本的推出,无疑是一种尝试。第一,可为弱势而又不尽懂法律的编剧,提供保护自己权益、据理力争的规范的合同样本;第二,可避免编剧在合同签订中上当受骗,遭遇"剧本最终由制片方审核通过为准""修改到投资方满意为止"之类的霸王条款;第三,经过律师帮助推出的合同样本,有利于将编剧所有的期望和要求都变成可被第三方理解和把握的文字,发生知识产权纠纷后,利于争取主动。②

以上三个合同范本的推出固然为编剧权益保护提供了很好的助益,但是合同范本没有法律强制力,也不能改变编剧在与制片方签订合同时的弱势地位。同时,某些侵权行为还存在法律认定上的困难,例如剧本大纲或构思的剽窃认定标准很难界定。因此要修改相关立法,还需要在理论和司法实践上积累经验,逐步完善。

二、影视作品的著作权保护

(一)音像制品盗版侵权

影视作品的音像制品盗版在我国一直是打击盗版的主要对象之一。

---

① 晓聪:《影视创作中应注意的法律问题》,《中国艺术报》2008 年 4 月 29 日,第 3 版。
② 李北陵:《编剧权益更赖法律保护》,《中国新闻出版报》2009 年 2 月 25 日,第 1 版。

大量深受市场欢迎的电影、电视剧、动漫作品以极低的成本制成光碟,通过低廉的价格占领市场,使得正版光碟的价格失去市场竞争力。一些热门电影和电视剧,在其公开放映播出后不久,其盗版光碟就会在市场上出现,大大压缩了影视作品制作机构的盈利空间,给影视行业的正常发展带来极大的阻碍。

虽然我国自加入 WTO 后,进一步加强了知识产权保护和打击盗版的工作力度,各执法和司法部门相互配合,重拳出击,各地方政府认真组织、积极行动,保护知识产权工作取得了显著进展和阶段性成果,但仍然存在不少问题。需要相关部门继续打击盗版工作,以达到良好的遏制效果。一方面需要在立法上增加处罚力度、在执法上加强查处力度;另一方面,适当缩减正版光碟和盗版光碟的价格差距,也是能被市场接纳的经济手段之一。

(二)网络盗版侵权

随着互联网的普及以及数字化技术的发展,影视作品通过视频网站播出已经成为影视作品散播的主要渠道之一。国内几大视频网站例如搜狐视频、土豆网、优酷网、爱奇艺、乐视网等,其内容来源很大比例都来自于影视作品。影视作品通过网络播放迎合消费者的消费习惯,是正常的市场行为。但是由于影视作品通过网络盗播、盗链的技术难度不大,又缺乏市场和法律监管,导致视频网站侵犯影视作品的情况在行业内蔓延,甚至在业界流传着"侵权则生,不侵权则死"的话语。

2006 年 7 月 1 日起施行的《信息网络传播权保护条例》第二十六条规定:"信息网络传播权,是指以有线或者无线方式向公众提供作品、表演或者录音录像制品,使公众可在其个人选定的时间和地点获得作品、表演或者录音录像制品的权利。"该条例第二条规定:"将他人的作品通过信息网络向公众传播,应当取得权利人许可,并支付报酬。"信息网络传播作为影视作品等权利人的一项独立的专有权利,它赋予了影视作品权利人利用网络传播自己作品的权利和许可他人利用网络传播自己作品并由此获得报酬的权利,以及禁止他人未经许可利用网络传播自己作品的权利,信息网络传播权已成为影视作品权利人的一项重要财产权利。网络传播速度快、传播范围广、开放性和交互性强、便于无限复制,如果侵害影视作品权利人的信息网络传播权,会给权利人造成巨大的危害和重大经济损失。①

2012年,政协委员、著名导演张艺谋和北京电影学院院长张会军提交了《制定严格法律保护电影知识产权打击电影网络盗版的提案》。该提案认为,目前中国电影约90%的收入是依靠影院票房。除影院以外,电影市场潜力最大的是网络播映和其他衍生产品,随着网络的发展,必将会超过影院成为最大的电影市场。但是,目前网络却是电影盗版的重灾区。张艺谋和张会军委员呼吁司法部门制定严格法律,降低侵犯电影知识产权和网络盗版罪的入罪"门槛",重新研究电影网络盗版、盗播侵权问题,加大法律的惩处尺度。提案认为,最近公布的《电影产业促进法(征求意见稿)》,影片的传播只涉及影院的发行,没有看到网络技术和传播方式的发展对电影产业侵权现象。

目前,与视频网站侵权直接相关的法律法规主要有三部:一是现行《著作权法》;二是《信息网络传播权保护条例》;三是《侵权责任法》。前两部法律法规是在国内视频网站迅速发展之前制定的,都在一定程度上借鉴了国际经验和做法。由于现实情况的发展变化,有些规定与现实情况已经不相适应。侵权责任法颁布时虽然国内视频网站发展已经呈现一定规模,网络影视版权侵权也日趋严重,但限于侵权责任法侧重于侵权责任的规范方面,对视频网站普遍存在的侵犯版权问题缺乏针对性。②

要有效遏制和减少网络盗版侵权行为,一方面需要在立法上进行完善,从影视作品网络传播的特点出发,进行法律和技术上的规定,规定更为严厉的惩罚措施,要显著增加侵权成本,在计算侵权赔偿金额时,增加惩罚性赔偿构成;另一方面视频网站行业内部要加强行业自律,通过行业协会等组织互相监管约束,形成良性的市场竞争秩序。

三、影视作品制作发行中的不正当竞争

2013年3月,电影《人在囧途》片方武汉华旗影视制作公司向北京市高级人民法院状告《人再囧途之泰囧》出品方光线传媒及导演徐峥进行

① 宋晓锋:《网站传播影视作品的版权法律问题分析》,《技术研究》2009年第12期。

② 吴学安:《打击影视网络盗版需要完善法律》,《中国知识产权报》2012年6月27日,第8版。

不正当竞争与著作权侵权。武汉华旗公司认为,被告故意进行引人误解的虚假宣传,暗示、明示两部片子有关联,《泰囧》是《人在囧途》升级版、第二部、续集等,使观众误认为是《人在囧途》原出品人、原班人马打造的续集,被告构成不正当竞争行为。同时,武汉华旗公司认为《人再囧途之泰囧》与《人在囧途》相比,无论在片名、情节、台词等方面都存在相同或相似,同时构成著作权侵权。该案件目前还未有司法结论。

该案件一经媒体曝出,立刻引起社会广泛关注,法律实务界人士也纷纷发表自身看法,很多法律研讨会也将其列为研究对象。从法律层面看,后一部电影的宣传行为从侵权行为构成、损失认定等方面尚不构成法律上界定的不正当竞争行为,大多数专业人士并不看好原告。但是此案给影视制作方和发行方提了一个醒,如何在电视剧制作发行阶段做到吸引人眼球的有效宣传,但同时不侵犯到他人的权益,不踏入雷池一步,避免引起法律纠纷,是从业者需要思考的问题。

四、影视作品植入广告的法律规范问题

近年来,作为影视与广告的结合物,植入广告在影视作品中出现得越来越频繁。观众对此从一开始的新鲜好玩逐渐过渡为腻烦和反感。事实上,广告和影视作品的合作由来已久,美国好莱坞大片中经常出现某品牌商品的画面,但并未引起观众排斥。在不影响影视作品完整和内容表达的前提下,植入广告能够为影视产业提供资金,增加利润,是市场的正常自主行为。对于植入广告是否需要规范和监督,各国态度不一。由于影视行业发展成熟,美国社会对植入广告较为宽容,只要不侵害到消费者的权益,一般放任自由。但也有部分欧洲国家,例如芬兰、爱尔兰等国,明确禁止植入广告。不同国家对于植入广告的接受度和伦理底线不同,意味着对于植入广告的定位,无论是影视界、广告界还是普通公众,存在着观念上的差异和争议。

事实上,影视制作作为一种文化产品制造行为,应当具有经济行为的自主性和相当空间的自由度,在一般情况下,即使对植入广告具有伦理上的争议,也不应由法律进行介入。法律只对伦理底线和行为规范最低要求进行确认。但就目前我国影视作品植入广告的现状而言,还是存在一些特殊性,可能需要法律层面的规范。一是我国公众对于植入广告

的接受度比美国等国要低,观众会认为已经购票观影,当然应该避免被动观看广告;二是我国影视作品植入广告的植入技巧和水平不够成熟,植入手段生硬突兀,与影视作品主题契合度不高,内容方面又过于强调,影响了影视作品的完整度和观看效果,而这又进一步刺激了观众的反感情绪,逼低了观众的容忍度,形成恶性循环。在此种现实状况下,可以考虑由法律或者行业组织进行弹性规范和引导。归纳来看,需要在以下几个方面进行改进。

1. 广告识别问题。根据1994年颁布的《广告法》第13条规定:"广告应当具有可识别性,能够使消费者辨明其为广告。"为了实现这一要求,《广告法》明确提出:"通过大众传播媒介发布的广告应当有广告标记,与其他非广告信息相区别,不得使消费者产生误解。"针对影视作品中的植入广告,如何采取技术手段进行识别,是今后立法需要完善的一个问题。

2. 植入广告的长度限制。现行的《广播电视广告播放管理办法》(2010年实施)规定:"播出机构每套节目每小时商业广告播出时长不得超过12分钟。播出电视剧时,可以在每集(以45分钟计)中插播2次商业广告,每次时长不得超过1分30秒。其中,在19:00至21:00之间播出电视剧时,每集中可以插播1次商业广告,时长不得超过1分钟。""播出电影时,插播商业广告的时长和次数参照前款规定执行。"但是以上规定只是针对插播广告,无法规范影视作品中的植入广告。也就是说,关于植入广告的长度限制,目前立法是空白的。从目前中国电影电视的状况来看,植入广告是越来越多了,并且有些植入形式已经对节目形成了严重干扰。

3. 植入广告的内容限制。广告是影视节目的重要组成部分,应当坚持正确导向,树立良好文化品位,与广播电视节目相和谐。应当参照《广播电视广告播放管理办法》中关于插播广告的内容限制进行规范。包括明确禁止某些产品和行业的广告内容,例如烟草、处方药等。对于一些儿童敏感产品,则更应提高标准,以免对青少年儿童造成误导,例如关于巧克力、糖果、饮料等产品的植入广告,在儿童影视作品中应加以克减。

五、影视制作中的环境保护及相关法律问题

2006 年,电影《无极》剧组因为两年前拍摄外景时破坏云南香格里拉碧沽天池生态环境、违反环境影响评价法的行为,受到国家环保总局的处罚。该事件使得之前一直被人们忽略的影视制作中的环保问题进入了民众的关注视野。

随后,多部门立即做出反应,颁布了多项法规。2006 年 5 月,建设部发布了《关于严格限制在风景名胜区内进行影视拍摄等活动的通知》,限制在风景名胜区内进行影视拍摄等活动。2007 年 2 月,原国家环保总局联合其他相关部门发布了《关于加强涉及自然保护区、风景名胜区、文物保护单位等环境敏感区影视拍摄和大型实景演艺活动管理的通知》,进一步明确了限制拍摄区域的范围以及对环境评价的要求。2007 年 4 月,国家广播电影电视总局发布了《关于在影视剧拍摄活动中加强自然环境和文物保护的通知》。

按照国务院发布的《风景名胜区管理暂行条例》的相关规定,国家重点风景名胜区由建设部门根据《建设项目环境管理条例》统一行使监督管理的职能。对于环保部门,无论是《环境保护法》,还是《环境影响评价法》以及《建设项目环境保护管理条例》,都确立了"可能造成污染就要进行环境影响评价"的法律原则。而有关森林的法律规定,则明确了林业部门对古树名木的监管职责。影视剧组在风景名胜区的拍摄行为,按照法律,应当进行环境影响评价。如涉及砍伐树木的行为,则需要经过林业部门的批准。其他可能涉及的法律包括:《文物保护法》《森林和野生动物类型自然保护区管理办法》和环保、规划、国土资源等多方面的行政法规,等等。

六、虚拟角色的法律保护问题

虚拟角色也称为作品中的艺术形象,通常是指在影视、动画等作品中出现的人物、动物或机器人等,也包括用语言表现的作品中的虚拟形象。影视作品中的虚构角色形象是以文学艺术作品中描写或塑造的具有鲜明个性特征的虚构人物或动物形象为基础,并通过导演的解释、演员的表演展现于观众面前的艺术形象。可以说,影视作品中虚构角色形

象的形成是经多方主体努力创造的复杂过程,凝聚着他们的艰辛劳动。①

　　根据不同的表现方式,虚拟角色种类可以分为文字作品中的虚拟角色、美术作品中的虚拟角色、影视视听作品中的虚拟角色三种。当前比较典型的虚拟角色就是卡通影视作品的卡通形象,也包括一些影视剧当中知名度较高的角色,例如《还珠格格》中的"小燕子"一角。

　　现代经济发展过程中,形象商品化逐渐形成规模,形象利用的产业化已经渐趋成型。出现虚拟角色的法律保护问题,一般是由于非权利人将某虚拟角色进行商业化或者进行商业价值的二次开发行为,例如制作衍生品和外围产品进行销售,导致对权利人的权益侵犯。综合各国的立法实践来看,并没有特别针对虚拟角色的立法规定,往往通过司法实践,适用著作权法、商标法和反不正当竞争法的相关规定对其提供交叉保护。②

七、影视作品的著作权归属

　　影视作品不同于一般的文字作品或音乐作品等,它会涉及多方创作主体,是多类型独创性智力劳动成果的结合,是集体智慧的结晶。影视作品的创作参与者分工不同,对于影视作品的贡献大小不一,因此需要通过法律对影视作品著作权归属问题进行规定,对这些主体在影视作品中的地位进行区分和界定。

　　我国现行《著作权法》规定,制片者享有影视作品的著作权,编剧、导演、摄影、作词、作曲等作者享有署名权,并有权按照与制片者签订的合同获得报酬,著作权交易方式包括许可和转让。本质上讲,我国法律将影视作品视为单位享有著作权的"职务作品",相当于英美法系国家的雇佣作品的概念。

八、影视剧照的肖像权

　　2001年11月,演员蓝天野与友人一同在北京天伦王朝饭店地下一层"影艺食苑"餐厅用餐时,发现该餐厅内摆放着蓝天野扮演"秦二爷"形

---

① 陈红林:《论影视作品中虚构角色形象权》,2007年湘潭大学硕士学位论文。
② 吴汉东:《西方诸国著作权制度研究》,中国政法大学出版社1999年版,第54页。

象的电影《茶馆》剧照的广告展示架,餐厅门口处有电影《茶馆》剧照的广告灯箱。蓝天野认为,天伦王朝饭店未经其本人许可,擅自使用其形象制作广告展示架和灯箱的行为不仅侵犯了蓝天野的肖像权,且使公众对其产生误解,影响了其社会评价,构成对蓝天野名誉权的侵犯,故向法院起诉要求天伦王朝饭店立即停止侵权、赔礼道歉、恢复名誉,并支付肖像权赔偿金 10 万元。法院认为,蓝天野对其塑造的《茶馆》中的"秦二爷"享有肖像权,因为反映表演者面部形象特征的电影剧照上不仅承载了电影的某个镜头,同时也承载了表演者的面部形象,具有双重的识别性。法院最后判定原告对涉案剧照享有肖像权,原告胜诉。①

九、影视制作中演职员人身伤亡的救济

伴随着影视制作业的快速发展,为了追求拍摄效果,增加作品的感官刺激程度,影视作品拍摄中面临的演职员风险逐步增大,影视拍摄过程中发生演职员人身伤亡的事例频有发生,随之而来的是发生事故后的救济问题。从法律角度来说,演职员在拍摄过程中与制片方的法律关系是劳务关系,非劳动关系。劳务关系主要由《民法》《合同法》《经济法》调整,而劳动关系则由《劳动法》和《劳动合同法》规范调整。

对于演职员人身伤亡问题,第一,要做到风险预防。但是,目前国家层面的立法并没有明确将影视剧组列入安全生产监督管理范畴。《安全生产法》第二条规定:"在中华人民共和国领域内从事生产经营活动的单位(以下简称生产经营单位)的安全生产,适用本法……"法律对生产经营单位的内涵未作明确解释。因此,有必要通过国家立法或者地方立法,明确将影视剧组这类临时单位使用危险易爆物品拍摄惊险场面的行为列入有关部门安全监督范围,以保护剧组财产安全,预防演职人员人身伤亡事故。第二,要重视合同中相关条文的权益保障,增加商业保险条款。第三,要规范演职员工会的成立和运作,更好地维护演职员的安全和法律权益。第四,在事故发生后启动司法程序时,应以侵权依据主

---

① 《蓝天野诉天伦王朝饭店有限公司等肖像权、名誉权案》判决书,北京市东城区人民法院(2002)东民初字第 6226 号。

张赔偿,以最大限度维护演职员权益。[1]

十、影视作品内容中版权作品的合理使用问题

由于影视作品是以文字为基础,通过布景、影像、声音、表演、剪辑等一系列手段综合创作完成,在其作品内容中可能关联到其他版权作品,例如音乐、书画、雕塑和建筑等。如果在作品影像中出现了此类版权作品,就需要判断此种使用是否构成侵权还是法律允许的合理使用。立法文件中并未规定具体的判断标准,目前可以参考的依据主要来自于司法实践的判决。

综合目前的实例结论来看,就音乐作品而言,判断依据主要有:(1)是否比较完整地使用了作品的一段歌词或旋律;(2)所使用的部分表现了作者希望表达的思想内容;(3)所使用的乐曲部分体现了作者的艺术个性和设计;(4)被使用部分在整个影视作品中所占比例较大。如满足以上四个条件,构成实质性使用,属于侵权。如只是使用作品的几个小节或几句歌词则是合理使用。

就美术作品而言,判断依据更为复杂,在审判中可能先进行主题性使用和非主题性使用的判断,再根据个案进行分析。所谓主题性使用,是指所使用的美术作品在影视作品中是不可缺少的重要组成部分,此类行为构成侵权;非主题性使用是指即使删去美术作品,影视作品完整性也不受影响。这种情况下,需要考虑该美术作品出现的次数、长度、引起观众注意的程度来综合判断是否构成侵权。[2]

第三节　影视制作业相关立法现状和国际比较

一、国家层面相关法律法规

1990 年以后,国务院先后共出台了若干有关广播影视的行政法规,

---

① 郭鑫:《影视剧拍摄过程中演职人员发生伤亡事故的法律救济浅析》,《政府法制》2011 年第 11 期。

② 李春燕:《影视作品中合理使用问题案例研究》,2012 年上海交通大学硕士学位论文。

它们是:《卫星地面接收设施接收外国卫星传送电视节目管理办法》(1990)、《有线电视管理暂行办法》(1990)、《卫星电视广播地面接收设施管理规定》(1993)、《电影管理条例》(1996)(已废止)、《广播电视管理条例》(1997)。原广电部和广电总局共发布了 24 个部令和总局令,百余件规范性文件;各省、自治区、直辖市也相继出台了一批有关广播电视管理的地方性法规和规章。一大批广播影视法规、规章的颁布实施,尤其是《电影管理条例》和《广播电视管理条例》这两部全面规范电影管理和广播电视行业管理的行政法规的相继出台,结束了广播影视管理无法可依、无章可循的历史,基本扭转了广播影视法律效力等级低、管理依据不足的局面,广播影视业初步走上了依法管理的轨道。

21 世纪初,随着我国影视制作产业的进一步发展,一系列相关法律法规逐步出台。电影方面主要有:《电影管理条例》(2001)(1996 年版本废止)、《特种电影管理暂行办法》(2002)、《电影制片、发行、放映经营资格准入暂行规定》(2003)、《国产电影片字幕管理规定》(2003)、《关于加快电影产业发展的若干意见》(2004)、《中外合作摄制电影片管理规定》(2004)、《电影剧本(梗概)立项、电影片审查暂行规定》(2004)、《电影企业经营资格准入暂行规定》(2004)、《电影片进出境洗印、后期制作审批管理办法》(2004)、《数字电影发行放映管理办法(试行)》(2005)、《国家广播电影电视总局关于加强互联网视听节目内容管理的通知》(2009)、《国务院办公厅关于促进电影产业繁荣发展的指导意见》(2010)、《电影作品著作权集体管理使用费收取标准》(2010)、《电影作品著作权集体管理使用费转付办法》(2010)、《国家广电总局电影管理局关于加强海峡两岸电影合作管理的现行办法》(2013)等。

电视方面主要有:《电视剧审查暂行规定》(1999)、《关于规范电视剧演职人员字幕的通知》(2004)、《广播电视节目制作经营管理规定》(2004)、《广播电台电视台审批管理办法》(2004)、《电视剧审查管理规定》(2004)、《中外合作制作电视剧管理规定》(2004)、《中外合资、合作广播电视节目制作经营企业管理暂行规定》(2004)、《关于实施〈中外合资、合作广播电视节目制作经营企业管理暂行规定〉有关事宜的通知》(2005)、《广播电视广告播出管理办法》(2009)、《电视剧内容管理规定》(2010)、《广电总局办公厅关于严格控制电影、电视剧中吸烟镜头的通知》(2011)、《广电总局办公厅关于进一步加强电视剧文字质量管理的通知》(2011)、《国家广播电影电视总局、国家文物局关于加强对文物鉴定类广播电视节目管理的通知》(2012)。

影视剧综合管理方面主要有:《国家广播电影电视总局外国人参加广播影视节目制作活动管理规定》(1999)、《广播影视新闻采编人员从业管理的实施方案(试行)》(2005)、《广电总局印发关于进一步加强少儿广播影视节目建设的意见的通知》(2005)、《广电总局关于加强互联网传播影视剧管理的通知》(2007)、《广电总局关于进一步加强广播影视节目版权保护工作的通知》(2007)、《关于加强涉及自然保护区、风景名胜区、文物保护单位等环境敏感区影视拍摄和大型实景演艺活动管理的通知》(2007)、《国家广播电影电视总局关于加强互联网视听节目内容管理的通知》(2009)等。

二、浙江省和宁波市的地方立法

(一)浙江省

《浙江省广播电视管理条例》(1997)、《浙江省广播电视局关于加强对重大题材和敏感类题材电视专题片制作、播出管理的通知》(2001)、《浙江省电影审查暂行规定》(2004)、《关于促进广播影视节目进一步面向基层、面向群众的工作方案》(2004)、《浙江省动画创作生产奖励扶持办法(试行)》(2005)、《浙江省广播电视局关于进一步加强方言类节目管理的通知》(2007)等。

(二)宁波市

1. 立法现状

《宁波市有线广播电视管理条例》(2004)。宁波市目前没有关于影视和广告方面的地方性立法。

2.《宁波市有线广播电视管理条例》简介

《宁波市有线广播电视管理条例》(以下简称《条例》)2000 年 7 月 19 日由宁波市第十一届人民代表大会常务委员会第二十次会议通过,2000 年 10 月 29 日浙江省第九届人民代表大会常务委员会第二十三次会议批准。根据 2004 年 3 月 30 日宁波市第十二届人民代表大会常务委员会第九次会议通过的《宁波市人民代表大会常务委员会关于修改〈宁波市有线广播电视管理条例〉的决定》修正。

《条例》共 33 条,分为总则、工程建设与管理、设施保护、节目管理、法律责任、附则 6 章。从内容上来看,主要侧重于广播电视传输和播放设备的铺设维护,已经播放内容的管理,而没有关于电视节目制作方面的规范性条款。

三、国际比较

(一)美国

作为世界上影视产业最发达、历史最悠久的国家,美国影视业的发展继承了美国法治的传统。一方面,美国有关广播电视等信息传播业的法律体系比较健全,以法治业已经成为整个信息传播业的历史传统。同时,法律随社会产业的发展而适时修正,保证了美国的传媒业在相当长的时间内仍能居于世界的领先地位。另一方面,传媒业的运行必须依据法律进行,有法必依成了美国影视业的一个传统。即使在 20 世纪 90 年代末,同业之间的兼并联合、跨产业之间的整合这样大的波动期,影视制作及其他产业的运行都保持在正常的状况中。[1]

从影视作品内容规范来看,在规范大众传播媒介中的色情暴力内容的过程中,美国政府和美国法院共同创立了分区、贴标签和分级制度。所谓"分区"制度,是指对于某类对青少年有害而成人有权享有的东西,将与这类内容有关的商业经营或艺术活动,集中在远离未成年人出入的场所,从而达到既保护未成年人,同时又不损害成人所享有的表达自由权的目的。所谓"贴标签"制度,是指影视作品制作者对于作品内容中可能含有一些有害于特定人群的内容,在产品外包装或者片头附上提醒性文字和说明,以起到警醒作用。"分级"制度则要求试听节目制作者根据作品的内容进行级别归类,根据法律规定限定消费者人群,提醒未成年人的监护者进行选择性、限制性消费和观看。

---

[1] 兰金华:《我国影视产业发展问题研究》,2007 年福建师范大学硕士学位论文。

从影视作品版权保护来看,作为影视产业版权制度最为完善的国家之一,美国的影视版权保护制度一直走在世界的前列,其中最重要的法律莫过于 1998 年出台的《千禧年数字版权法案》(DMCA),该法案将众多以互联网为载体的电子产品置于其保护措施之下。面对数码技术引发的问题,美国也适时制定了一些法律并做出了示范性的判决,在一定程度上解决了版权人与使用者之间的矛盾。①

(二)欧盟及部分欧洲国家

为保护本土市场的健康发展,维护欧盟文化多样性,欧盟从 20 世纪90 年代即决定采取一系列的政策措施来保护影视产业的发展。一方面,大力投入产业政策补贴,明确地以鼓励和发展欧盟的视听产业为宗旨。自 1991 年创立到今天,该项计划在欧盟视听业的投资高达 17.8 亿欧元。同时欧盟限制视听产品的进口,设定了"非欧洲作品"的最高进口比例和设定专门针对美国影视作品的进口比例。欧盟颁发了《电视无国界》绿皮书,明确提出了要建立统一的欧洲内部视听产业市场的主张。该绿皮书明确规定保护欧盟视听产业的两个基本原则,一是打破欧盟成员国之间的属地主义观念,使得欧洲的电视节目可以在欧洲的统一市场内自由流动;二是欧洲各国的各个电视频道应在条件允许的情况下,为欧洲本土的电视节目保留一半以上的播放时间。另一方面,欧盟应将视听产业的保护放到国际层面上,寻求国际上的合作。②

德国对电视节目的管理主要通过规范性的法律手段,如《基本法》、政策制度、行业规范、公民监督等来实施。德国对公共广播电视的监督方式是成立电视评议会,由来自政党、工会、教会、雇主联合会以及文化机构的代表组成,代表了各种集团的社会利益。一些重要电视台的评议会近年来还增加了地方各州代表,宗教、新闻出版、慈善团体和环保界代表。电视评议会根据《宪法》确定的保护青少年的原则,禁止电视播放有损青少年身心健康的内容,并有权开列"黑名单"。

瑞士有德语、法语、意大利语和列托—罗马语四种官方语言电视台

---

① 黄世席:《数码环境下美国影视版权的保护探讨》,《现代传播》2010 年第 8 期。

② 杨柳:《欧盟视听产业保护的法律制度研究》,2012 年山东大学硕士学位论文。

和电台,电子网络通行多种语言,为网络监管造成一定的障碍。瑞士的电视台较少播放低俗影视作品,但在转播境外影视节目时按照国家法律规定"定级"和"限时播放",即对一些含有暴力、恐怖、色情镜头的作品确定观看的建议年龄,并在深夜 12 点以后播放。①

(三)日本

根据普华永道会计事务所提供的资料,在 2010 年世界娱乐与媒体业总产值中,日本、韩国分别位列第二位和第九位;从娱乐与传媒业在本国 GDP 所占比例来看,韩国、日本分列第二位和第三位。经济产业省从产业发展的角度对包括广播影视在内的文化产业进行宏观管理。主要措施包括:(1)制定《知识财产基本法》《内容促进法》等专门法律,为内容产业发展提供法律保障;(2)修改《承包法》,把与广播电视制作相关的业务纳入管理范畴;(3)制定《广播电视内容制作交易合理化指南》,加强政策引导。在推动广播电视产业发展过程中,相关法案的修改和完善发挥了十分重要的作用。法律明确了有关各方的职责、权利和义务,监督节目制作、交易和播出行为,为产业发展提供了强有力保障。《反垄断法》《著作权法》等相关法律对广播电视业的健康发展也是十分重要的。

(四)韩国

韩国自 1998 年金大中总统上任之后,正式提出了"文化立国"的战略。将低消耗、无污染、利润高、核心在于创意的文化产业作为 21 世纪发展国家经济的战略性支柱产业予以大力推进。从 1998 年起,陆续出台了《国民政府的新文化政策》《文化产业促进法》《文化产业发展五年计划》《文化产业发展推进计划》《21 世纪文化产业的设想》《电影产业振兴综合计划》等法律保障政策,取消了电影审查制度,代之以分级制度。这些政策的出台、法律法规的制定和修订,有力地扶持了韩国的艺术产业,尤其是影视业,为其发展营造了良好的外部环境。

2000 年 8 月制定的《广播法》,这部法律在考虑到本国观众的多种需

---

① 柴野、刘军:《国外用法律手段规范文化行为》,《光明日报》2010 年 6 月 30 日,第 12 版。

求的基础上,致力于保护本国影视业的发展空间。按照这部法律,外国政府、团体和个人以及外资超过 50% 的韩国法人不得投资地面电视台和综合类、新闻类节目供应公司(Program Provider),但可以投资有线电视、卫星电视和除了综合、新闻节目以外的节目供应公司,外资比例不得超过 33%。在有线电视频道和卫星电视频道中,外国频道数不得超过 10%。地面电视台每月播出外国节目的数量不得超过总数的 20%。在电影方面,地面电视台播出国外电影不能超过电影总播出时间的 75%,外国动画片不能超过 55%,流行音乐不能超过 40%。除此之外,来自一国的节目不能超过外国节目总量的 60%。通过该法,韩国影视节目牢固占据了本国电视荧屏的主导权。[①]

韩国文化产业的主打输出产品为游戏、电视剧、电影。2003 年,中国 75% 的网络游戏是从韩国引进的。2005 年,韩国电视节目出口额达 12349 万美元,89% 出口到亚洲国家和地区,其中台湾地区为 11.4%、日本为 60.1%、中国大陆为 9.9%;2004 年韩国电影出口额为 5828 万美元,出口到亚洲的有 4532 万美元,占总出口额的 77.8%。韩国影视制作专家朴在福认为,21 世纪,各国的胜负取决于文化产业,电影、电视剧等扮演着尖头兵的作用,一部电视剧的威力相当于十几个外交官努力几年所积累的结果。

第四节　加强宁波影视制作业法制保障的建议和措施

对于宁波影视制作产业发展来说,首先要明确产业发展是一个经济活动,服从市场经济的自然规律。但是市场经济也是法治经济,因此需要建立一个完善的法制保障体系,才能保证市场活动的有效运行。

一、加强现有法律法规的实施

关于影视制作业,无论是国家层面还是浙江省层面,法律法规和行

---

① 阎成胜:《韩国音像产业发展、管理情况及对我国的借鉴作用》,《中国广播电视学刊》2003 年第 7 期。

政性规章都已经比较完备,已初步建立起一个完整的法制保障体系。因此,加强宁波影视制作业的发展,首先要相关行政部门、从业者、行业组织等对相关法律法规增强熟悉程度,了解规范性条款的立法宗旨和涵义,并能够积极落实,保证法律法规的实施效果。

二、宁波市地方立法完善

对于宁波市来讲,目前相关的地方性立法只有《宁波市有线广播电视管理条例》,且其内容只是关于广播电视播放设备和管理方面的内容,基本不涉及影视制作的规范。因此有必要在该方面进行立法。在查证国家和省级规范性文件内容的基础上,结合宁波地方特色,以做大做强宁波影视制作业为目标,进行宁波市影视制作规范性立法。当前立法的主要内容可以包括:

(1)宗旨:为促进宁波影视制作业发展提供法制保障。(2)基本原则:以加快宁波影视制作业发展为主题,以资源优势整合为基础,以产业结构调整为主线,以改革和创新为动力,提高产业核心竞争力。(3)具体规范(按主体进行分工):①政府主管部门方面:引导产业发展,通过合理布局、资源整合、政策倾斜、融资扩展等若干方面进行扶持。②文化执法和司法机构方面:加强影视制作行业的知识产权保护。③行业中介组织:发挥资源凝聚、产品推介作用。(4)保障措施:培育和完善文化市场体系,营造良好的市场环境,继续贯彻落实已出台的各项法律法规和政策措施,进一步消除影响宁波影视制作业发展的体制性障碍。

三、加强行政执法

执法部门必须加强执法力度,丰富执法手段,增强执法效果。要完善执法监督检查,抓好广电及文化综合执法,努力落实执法责任制。要加强影视作品的知识产权保护,努力形成广播影视知识产权保护新格局。

针对网络侵犯影视剧网络版权的行为应该坚决打击,给予此类侵权网站通报批评或其他惩罚,对于严重侵权个体,断开接入服务,关闭非法视频网站。必要时引入刑事程序,扩大相关法律的宣传范围,加大宣传力度,通过相关渠道或其他渠道及时公布侵权的行为,增强公众的监督力度。①

四、配套政策措施

清华大学教授尹鸿认为,发展宁波影视产业,需要形成完整的影视产业配套政策和措施。第一,要尽量给予各种优惠政策,鼓励行业外资本和企业、鼓励民营资本和企业、鼓励国外境外资本和企业介入宁波的影视产业。同时,政府要加强文化产业企业政策性担保机构或再担保机构的设立和引导,对商业银行为文化产业企业的融资提供担保,与银行共同承担文化产业企业融资风险。第二,要推动建立几家由不同投资主体组建的有相当规模的现代股份影视或者媒介企业,使各种不同的影视产业资源能够互补。第三,充分发挥影视的外部效益,调动旅游休闲、房地产、交通以及其他生活用品企业的积极性,共同利用影视平台,产生综合经济效益。第四,建立影视内容生产的资助基金,对于那些与宁波相关的优秀的影视选题进行资助。第五,制定税收减免政策,不仅鼓励影视投资和影视企业,而且对那些在宁波拍摄影视作品的项目,进行税收减免返还等。第六,提供土地政策的支持。通过土地,调动各方面的积极性,形成以象山影视城为中心、海洋休闲为依托、影视主题为核心的开放的影视园区。这些配套政策,对于促进宁波影视内容核心产业的发展和影视产业基地的建设,带动宁波的影视产业和促进宁波经济社会的全面发展具有重要的意义。②

以象山影视基地为核心的宁波影视文化产业集聚区的建设目标是以影视文化产业集聚为导向,优化区域资源配置,逐步建设成为宁波市集影视创作、拍摄、制作服务、作品发行、影视高新技术企业孵化与动漫创作、文化创意等功能于一体的影视文化集聚区。③ 要完成此项目标和任务,就需要加快深化影视文化产业发展战略和若干重大专题研究,建立影视文化产业发展专项资金,出台影视文化产业发展专项扶持政策,

---

① 魏雪:《探析影视剧网络版权交易现状》,《商》2013 年第 6 期。

② 尹鸿:《宁波影视产业链的延伸与影视基地的发展》,《甬港文化创意产业发展论坛》,2011 年。

③ 董连胜、李萍:《关于加快宁波影视文化产业区建设的对策研究》,《宁波通讯》2011 年第 3 期。

对引进项目、人才给予特殊的优惠措施。

政府有必要制定鼓励专业化和规模经济的产业合理化政策来推进该产业的发展,促进规模经济的形成,改善产业组织结构,建立大批量生产方式和增加产业利润,实现产业振兴。政府可以促进影视企业的兼并重组,提高市场集中度;可以监督企业的行为,反对不正当竞争,保障竞争的公平性;可以适度降低影视产业的应税税率,使影视企业加快资本的积累,利于影视企业的做大做强;最后,还可以仿效韩国的做法,制定相应优惠政策鼓励影视作品出口。①

五、加强影视制作业法律服务创新

影视制作领域是一个宽泛而复杂的产业链,涉及的部门和行业众多。随着法律的完善和市场规则的规范,法律需求和纠纷数量日益增多,但目前行业内部在起主要作用的,很多还是行业的惯例,没有法律保障,也没有形成良好有序的运作和交易惯例。如何让法律和行业通用的规则公正、公平、透明干净地发挥作用,需要在政府、上级主管部门支持和引导下,加强影视制作行业法律服务的专业化,提供多种多样的服务形式和内容。

地方行业组织,例如宁波市影视制作行业协会,可以组织筹办影视制作行业维权中心组织,组建法律专家顾问团,开展包括商事调解、影视纠纷民间调解、专家咨询、影视版权登记等服务,针对协会会员在影视创作、摄制、发行、传播等过程中遇到的相关法律问题,提供法律咨询、合同风险提示,举办法律讲座,答疑解惑等。

---

① 兰金华:《我国影视产业发展问题研究》,2007 年福建师范大学硕士学位论文。

第六章　宁波文化旅游业发展法制保障问题研究

第一节　宁波文化旅游业发展现状

一、文化旅游产业的界定

哪些属于文化旅游产业的范围？究竟什么是旅游文化？目前各界对文化旅游产业的范围界定不明确，有些人认为文化旅游产业只包含由人文旅游资源所开发出来的旅游产业，是为满足人们的文化旅游消费需求而产生的一部分旅游产业，具体又可分为历史文化类旅游产业和社会文化类旅游产业；而有些人把旅游业主体都作为文化产业的组成部分，包括旅游交通企业、旅游住宿企业、纯自然的观光型景区等。

旅游文化是人类过去和现在创造的与旅游关系密切的物质财富与精神财富的总和。凡在旅游活动过程中能使旅游者舒适、愉悦、受到教育，能使旅游服务者提高文化素质和技能的物质财富和精神财富，都属于旅游文化的范畴。因为旅游的文化业与旅游业具有本质上的不可分割性。

（一）从旅游主体即旅行者来看

从旅游主体即旅行者来看，旅游者的旅游行为本身就是一种文化消费行为。其外出旅游的动机和目的在于获得精神上的享受和心理上的满足，旅游的主要目的之一便是体验异乡风情，了解异地文化。人类的"远方崇拜"特征使人们对看不到、听不到的远方世界有一种天生的渴求和向往。

（二）从旅游客体即旅游资源来看

从旅游客体即旅游资源来看，文化是旅游资源的主要内涵。旅游资源可以分为自然旅游资源和人文旅游资源两类。自然旅游资源虽然是大自然赋予的，但一般都须经过人类的合理开发利用，人们以自己的审美意识对它进行整治、修饰、美化，从而打上自己所处区域的社会文化印记。人文旅游资源又分为物质的和非物质的文化遗产及现代人造旅游资源等。因此，无论是自然旅游资源还是人文旅游资源，其本身都离不开文化的内涵。而且其要吸引和激发起旅游者的旅游动机，也必须具有魅力无穷、独具特色的民族、地方文化内涵，满足人们对科学、史学、文学、艺术和社会学等方面的不同需求。实践也表明，旅游文化是一个国家旅游业保持自身特色的决定因素。孙玉波在其《展示深厚的文化底蕴——北京胡同旅游带来的启示》一文中提出："民族的东西是独特的，文化的流传是久远的。"奥地利的旅游，几乎都与施特劳斯等奥地利音乐大师紧密关联；巴黎街道的命名，每每蕴含法兰西民族的历史掌故。因此，旅游资源的文化底蕴越深厚、越独特，旅游资源的价值就越高。

（三）从旅游产业看

从旅游产业看，旅游业是兼具经济文化和社会效益的文化经济产业。旅游者不仅要求能吃饱，更希望吃到当地具有传统文化特色的名菜、名点；旅游者购买的旅游纪念品，也要求是具有当地文化内涵的工艺品；对导游的讲解更是提出了很高的要求：仅仅到此一游，不介绍当地的历史文化和民族风情，肯定不是一次满意的旅游。

喻学才在其《近七年旅游文化研究综述》一文中提出："现代旅游现

象,实际上是一项以精神、文化需求和享受为基础的,涉及经、政、社会、国际交流等内容的综合性大众活动。"[①]可见,文化因素渗透在现代旅游活动的各个方面,文化是旅游者的出发点和归结点,是旅游景观吸引力的渊薮,是旅游业的灵魂。因此旅游文化体现在旅游业的方方面面,文化旅游产业包含整个旅游业。

二、宁波文化旅游产业发展面临的机遇和挑战

(一)国家层面的机遇和挑战

根据《中国旅游业"十二五"发展规划纲要》的规划,到 2015 年,旅游业总收入达到 2.5 万亿元,年均增长率为 10%;国内旅游人数达到 33 亿人次,年均增长率为 10%;入境旅游人数达到 1.5 亿人次,年均增长率为 3%。到 2015 年,旅游外汇收入将达到 580 亿美元,年均增长率为 5%;出境旅游人数将达到 8800 万人次,年均增长率为 9%;旅游业新增就业人数将达到 1650 万人,每年新增旅游就业 60 万人。旅游业增加值占全国 GDP 的比重将提高到 4.5%,占服务业增加值的比重达到 12%,旅游消费占居民消费总量的比例达到 10%。

尽管目前国内旅游产业潜力巨大,但依旧存在挑战。国家旅游局党组成员、规划财务司司长吴文学表示,旅游产业对环境的变化很敏感。今后五年,我国旅游业既要努力解决人民群众持续增长且不断变化的旅游休闲需求与相对滞后的旅游生产力之间的基本矛盾,也要面临后金融危机的世界经济不稳定、全球气候变化等中长期挑战,以及各种可能出现的自然灾害、经济危机、公共卫生等不利事件对旅游业的阶段性冲击。"国际金融危机影响深远,国际经济缓慢回升但动力不足,人民币升值预期、国际汇率变化以及贸易保护抬头加剧了国际旅游竞争,我国旅游业发展的外部环境更趋复杂。国内通胀预期增加,收入分配调整难度加大,在一定程度影响居民旅游消费意愿。近年来,国内外各种自然灾害和突发事件明显增多,传统和非传统的安全因素影响增大,对旅游业发

---

① 喻学才:《旅游文化研究二十年》,《东南大学学报》(哲学社会科学版)2004 年第 1 期,第 64 页。

展产生较大冲击。"①

吴文学还指出,旅游法规和依法行政的能力不能满足旅游业发展的要求,旅游标准化建设特别是实施相对滞后,带薪休假制度还未落实。旅游资源管理与产业管理脱节,缺乏综合协调机制;旅游市场秩序不够规范,削价竞争、承包挂靠经营等问题长期存在,不少环节还存在安全隐患。

(二)地方层面的机遇和挑战

自 1998 年荣膺首批中国优秀旅游城市以来,宁波市旅游业发展的年均增长率超过 11.5%,旅游总收入占到了全市 GDP 的十分之一,旅游业已成为国民经济支柱产业之一。宁波旅游业在浙江的总体实力仅次于杭州,已成为浙东旅游中心,并正成为长三角南翼中心旅游城市。在中国旅游协会举办的 2012 中国休闲城市发展综合评价成果发布会上,宁波荣获"2012 中国十大最佳休闲城市"之一,连续两年蝉联这一殊荣。2012 年,宁波市全年接待入境旅游者 116.21 万人次,同比增长 8.18%;接待国内游客 5748.32 万人次,同比增长 10.95%;实现旅游总收入 862.8 亿元,同比增长 14.84%。2012 年全市共实施旅游建设项目 98 个,总投资 1242.89 亿元,当年完成投资 115.51 亿元,占全市全社会固定资产投资的 4%。同时,充分利用"浙洽会""海洽会""2012 欧洲宁波周"等活动平台,推出 50 多个总投资近 40 亿美元的旅游招商项目,2012 年共有 7 个旅游项目签约,总投资达 7.5 亿元。在宁波旅游投资环境(上海)推介会上,邀请了 60 余家境内外各大知名公司驻上海总部及分支机构近 80 位投资商代表参会,包装推出 53 个概算总投资为 130 多亿美元的招商项目。而 2013 年全市旅游经济的目标是:接待入境旅游者 124 万人次,同比增长 7%;接待国内旅游者 6208 万人次,同比增长 8%;旅游总收入突破 950 亿元,同比增长 10%。而实际上,2013 年宁波接待国内旅游者 6225.8 万人次,超额完成任务。②

早在《宁波市"十一五"时期文化发展规划》中就提出将积极扶持旅

---

① 《中国旅游业"十二五"发展规划纲要》,《城市规划通讯》2012 年第 1 期,第12 页。
② 李部长在宁波市文明旅游主题活动现场推进会上的讲话,http://www.nbtravel.gov.cn/jianghua/201407/t20140724_90959.htm. 2014-10-30。

游休闲文化业。以"东方商埠·时尚水都"为宁波旅游形象定位,逐步完善都市、海洋、文化、生态四大形象品牌,保护开发历史名城名镇名村、名人故居、名山名园等文化旅游资源,重点挖掘和提升海上丝绸之路文化、儒商文化、宗教文化、梁祝爱情文化等富有特色的优势旅游文化。继续巩固都市观光旅游圈、姚江文化旅游带、奉化名人山水旅游带、象山海滨旅游带、宁海温泉古镇旅游带。推进以余姚梁弄为核心的四明山红色旅游工程。改善旅游环境,提升旅游景区的景观价值和附加值。积极开发休闲度假产品,注重培育旅游休闲品牌产品,大力发展旅游纪念品,不断提升旅游休闲文化产业的影响力。"十二五"规划再次重申了加快文化产业升级的发展目标:"加快推进文化与经济、科技、旅游、教育的深度融合,培育新的文化业态,促进文化产业转型升级。"从发展规划中可以看出,宁波市政府特别重视旅游文化产业的发展,积极借助宁波的传统文化底蕴,已建立起一批富有宁波特色的旅游形象品牌、文化旅游资源和优势旅游文化,从而提升了宁波旅游文化产品的档次,打响了宁波旅游的知名度。[①]

　　从上述旅游局网站上公布的相关数据和规划中不难发现,发展旅游产业对宁波经济的重要性。然而,相关领域的立法现状却不容乐观。文化产业作为近十年内的新兴产业,其相关法律研究目前主要集中在知识产权领域。无论是国家旅游立法还是地方立法,现状都不容乐观。条块分割的政府体制使文化旅游产业赖以发展的各类文化旅游资源处于部门化状态,分别归属于十几个政府部门,如文物、文化、建设、宗教、园林、林业、水利、民政、国土、农业、交通、旅游、外事、商贸等,但由于缺乏上位法的指引,各个管理部门在促进旅游方面的职责很不清楚,多头管理、交叉经营的管理混乱现象普遍。在旅游产业的发展过程中,特别表现在游客和旅游企业的纠纷解决上,由于缺乏专门的旅游法律民事规范,有些纠纷各级旅游部门根本无法解决,法院也有判决标准不一的现象,进而影响了旅游文化业的正常发展。

---

　　① 相关数据资料来源于宁波旅游网政务版,http://www.nbtravel.gov.cn/jh/default.htm.2013-07-30。

第二节　宁波旅游文化产业的立法现状

一、国家层面的立法现状

世界各国旅游法大体可分为三种[①]:(1)在基本法律中以专章的形式规定有关旅游法的内容,如德国在《德国民法典》中设立"旅游契约"一章节,对旅游经营者和旅游者之间的权利义务做了规定。(2)旅游基本法,旅游基本法是规定一个国家或地区发展旅游事业的根本宗旨、根本政策原则和旅游活动各主体根本性权利、义务关系的基本准则。如美国 1979 年制定的《全国旅游政策法》、英国 1969 年制定的《英国旅游发展法》、日本 1963 年制定的《日本旅游基本法》,等等。(3)旅游单项立法,如旅馆业,在国际公约中有《欧洲理事会成员国关于旅游经营者对旅客携带物品之责任的公约》等。我国国家质检总局、国家标准化管理委员会于 2010 年 10 月 18 日批准发布国家标准《旅游饭店星级的划分与评定》,于 2011 年 1 月 1 日实施。为配合该标准的实施,进一步规范饭店星级评定及复核工作,国家旅游局制定了具体的实施办法。

与国外相比,我国旅游立法起步较晚。我国现代意义上的旅游立法是从 20 世纪 70 年代末才开始的。1985 年 5 月 11 日,国务院颁布了《旅行社管理暂行条例》,这是我国第一个关于旅游业管理方面的法规。此后又有 40 多个专门法规、规章问世。[②] 从国家层面的立法现状看,已有的旅游相关立法主要如下。

(一)《中华人民共和国旅游法》

《中国旅游业发展十五计划和 2015、2020 年远景目标纲要》确立了制定统一的《旅游法》这个目标。十一届全国人大财政经济委员会成立后,于 2009 年 12 月牵头组织国家发改委、国家旅游局等 23 个部门和有关专

---

① 范能船:《世界旅游新发展和旅游基本法建设》,《旅游科学》2004 年第 3 期,第12 页。
② 刘敢生:《再谈旅游法立法去从》,《旅游学刊》2011 年第 2 期,第 6 页。

家成立旅游法起草组。起草组先后举行 5 次全体会议，到全国各地进行调研和考察。2012 年 3 月 14 日，财政经济委员会第 64 次全体会议审议通过了草案。同年 8 月 27 日十一届全国人大常委会第二十八次会议审议《旅游法（草案）》，并在中国人大网公布，向社会公开征集意见。2013 年 4 月 25 日第十二届全国人民代表大会常务委员会第二次会议通过，自 2013 年 10 月 1 日起施行。旅游基本法千呼万唤始出来，中国终于有了综合性的旅游基本法。

1. 有助于我国法律体系的健全

旅游基本法是规定一个国家发展旅游事业的根本宗旨、基本原则和旅游活动各主体基本原理、义务关系的法律，对旅游业的长远发展具有至关重要的意义。我国旅游基本法迟迟没有出台，导致下位的旅游法规、规章和地方性旅游法规规章缺乏整体的根本宗旨和基本原则的指引，法律法规体系的整体性和一致性受到影响，旅游资源的合理利用和保护缺乏国家层面的制度性规定，侵害旅游者和旅游经营者合法权益的行为得不到有效遏制，各级政府尤其是旅游监管部门因无国家层面的法律可依，对旅游业中不少乱象束手无策。比如上文提到我国条块分割的政府体制使旅游产业赖以发展的各类旅游资源处于部门化状态，分别归属于十几个政府部门，各个管理部门在促进旅游方面的职责很不清楚，多头管理、交叉经营的管理混乱现象普遍。《旅游法》第七条明确规定："国务院建立健全旅游综合协调机制，对旅游业发展进行综合协调。县级以上地方人民政府应当加强对旅游工作的组织和领导，明确相关部门或者机构，对本行政区域的旅游业发展和监督管理进行统筹协调。"该条文明确了国家层面由国务院负责建立旅游综合协调机制，地方层面由县级以上地方人民政府对本区域进行统筹协调的责任机制。《旅游法》第九十一条进一步规定："县级以上人民政府应当指定或者设立统一的旅游投诉受理机构。"统一旅游投诉受理机构的建立将有效解决大量的旅游纠纷，规范我国旅游市场秩序，切实保护旅游者的合法权益。

2. 注重保护旅游消费者的权利

《旅游法》体现了坚持以人为本，安全第一，以保障旅游者合法权益为主线，兼顾平衡旅游者与旅游经营者和旅游从业人员之间的权利、义务和责任。首先在总则第三条中，明确了"依法保护旅游者在旅游活动中的权利"。其次,《旅游法》第二章名为"旅游者",其中第九到十二条规定了旅游者的权利,这些权利包括:(1)自主选择权;(2)公平交易权;(3)知情权;(4)要求旅游经营者依约履行权;(5)受尊重权;(6)特殊旅游者的便利和优惠权;(7)请求救助和保护的权利;(8)求偿权。此外,还在不同章节规定了更为具体的权利,如《旅游法》第六十五条规定了任意解除权:"旅游行程结束前,旅游者解除合同的,组团社应当在扣除必要的费用后,将余款退还旅游者。"第七十条规定了比《消法》倍数更高的惩罚性赔偿:"旅行社不履行包价旅游合同义务或者履行合同义务不符合约定的,应当依法承担继续履行、采取补救措施或者赔偿损失等违约责任;造成旅游者人身损害、财产损失的,应当依法承担赔偿责任。旅行社具备履行条件,经旅游者要求仍拒绝履行合同,造成旅游者人身损害、滞留等严重后果的,旅游者还可以要求旅行社支付旅游费用一倍以上三倍以下的赔偿金。"在第六章"旅游安全"中规定,国家有义务建立旅游目的地安全风险提示制度。其中,第八十二条规定:"旅游者在人身、财产安全遇有危险时,有权请求旅游经营者、当地政府和相关机构进行及时救助。中国出境旅游者在境外陷于困境时,有权请求我国驻当地机构在其职责范围内给予协助和保护。"

3. 综合性立法模式具有合理性

《旅游法》采用了综合性的立法模式,这是符合我国目前的国情和旅游业实际情况的,是完善我国旅游法制的重大创新。全文共分为十个章节:总则、旅游者、旅游规划和促进、旅游经营、旅游服务合同、旅游安全、旅游监督管理、旅游纠纷处理、法律责任和附则。内容涉及旅游法的立法宗旨、基本原则、相关概念的解释、旅游者的权利义务、旅游发展促进措施、旅游市场运行规则、旅游合同、旅游发展协调机制等几方面的内容。整合了旅游产业各要素和旅游活动全链条,构建了政府统筹、部门负责、有分有合的旅游综合协调、市场监督、投诉处理等制度,涵盖了促进(经济法)、管理(行政法)和民事(合同)三方面不同性质的法律规范。

4. 立法内容具有适用性

《旅游法》针对"零负团费"、"强迫购物"、"欺诈收费"、景区门票价格等一些长期未能解决的顽症提出了明确的解决办法,回答了旅游消费者迫切要求解决的若干热点问题,还对"网络旅游经营"等新型经营模式进行了规范。

(1)针对"零负团费""强迫购物""欺诈收费"等现象,《旅游法》第三十五条规定:"旅行社不得以不合理的低价组织旅游活动,诱骗旅游者,并通过安排购物或者另行付费旅游项目获取回扣等不正当利益。旅行社组织、接待旅游者,不得指定具体购物场所,不得安排另行付费旅游项目。但是,经双方协商一致或者旅游者要求,且不影响其他旅游者行程安排的除外。发生违反前两款规定情形的,旅游者有权在旅游行程结束后三十日内,要求旅行社为其办理退货并先行垫付退货货款,或者退还另行付费旅游项目的费用。"

(2)针对景区门票价格,第四十三条规定:"利用公共资源建设的景区的门票以及景区内的游览场所、交通工具等另行收费项目,实行政府定价或者政府指导价,严格控制价格上涨。拟收费或者提高价格的,应当举行听证会,征求旅游者、经营者和有关方面的意见,论证其必要性、可行性。利用公共资源建设的景区,不得通过增加另行收费项目等方式变相涨价;另行收费项目已收回投资成本的,应当相应降低价格或者取消收费。公益性的城市公园、博物馆、纪念馆等,除重点文物保护单位和珍贵文物收藏单位外,应当逐步免费开放。"第四十四条规定:"景区应当在醒目位置公示门票价格、另行收费项目的价格及团体收费价格。景区提高门票价格应当提前六个月公布。"在我国景区一片涨价的吆喝声中,此规定可以起到规范和监督的作用。但实质上,这些条款并没有对门票定价机制进行具体规定,可能与属于价格法范畴有关,需要日后价格法及其相关规定能有更明确的补充。至于对涨价"举行听证会,征求旅游者、经营者和有关方面的意见,论证其必要性、可行性",按照以往的实际情况,听证会往往流于形式,价格照涨不误。如何真正切实有效地实施,反映涨价的必要性和可行性,需要有关部门在实践中进一步考虑和明确。对于逐步免费开放公益性的城市公园、博物馆、纪念馆,虽然在实践中,部分城市也已经开始实施,但该法条进一步加以明确,反映了国家将旅游业发展提高到为国民创造幸福生活环境的高度,是切切实实有利于国民的措施。

(3)第四十八条规定:"通过网络经营旅行社业务的,应当依法取得旅行社业务经营许可,并在其网站主页的显著位置标明其业务经营许可证信息。发布旅游经营信息的网站,应当保证其信息真实、准确。"随着电子商务的发展,旅游网站近年来在国内发展迅速,但良莠不齐。旅游者在面对各色旅游网站时,容易被低廉的价格吸引,从而掉入骗子的陷阱。而且预订完成后,往往只有短信确认,极少会签署更为详尽的合同,从而给旅游者维权带来难度。该法条要求网络经营者在其网站主页的显著位置标明其业务经营许可证信息,以便于消费者信息确认,防止受骗上当。

(二)旅游行政法规和配套的部门规章

1. 国务院《旅行社管理条例》

为进一步规范旅行社经营活动,保障旅游者和旅行社的合法权益,维护旅游市场秩序,1985 年,国务院颁布了《旅行社管理暂行条例》。作为首部旅游业管理方面的行政法规,可见其颁布和实施的重要性和必要性。经过 2001 年和 2009 年两次全面修订,去掉"暂行"两字,自 2009 年 5 月 1 日起实施。同时,2009 年 4 月,经国家旅游局第 30 号令发布,自 5 月 3 日起《旅行社条例实施细则》开始施行。《旅行社管理条例》在门槛、处罚力度、市场管理方面都有了很大的变化。特别增加的对游客权益的保护内容,比如合同的细化、宣传的真实性等,都有了明确的规定,并且处罚力度也大大超过了以往。

2. 国务院《导游人员管理条例》

作为旅游必需的讲解者、引导者——导游,由于他直接和旅游者长时间面对面接触,因此其对能否完满地完成一次旅游起到了直接的作用。为加强对导游人员的管理,把对导游人员的管理纳入法制化轨道,经过国务院批准,国家旅游局早在 1987 年就颁布了《导游人员管理暂行规定》。随着旅游业的迅速发展,导游人员的工作内容、数量、规模等都发生了极大的变化。为进一步保障旅游者和导游人员的合法权益,国务院于 1999 年 5 月 14 日修订发布了《导游人员管理条例》,明确了导游资格考试制度、导游证制度、导游登记制度以及导游的工作职责和处罚。同时,《导游人员管理实施办法》自 2002 年 1 月 1 日起施行。国家旅游局于 2005 年又对部分条款进行了修订,自 2005 年 7 月 3 日起施行。

3. 国务院《风景名胜区管理条例》

为了规范旅游景区的管理、开发规划、利用和保护具有旅游价值的风景名胜区的旅游资源,国务院早在 1985 年 6 月 7 日就颁布了《风景名胜区管理暂行条例》。2006 年 9 月 6 日国务院第 149 次常务会议通过《风景名胜区条例》,自 2006 年 12 月 1 日起施行。该法规规定了风景名胜区的设立条件、规划内容、保护措施、利用和管理以及破坏风景名胜区旅游资源的法律责任。

4. 国务院《娱乐场所管理条例》

娱乐场所,是指以营利为目的,并向公众开放、消费者自娱自乐的歌舞、游艺等场所。娱乐活动是旅游过程中的重要组成部分,旅游者正是通过参与此类活动达到疏解压力、放松心情的目的。为了加强对娱乐场所的管理,保障娱乐场所的健康发展,2006 年 1 月 18 日国务院第 122 次常务会议通过新的《娱乐场所管理条例》,自 2006 年 3 月 1 日起施行。1999 年 3 月 26 日国务院发布的《娱乐场所管理条例》同时废止。法规规定了设立条件、经营的范围和要求、监督管理部门,以及违反条例的法律责任等内容。《娱乐场所管理条例》的出台,加强了对娱乐场所的管理,丰富了人民群众文明、健康的娱乐生活,也减少了一些低俗旅游活动现象的发生,有利于社会主义精神文明建设。

国家旅游局还颁布了《旅游安全管理暂行办法》及其实施细则,《旅游景区质量等级评定管理办法》《旅游投诉处理办法》等相关行政规章。

（三）相关法律、司法解释

由于旅游业具有综合性的属性,我国颁布的许多部门法和单行法都和旅游产业密切相关。它们也是我国旅游法律体系中不可或缺的内容。这些相关的法律、法规主要包括:《合同法》(1999 年)、《保险法》、《外国人入境、出境管理法》(1985 年)、《出境入境管理法》(2012 年)、《反不正当竞争法》(1993 年)、《消费者权益保护法》(1993 年)、《民用航空法》(1995 年)、《铁路法》(1991 年)、《文物保护法》(2002 年)、《环境保护法》(1989 年)、知识产权法等。最高人民法院还专门就审理旅游纠纷案件颁布了《最高人民法院关于审理旅游纠纷案件适用法律若干问题的规定》,自 2010 年 11 月 1 日起施行。

（四）国际条约、国际惯例

随着收入水平的提高和交通工具的发达,外国人入境、中国人出境已十分频繁,地区与地区、国家与国家间旅游业务往来也越来越频繁,我国政府也积极地加入和缔结了一系列旅游方面的国际条约,如旨在推动世界旅游发展和合作的世界旅游领域纲领性文件《马尼拉宣言》等。《马尼拉宣言》明确强调:"旅游也是人类社会的基本需要之一","旅游应是人人享有的权利","旅游是人们的一种积极休息,能够强烈而深刻地表达人的本性"。其他相关的国际法律有《统一国际航空运输某些规则的公约》《关于旅游合同的国际协定》《旅游权利法案》等。再有就是国际旅游惯例,如在国际旅馆中的客房预订规则等。

二、地方层面的立法现状

地方旅游立法主要是指省、自治区、直辖市、省会城市或较大市人大及其常委会制定的地方性法规和省、自治区、直辖市、省会城市或较大市人民政府制定的地方政府规章两大类。1995 年 6 月,海南省第一届人大批准的《海南省旅游管理条例》开创了我国地方旅游立法的先河。目前我国内地 31 个省区市中,除天津市没有制定地方性法规外,其余 30 个省区市都出台了旅游地方性法规。天津市人民政府以地方政府规章的形式发布了《天津市旅游业管理办法》。部分省会城市或较大市如杭州、济南、武汉、广州、成都、沈阳等城市也制定了地方性法规。

宁波,作为具有相关立法权的较大市,市人大、市政府根据本市的具体情况,陆续发布了与旅游相关的地方性法规、规章。结合浙江省人大、省政府颁布的相关地方性法规和规章,目前影响比较大的有:《浙江省旅游管理条例》《浙江省旅行社管理办法》《浙江省旅馆业治安管理办法实施细则》《浙江省导游人员管理办法》《宁波市旅游业管理办法》《宁波市文物保护点保护条例》《宁波市文物保护点保护条例》《宁波市慈城古县城保护条例》《宁波东钱湖旅游度假区条例》等。最值得关注的是《宁波市旅游景区条例》已于 2010 年 12 月 25 日经浙江省第十一届人民代表大会常务委员会第二十一次会议批准,宁波市人民代表大会常务委员会公告颁布,于 2011 年 5 月 1 日起施行。《宁波市旅游景区条例》是我国目前首部对旅游景区活动进行综合管理的地方法律规范,为宁波市依法治旅进行了有益的探索,也为其他城市旅游立法等提供了有益的借鉴。

除此之外,宁波市政府在未来的几年中,还计划制定针对旅行社、导游服务公司、宾馆饭店、游客集散中心、旅游区(点)经营单位、网络旅游经营机构管理办法,明确旅游者、旅游经营者、当地居民在旅游活动中应当承担的责任义务以及享有的权利。对于暂时没有行业标准的服务领域,宁波市相关行政管理部门计划制定地方标准,并组织实施;旅游经营者提供的产品、服务和设施,有强制性标准的,必须符合强制性标准;根据国家有关法规,从严制定旅游资源开发的保护条例。而之所以后面几个重要内容仅仅是计划,与国家没有旅游基本法,没有统一的计划管理是分不开的。在没有上位法指导的情况下,下位法的制定和实施都有一定的困难。

第三节　宁波旅游文化产业的立法存在的问题

一、国家层面的立法问题

(一)总体评价

虽然我国旅游法律法规的建设已初具规模,相关法律已涉及旅游的方方面面,但由于《旅游法》虽然已经出台,尚未实施,对比国外立法、实践经验,在以下几个方面仍存在问题。

1. 法律制度建设整体水平比较低

世界经济论坛每两年发布一次全球旅游业竞争力排行榜(The Travel & Tourism Competitiveness Report),评价各经济体如何以政策配合旅游业,以及各方面在旅游发展上的优势。在 2013 年有关全球旅游竞争力报告中,对 140 个国家和地区在 2012 年政策、环境、安全性、卫生、旅游业优次、航空基建、旅游业基建、价格竞争力、人力资源、天然资源、文化遗产等 14 项指标给予评分。中国综合排名位于第 45 名[①],但各指标的竞争力水平并不均衡,规章制度这个指标在全球是第 97 名,明显滞后,与

---

① 2011 年中国排名上升至第 39 名,但 2013 年数据显示又下跌为第 45 名。

中国旅游业的发展不相称。[①] 我国受传统管理模式的制约和影响,对行业立法习惯于重视调整纵向法律关系的规制,而不太重视调整横向法律关系的规制,直接导致现行旅游法规主要是管理法,而解决横向法律关系的法规长期缺位,法律规范的"需求和供给"矛盾突出。旅游活动中频繁的旅游纠纷没有相应的法律规定:如没有专门旅游合同、住宿合同的规定,也没有旅游企业免责或限额赔偿的规定,更没有精神损失赔偿的规定。一旦发生旅游者与旅游经营者的纠纷,目前只能用《民法通则》《合同法》和《消费者权益保护法》等一般性法律来处理,在处理旅游的特殊法律关系时有一定的局限性,导致司法处理争议不断,严重影响旅游业的健康发展。

2. 旅游基本法长期缺失

20 世纪五六十年代。一些旅游发达国家正式提出"旅游法"这一概念,旅游法作为一个新兴的法律部门在旅游发达国家应运而生了。目前,世界上已有 60 多个国家颁布了旅游基本法。我国曾于 1981 年和 1990 年两次启动《旅游法》的起草工作,直到 2012 年的 4 月 25 日第十二届全国人民代表大会常务委员会第二次会议才审议通过,2013 年 10 月 1 日起施行。随着旅游经济的日益发展,人们都认识到了制定统一的旅游基本法刻不容缓。旅游基本法带来的各种效应是无法估量的。日本于 1963 年制定了《日本旅游基本法》,在该"旅游法规的母法"带领下,形成了由旅游基本法、旅游专门法规、旅游相关法规组成的完整的旅游法规体系,涉及旅行社业、翻译导游业、旅馆业、娱乐业、交通运输业、食品业,甚至还涉及城市规划、国土的利用、自然环境保护、文化资源保护、人员的出入境手续以及旅游业与地图经济发展等方方面面。据不完全统计,日本的旅游相关法规共有 76 项之多。旅游基本法带来了日本旅游的持续发展,至今已 40 多年,虽几经修改,还一直在指导、规范、促进、发展旅游业。可见,旅游基本法的制定有十分深刻的现实意义和历史意义。

3. 立法长期停留在部门立法

旅游业是一个跨部门多、牵涉面广、受制约因素多的产业,涵盖交

---

① The Travel & Tourism Competitiveness Report. http://www.weforum.org/reports/travel-tourism-competitiveness-report-2013. 2013-08-05。

通、游览、住宿、餐饮、购物、娱乐 6 大行业,涉及 20 多个管理部门。而旅游管理部门只能着力于自己管辖的旅行社、导游立法上,是所有行业管理部门中最虚弱的部门。由于缺乏综合性的旅游基本法,当前相关的法规也没有其内在的统一性,部门自己创设权利、规避义务的现象屡见不鲜,同时这一现象也阻碍了旅游基本法的出台。从国外旅游立法的实践以及旅游基本法的地位和作用来看,旅游立法绝不是某一个或某些部门争权夺利的活动,而是推进和规范旅游业乃至整个社会经济健康发展的法律。旅游立法应该是经济法、社会法、民法、行政法的结合,应当是社会立法而不是行业立法。旅游立法的主体应该是开放的,要摆脱部门主导的立法模式。这样就会大大减少部门的权力之争、利益之争,降低旅游立法和执法的难度。

4. 立法观念滞后

旅游基本法立法几次受阻,其主要原因在于一直纠缠于如何周全地论证旅游法成为一个独立的部门法,如何界定旅游管理部门的权限,如何清晰而严密地界定旅游法的调整对象,引起了我国法律学界不必要的争议。这种做法实际上是大陆法系部门法概念和思维的产物。从英美立法实践看,应当从法律基本功能的角度来探讨立法的必要性和调整范围,过分强调对象的独立性、唯一性的观念应该适时予以抛弃。英国、美国并没有受上述"难题"的限制,它们早已制定和实施了旅游基本法,并已在实践中取得了良好的效果。中国社会科学院旅游研究中心召开的《2009 年旅游绿皮书》新闻发布会上,中国社科院旅游研究中心副主任刘德谦提出,中国的旅游立法必须寻求新思路。刘德谦认为,造成我国旅游基本法迟迟不能出台的主要原因在于此前的旅游立法思路不十分清晰,他提出中国旅游法应该定位于是社会立法而不是行业立法,是协调法而不是管理法,要制定一个跨多种行业的大法,只有这样中国旅游业才能得到更好的规范,从而得以更好地发展。

(二)旅游基本法存在的问题

旅游基本法刚刚出台,所以笔者难以对具体实践效果做一评判,但在对比外国旅游立法、研究学者对《草案》相关评论的基础上,笔者仅对旅游基本法做一简单分析。

1. 立法宗旨较狭隘

《旅游法》第一条规定了立法宗旨"为保障旅游者和旅游经营者的合法权益,规范旅游市场秩序,保护和合理利用旅游资源,促进旅游业持续健康发展,制定本法"。对比 2007 年的《美国旅游促进法》和 2006 年修订的《日本旅游观光立国推进基本法》,都将旅游业的发展提高到为国民创造幸福生活环境、满足国民日益增长的需要的高度。日本《旅游基本法》第一条规定国家旅游政策的目标为"鉴于旅游能在改进国际收支,促进与外国的经济文化交流、增进国民的健康、鼓舞劳动热情以及提高教养上做贡献,采取促进外国旅游者来访、确保……对此有助于增进国际友好,发展国民经济及促进国民生活的安定,并可促使地区差别的改进"。对比日本的旅游法,我国旅游法的宗旨主要包括市场规范、权益保障和旅游促进三大方面内容,缺少促进与外国的经济文化交流、增进国际友好、促进国民生活的安定。而这些立法宗旨恰恰是旅游文化属性、精神内涵的反映。可见,我国的旅游立法仍强调经济属性,而忽视旅游的文化属性,立法宗旨过于狭隘。

2. 没有明确"旅游"概念

《旅游法》第二条规定:"在中华人民共和国境内的和在中华人民共和国境内组织到境外的游览、度假、休闲等形式的旅游活动以及为旅游活动提供相关服务的经营活动,适用本法。"该法条并没有给旅游下定义,仍用旅游活动来替代,只是列举了游览、度假、休闲等旅游活动的方式。反观《旅游法(草案)》第二条规定:"中华人民共和国境内的旅游与旅游经营活动,包括在境内组织的出境旅游经营活动,适用本法。本法所称旅游,是指自然人为休闲、娱乐、游览、度假、探亲访友、就医疗养、购物、参加会议或从事经济、文化、体育、宗教活动,离开常住地到其他地方,连续停留时间不超过 12 个月,并且主要目的不是通过从事的活动获取报酬的行为。"最终旅游法中没有对旅游这个基本概念予以界定,可能与草案征集意见时,各方面专家学者有不同意见,对旅游概念难以达成一致意见有关。《旅游法》在最后附则的第一百一十一条对其他基本用语都予以明确规定,如旅游经营者、景区、包价旅游合同等概念,唯独缺少最重要的"旅游",不能不说是《旅游法》作为基本法的一大遗憾。

3. 部分条款需要进一步具体化

(1)对旅游监管的规范应当予以具体化。《旅游法》专章对旅游监管做了规定,得到了社会舆论的普遍好评。如果真能落实,对于解决我国长期存在的旅游部门与相关部门监管职责不清、旅游执法手段缺乏、旅游执法力量薄弱、旅游市场秩序长期失范等问题,具有极为重要的意义,但有些问题需要在立法中进一步加以明确。第八十三条规定:"县级以上人民政府旅游主管部门和有关部门依照本法和有关法律、法规的规定,在各自职责范围内对旅游市场实施监督管理。县级以上人民政府应当组织旅游主管部门、有关主管部门和工商行政管理、产品质量监督、交通等执法部门对相关旅游经营行为实施监督检查。"县级以上政府和有关部门应当如何分工明确、职责清晰地对旅游行业实施监管? 县级以上政府该如何协调可能涉及的各个主管部门实施监管? 如果缺乏各部门具体负责监管的主要内容和运作模式,那么该条规定的效果可能会落空。另外,对于旅游执法机构的执法地位和权限,由于县区以及旅游局有些在性质上仍然是事业单位,旅游执法人员属于事业编制,其执法主体资格不适格,因此基层旅游机关部门就难以有效地发挥监管职能。

(2)《旅游法》第八十二条第三款规定:"旅游者接受相关组织或者机构的救助后,应当支付应由个人承担的费用。"如果接受的是国家或者社会公共组织的救助,是否需要个人承担费用? 哪些属于个人承担费用的范围? 这与国家的公共服务是否矛盾?

(3)缺少政府责任的规定。《旅游法》"法律责任"一章主要的责任形式仍是行政责任,是旅游主管机关对旅游经营者及其从业人员的处罚责任。对旅游管理机关和人员缺少问责,只在第一百零九条规定:"旅游主管部门和有关部门的工作人员在履行监督管理职责中,滥用职权、玩忽职守、徇私舞弊,尚不构成犯罪的,依法给予处分。"这既不利于人民监督政府,也不利于法条的执行,只有权力而没有责任。

二、地方层面的立法问题

著名旅游经济和管理专家魏小安在《旅游强国之路》一书中提出:地方旅游法规是旅游基本法的基础。① 地方立法一方面在某种程度上填补了国家层面旅游立法的空白,另一方面也为国家层面的旅游立法做了有

---

① 魏小安、韩健民:《旅游强国之路》,中国旅游出版社 2003 年版,第 109 页。

益的探索和积累。与国家层面立法屡屡受阻相比,每个省都有了自己的地方立法。综合性强是地方旅游法规的一个突出特点。如《浙江省旅游管理条例》在第二章"旅游规划和保障"中就涉及国土、交通、环保、质量技术监督、新闻、教育、文化等多个部门,随后又规定了旅游合同、旅游者的权利和义务、旅游争端的解决方法等国家立法层面都没有的内容。同时,地方立法增加了国家立法在地方的适应性,细化了国家立法的可操作性。地方政府结合当地旅游业的发展状况,制定地方规章,对国家行政法规进行了细化,如浙江省政府发布的《浙江省旅行社管理办法》就是根据 2001 年国务院《旅行社管理条例》和《浙江省旅游管理条例》,结合浙江省实际制定的。

(一)综合性立法:《浙江省旅游管理条例》

由于我市尚未对旅游进行综合性的地方立法,而各个单项立法差异性较大,在处理综合性问题上具体执行《浙江省旅游管理条例》,因此,对于我市地方旅游立法存在的问题,在总体比较的基础上,主要就《浙江省旅游管理条例》展开分析。

1. 内容雷同、缺乏特色

对比国内其他地方的立法,旅游法规无论是文本结构、条款内容还是表述形式都差异不大,存在着过于雷同、缺乏特色等问题。以《浙江省旅游管理条例》为例,2000 年 12 月 28 日经浙江省第九届人民代表大会常务委员会第二十四次会议通过并施行,其共有 8 章内容,分别为总则、旅游规划与保障、旅游开发建设、旅游经营管理、旅游者的权利与义务、监督管理、法律责任和附则。首先,从法规名称上看,30 个省级地方法规共有 3 类名称:"旅游条例""旅游管理条例""旅游业管理条例"。2002 年以后制定的旅游法规大都称为"旅游条例",之前较多称为"管理条例"。名称的变化某种程度上反映了立法指导思想的变化,即从旅游管理法发展为旅游促进法。而"旅游业"的范围比"旅游"更广,不仅指规制旅游者的旅游活动,还涉及旅游产业体系中各主体之间的关系。其次,从章节名称上看,地方旅游法规都有"总则"以明宗旨、原则,而且内容大同小异。对比《北京市旅游管理条例》和《浙江省旅游管理条例》,后者就多了"改善旅游环境""持续、健康"几个字。92% 的地方旅游法规都立专章阐明旅游资源的保护与开发利用。一般规定保护和开发的原则、保护范围、各主管部门和有关企业以及旅游者相关的义务、责任。而旅游规划或者在"旅游资源保护与开发"一章中,或者立专章加以规定,比如浙江和北京都以专章规定。地方法规都有"旅游经营管理""旅游者的权利和义务"的相关规定,只是有些如浙江省单独立章,有些合并成一章,如在《上海市旅游条例》中称为"权益保护与经营规范"。100％的地方旅游法规都有"法律责任"一章,一般对旅游经营者、从业人员、行政管理人员规定了各自的法律责任。

2. 缺乏上位法引导,无法实现跨区域间的旅游合作

由于缺乏旅游基本法的约束和引导,地方性立法水平参差不齐。从立法体系上看,由于没有统一的立法标准,所以无法形成部门齐全、等级分明、结构严谨、内在协调的旅游法律体系。无法实现对整体旅游资源的整合,也不可能统一协调各地区之间的利益关系,更无法实现跨区域间的旅游合作。

3. 政府主导型的特征鲜明

与《上海市旅游条例》相比,浙江省法规政府主导型的特征更加鲜明。法律责任中也以行政责任为主,只有最后一条提到了民事和刑事责任,相形之下,上海规定的行政责任相当少。上海和北京都立专章"旅游促进"并直接作为第二章。从法条内容上看,上海的促进型条款多达16条,远高于北京,从编排顺序和名称上进一步体现了从旅游管理法向旅游促进法的转变。上海和北京的法规中都专设了"安全管理"一章。为使旅游者权益保障取得实效,就要加大旅游安全的风险防范,结合实际注重旅游交通安全、旅游食品卫生安全、旅游游乐场所设施设备安全、旅游住宿消防安全的监督检查和消防演练。2009年修改的《上海市旅游条例》新增关于旅游车船安全和旅游者意外险的条款,对旅游合同的规定也更加细化:针对实践中旅游纠纷较为集中的因航空、铁路、船舶等交通运营的延误、取消等原因影响行程的处理以及因不可抗力影响旅游合同履行的处理等事项,规定应当在合同中载明,以减少因合同约定不明而产生的旅游纠纷。而我省的法规中没有专门的"旅游促进"和"安全管理"的章节,相关内容也很少涉及。上述立法发展值得我市立法者和相关部门予以关注。

（二）专门性立法：《宁波市旅游景区条例》

旅游景区是旅游活动的核心和空间载体，是旅游系统中最重要的组成部分。观赏旅游景区是人们旅行的主要动机。[①] 从一定意义上可以说，整个旅游业都是依附于旅游景区而存在的。因此，旅游景区管理在整个旅游业管理中占据着非常重要的地位。综观宁波立法现状，会发现宁波立法偏爱景区，有多个专门性条例，甚至针对单个景区的条例。当然，最重要也是最具代表性的就是《宁波市旅游景区条例》。

以往我国旅游景区管理的具体法规大致主要针对 3 种景区资源命名：风景名胜区、自然保护区和文物古迹。[②] 如国务院颁布的《风景名胜区管理条例》《中华人民共和国自然保护区条例》，以及全国人大常委会通过的《中华人民共和国文物保护法》等。各省、市、自治区人大常委会或人民政府也先后颁布类似名称的相关地方性法规和规章。但直接以"旅游景区"命名的综合管理法律规范，尚属首例。《宁波市旅游景区条例》总则第二条规定："旅游景区是指以游览参观、休闲度假、康乐健身等活动为主要功能，具备相应旅游服务设施并提供旅游服务，有明确的经营管理者和地域范围的独立管理区。"从这个定义看，范围比上述的三种景区资源更广。

《宁波市旅游景区条例》共分为五章，分别为总则、规划与建设、经营与管理、法律责任和附则。笔者通过对部分具体条文的分析，做一简要评述。

1. 特色

（1）除上述条例名称属首创外，第四条特别强调了乡镇人民政府（街道办事处）在旅游主管部门指导下做好本辖区内旅游景区管理的有关工作。（2）第十一条第三款规定："旅游景区内的土地、森林等自然资源和房屋等财产的所有权人、使用权人、经营权人的合法权益受法律保护。因旅游景区建设对相关权利人造成损失的，应当依法给予补偿。"（3）在规划和建设部分还提出了旅游景区应当配备必要的供水、排水、供电、游

---

① 张凌云：《旅游景区景点管理》，第 2 版，旅游教育出版社 2004 年版，第 1 页。

② 杨富斌、韩阳：《我国旅游景区管理法制状况述评》，《北京第二外国语学院学报》2006 年第 1 期，第 3 页。

客服务中心、停车场、环境卫生、通讯、医疗、无障碍设施等配套服务设施,设置游览标识、引导系统,应当兼顾旅游发展需要,合理安排旅游景区至市(城)区的公交客运线路、设置公共停车场(站)以及交通引导标识牌等配套设施。进一步细化了景区服务的各项设施要求。(4)第二十六条还明确规定了旅游景区应当按照国家和省、市的规定,对六十周岁以上公民、残疾人、现役军人、教师、学生等特定对象实行门票减免。以上内容是对旅游景区具体要求的细化,保护了行政相对人或有利于游客的利益。

2. 存在问题

但对比《浙江省旅游管理条例》条款的相关内容,笔者发现仍存在以下问题。

(1)文本结构、条款内容和表述形式都差异不大。对比作为综合性上位法的《浙江省旅游管理条例》,《宁波市旅游景区条例》中许多条款都是对《浙江省旅游管理条例》中涉及旅游景区部分内容的照搬,甚至一字不差。将《浙江省旅游管理条例》章节名称中的"旅游规划与保障"、"旅游开发建设"合并为"规划与建设",删除了"旅游者的权利与义务""监督管理"两章。

(2)行政管理倾向更加明显,对平等关系主体之间的法律关系的规范严重不足。首先第一条规定了立法的宗旨"为规范旅游景区建设与管理,提升旅游景区品质和服务质量,维护旅游者和经营者的合法权益",对比《浙江省旅游管理条例》的宗旨"为保护和合理开发利用旅游资源,规范旅游市场秩序,改善旅游环境,保障旅游者和旅游经营者的合法权益,促进旅游业持续、健康发展",反而少了"保护和合理开发利用","促进旅游业持续、健康发展"等表述。

其次,上面提到条例删除了"旅游者的权利与义务""监督管理"两章,但其实部分内容还是保留在"经营与管理"章节当中。比如《宁波市旅游景区条例》第二十八条规定"旅游者游览旅游景区应当遵守有关法律、法规的规定和社会公德,保护旅游资源、环境和设施,遵守旅游景区安全、卫生等管理规定,禁止下列行为:(一)乱扔废弃物和倾倒垃圾;(二)攀折、刻划树木和采摘花卉;(三)在文物、景物上涂写、刻划、张贴;(四)携带兽类宠物进入景区;(五)从事封建迷信活动,行乞、酗酒滋事;

（六）擅自摆摊设点，兜售物品；（七）焚烧树叶、荒草、垃圾，在禁火区内吸烟、动用明火；（八）损毁景物、林木植被和公用设施；（九）捕猎野生动物；（十）损坏水域内各类水利设施；（十一）法律、法规禁止的其他行为。"这条其实是旅游者的义务，真正删除部分是旅游者的权利。但在《浙江省旅游管理条例》第三十六条中只规定了 6 种义务："（一）保护旅游资源和环境，爱护旅游设施；（二）尊重旅游地的宗教信仰和民族风俗习惯；（三）自觉遵守旅游秩序和社会公德；（四）遵守旅游景区景点依法制定的管理制度；（五）支付门票和其他有偿服务的费用；（六）法律、法规和规章规定的其他有关义务。"不难看出，多余的部分款项是对浙江省条例的细化，但是否真有必要细化到乱扔废弃物和倾倒垃圾，攀折、刻划树木和采摘花卉等一般意义上的不文明现象？虽然这些现象时有发生，但如何真正做到禁止？

最后，第五十一条规定："违反本条例规定，给旅游者造成人身、财产损害的，依法承担民事责任；构成犯罪的，依法追究刑事责任。"但在《宁波市旅游景区条例》对旅游者没有任何提及，第三十三条规定"旅游主管部门和其他有关部门及其工作人员违反本条例，在旅游景区监督管理工作中滥用职权、玩忽职守、徇私舞弊的，由有权机关责令改正，对直接负责的主管人员和其他直接责任人员依法给予行政处分；构成犯罪的，依法追究刑事责任。"对比这两条，发现民事责任完全没有了，刑事责任的主体只限于旅游主管部门和其他有关部门及其工作人员。

（3）立法技术上漏洞较大，部分条款难以真正执行。由于有关旅游景区管理的一些高位阶的、重要的法律规范缺位，纠纷解决缺乏依据，为了防止和上位法可能产生的冲突，下位法也难以规定得十分明确。这样便导致旅游景区管理者面对一些现实纠纷束手无策，甚至求助于司法机关也无济于事。《宁波市旅游景区条例》部分条款表述有漏洞，特别是涉及"赔偿""补偿"这样的表述，没有金额上下限的具体规定，纠纷一旦产生，恐怕无法依此法条顺利解决。如针对上述第二十八条，旅游者的义务，《宁波市旅游景区条例》相对应地规定了法律责任，即第三十一条："旅游者违反本条例第二十八条规定的，旅游景区的经营管理者应当及时劝阻、制止，要求行为人及时改正；行为人拒不改正或者情节严重的，应当及时通知有关部门依法予以处理；因违法行为造成旅游设施等财产损害的,行为人应当依法承担赔偿责任。"有义务,有责任,看起来非常合理,上面也提到第二十八条的义务过于细化,而第三十一条的责任,后半部分涉及行政和民事责任,要依据相关法律来判定是否承担责任,前半部分主要是劝阻、制止,效果甚微。比如刻划树木,如果已经完成刻划,如何要求行为人改正? 如果要求行为人承担赔偿责任,具体赔偿的数额该如何确定? 对于这些小数额财产侵权、不文明行为或危险行为,当无法找到其他法律依据时,应该在法条中对赔偿的数额进行一个范围的限定,从而保护双方当事人的利益,有利于纠纷的解决。

第四节　完善宁波文化旅游业法制保障的对策建议

上至国家层面最新的《旅游法》,下至《浙江省旅游管理条例》《宁波市旅游景区条例》,都存在一些类似的问题需要进一步加以完善。笔者先就旅游立法的共性问题提出完善建议,最后就地方立法的特殊性加以探讨,以期将来宁波市人大或政府自己制定或修订相关立法时可以注意和参考。

一、转变为以人为本的旅游法理念

(一)淡化行政管理色彩,以促进理念为主

如上文所述,上海和北京都立专章"旅游促进"和"安全管理"。河南省、广西壮族自治区、宁夏回族自治区、重庆市、福建省、湖南省、陕西省也都专门设置了"旅游安全"章节。《旅游法》更是在多处体现了"以人为本、安全第一"的立法宗旨。"旅游安全"应该越来越引起立法者的注意,它的设立正反映了和谐社会背景下的"人本"思想理念在旅游立法中的体现。宁波地方立法也应该抓住旅游活动的特点、旅游者身份的特殊性,强化"促进"的内容。从重视资源开发与保护逐渐转为重视促进与发展再到旅游安全中人本思想的体现。比如旅游者很需要信息的透明,所以要强调知情权;比如旅游活动通常在异地,所以要强调救济权。每一项权利提出时,要有充分的理论必要性和实践必要性。在调整对象、权利义务、法律责任等方面应规定得更为具体,更具可操作性。如在法律责任方面,所有旅游法律法规都存在重行政责任、轻民事责任,缺乏对行政管理人员的责任追究制,缺乏对刑事责任的具体规定等问题。

(二)进一步提升旅游法理念,克服单纯经济属性

杨富斌总结国外旅游法宗旨,认为包括以下内容:一是为了促进本国旅游业的健康发展;二是为了提高本国企业在国际旅游市场的综合竞争力,保持国际收支平衡;三是为了保护旅游者的合法权益;四是为了促进本国国民和其他游客的健康文化生活;五是为了促进世界和平,增加各个民族之间的相互了解与信任。[①] 而纵观相关国家和地方旅游立法,宗旨主要包括四方面:一是保护旅游者和经营者的合法权益;二是维护旅游市场秩序;三是合理开发、利用旅游资源;四是促进旅游业发展。对比发达国家的旅游立法,可以发现我国的旅游立法重点仍然是强调旅游的经济属性,从上到下体现出较强的管理色彩,而忽视旅游本身的精神和文化因素。旅游的本质是什么? 其实本章一开始就提出文化才是旅游资源的主要内涵,外出旅游的动机和目的在于获得精神上的享受和心理上的满足,旅游的主要目的之一便是体验异乡风情,了解异地文化。因此,旅游的本质是满足人的精神需求的一种文化现象,旅游的经济属性是其文化属性的附属物。[②] 一国立法所体现的对旅游活动的态度,较大程度上反映了整个社会对于旅游价值的理解。就此可以理解为什么有人形容中国式的旅游为"下车拍照,上车睡觉",快餐式的旅游不但不能获得精神上的享受和心理上的满足,反而被层出不穷的强迫购物、自费项目、离谱的景区门票搞得身心疲惫、身无分文。以旅游者为本的思想理念应成为我国旅游法的立法宗旨和法律基本价值追求。[③] 因此,需要转变旅游单纯经济属性的狭隘视角,发展重视和发掘旅游文化、精神属性的多元视角,以保障旅游者愉快心理体验和感受为根本点。

---

①　杨富斌:《外国旅游立法对我国的启示》,《观察》2007 年第 4 期,第 57 页。

②　杨晓红、杨国良:《从理念到制度——我国旅游法研究综述》,《河北法学》2012 年第 1 期,第 145 页。

③　宋云博:《我国旅游法之"人本"考察》,《时代法学》2009 年第 4 期,第 67 页。

二、完成立法上的衔接和细化

(一)做好与《旅游法》的衔接工作

在《旅游法》颁布前,综合性的、专门性的各层级行政法规、行政规章层出不穷,地方各级省市基本都颁布了各自的旅游法规和规章。《旅游法》出台,面临的一个大问题就是这些大量的下位法与新法的衔接问题。这与以往其他法律自上而下的立法方式有所区别。所以需要认真研究《旅游法》,及时调整下位法,从规范到技术方面进行整合,从而避免和上位法的冲突。《旅游法》颁布后,各级国家相关部门要对旅游法相关制度全面理解、深入研究,明确制度落地空间,对需要"立、改、废"的法规制度全面梳理。国家旅游局需对现行的旅游行政法规、地方法规和规章、规范进行对照检查,启动对《旅行社条例》《导游人员管理条例》和《中国公民出国旅游管理办法》的修订工作,抓紧修订《旅行社服务质量赔偿标准》和国内、出境、"一日游"等合同范本以及其他规范性文件的"立改废"工作,各地方也要抓紧做好地方性法规规章的"立改废"工作。

(二)进一步细化相关规定

同时,对需要进一步细化的,如旅游规划、旅游监管等规定,严格按照《旅游法》的相关规定,由各级主管部门尽快制定出配套的具体实施措施。

1. 在旅游规划方面

旅游发展规划是指导和协调旅游产业健康、有序、可持续发展的重要工具,制定旅游发展规划是地区发展旅游产业的必要先行工作,必须有相应的条款把"保护和合理利用旅游资源,促进旅游业持续健康发展"的宗旨具体化,通过相应的规范来落实旅游资源的保护和利用。《旅游法》规定由各级人民政府组织编制旅游发展规划;对跨行政区域旅游资源进行利用时应当由上级人民政府组织编制或者由相关地方人民政府协商编制统一的旅游发展规划;对特定区域内的旅游项目、设施和服务功能配套提出专门要求;应与土地利用总体规划、城乡规划、环境保护规划以及其他自然资源和文物等人文资源的保护和利用规划相衔接。国家信息中心旅游研究中心主任、全国旅游职业教育教学指导委员会副主任、北京交通大学教授、博士生导师石培华建议加快建立旅游规划编制和评价体系，抓紧研究制定《旅游规划评估实施办法》，加快完善旅游规划技术标准体系，提出"1＋5"模式，即一个《旅游发展规划管理办法》，和《旅游发展规划编制管理办法》《旅游发展规划质量管理办法》《旅游发展规划编制单位资质管理办法》《旅游规划设计人员管理办法》《注册旅游规划师管理办法》五个系列实施细则。①

2. 在旅游监管方面

（1）进一步明确"部门分工负责的旅游市场监管工作机制"的主要内容和运作模式。国家旅游局副局长杜江指出应"加快建立政府牵头、部门分工的旅游市场综合监管机制"②。综合监管机制应包括六方面内容：一是政府牵头、部门分工负责的监管机制。之所以要把这个放在第一条，因为这是建立旅游市场综合监管机制的基础和基石。如果没有一个政府牵头、部门责任清晰划分、按职责明确到相关部门的制度，很难使旅游市场监管工作落到实处。借助《旅游法》，当前最主要的是要理清责任，把责任非常清晰地划分到职能部门，并且作为各部门的日常职责固化下来，这是旅游市场秩序根本好转、执法责任清晰的基础。二是建立常态化旅游联合执法机制。目前，一些地方旅游联合执法机制还只是作为一项非常态的执法机制。这种方式在黄金周和节假日采取运动式、活动式、集中式的联合执法，可能是有效果的，但就长期的、日常的监管来讲效果就不明显。加强旅游市场监管和规范市场秩序的出路，在于理清各部门的责任，辅之以常态化的联合执法机制。运动式的联合执法方式，只能管得了一时，管不了长久。三是旅游投诉统一受理机制。最近几年很多城市在这方面都进行了有益探索，比如青岛建立了统一受理各类旅游投诉的平台，由市政府授权这个平台对旅游投诉进行转办分办，是哪个部门的就由哪个部门办理，未限期办结的，由市政府督办问责。《旅游法》明确提出要建立或指定统一的旅游投诉受理机构，目的就是要

① 石培华：《建议加快建立旅游规划编制和评价体系》，http://travel.people.com.cn/n/2013/0509/c41570-21420705.html.2013-08-08。

② 杜江：《贯彻实施〈旅游法〉关键在履职尽责》，http://www.huaxia.com/ly/lyzx/2013/07/3447785.html.2013-08-08。

解决投诉渠道不畅通、互相推诿、拖延扯皮等问题。四是旅游违法信息共享机制。五是跨部门跨地区督办机制。六是监督检查情况公布机制。这六项工作机制,构成了旅游市场综合监管机制的主要内容。

（2）对一些具体条款,如景区门票定价机制,应制定相关配套细则来严格规范定价程序,包括有关门票提价听证会的设置,是不是应该明确参会人员中普通民众的最小比例,以防止有些听证会被操纵,以听证之名,行涨价之实。如果景区没有进行听证或没有提前6个月公布提高的价格,其法律后果是什么? 景区是否需要承担相应的法律责任? 笔者能够找到的相对应法律责任为《旅游法》第一百〇六条:"景区违反本法规定,擅自提高门票或者另行收费项目的价格,或者有其他价格违法行为的,由有关主管部门依照有关法律、法规的规定处罚。"另外,旅游法对旅行社在旅游经营、旅游服务合同、旅游安全等方面做出了不少规定,但安全告知的内容和范围、程度需要界定到何种地步,需要相应配套文件细化。关于旅行社指定购物的问题,目前法律规定不允许指定购物,但又说明如果双方协商一致可以安排,"那么'指定购物'和'合同中协商一致'的约定到底如何界定"? 没有具体法律责任的相关规定,监管就会流于形式。

三、严格执法,建立问责制

"会立、会改、会废"是基础,"改后能用、立后能行、行之有效"是目标。[①] 现在已经有法可依了,接下来需要明确的是如何有法必依、执法必严、违法必究。当按照《旅游法》的相关规定完成各类技术标准、实施细则、管理办法并建立旅游市场综合监管机制后,下一个任务的重点就是如何真正有效执行旅游法的相关规定,使旅游法切实有效地运作起来。

首先,明确并细化政府的义务,增加政府的责任条款,特别是明确问责制度,使依法问责有根有据。上文提到县级旅游局有些在性质上仍然是事业单位,旅游执法人员属于事业编制,其执法主体资格不适格,因此基层旅游机关部门就难以有效地发挥监管职能。事业单位分类改革正

---

① 杜江:《贯彻实施〈旅游法〉关键在履职尽责》,http://www.huaxia.com/lylyzx2013/07/3447785.html.2013-08-08。

在深入推进,旅游部门可以利用旅游法出台的契机,积极争取人事、编制、财政等部门的支持,争取实现明确性质职能、巩固执法地位、增强队伍力量、改善工作条件的目标。但同时,权利应与义务对等,建立相应的问责制,明确执法不严、违法不究的法律后果,这样才更有利于旅游法的实施。《旅游法》的"法律责任"一章共有十六条,其中七条是旅行社的行政责任,两条是导游的行政责任,两条是景区的行政责任,三条是经营者的行政责任,一条是刑事责任,一条是旅游主管部门及其工作人员的内部处分,具体的处分方式也没有规定在旅游法当中。根据《中华人民共和国行政处罚法》《中华人民共和国行政强制法》《中华人民共和国旅游法》及有关法律、法规,制定的《旅游行政处罚办法》已经于 2013 年 2 月 27 日国家旅游局第 3 次局长办公会议审议通过,自 2013 年 10 月 1 日起施行,规定了旅游行政处罚具体的种类、管辖、适用、一般程序、执行、监督等。笔者在监督部分,能找到与问责制相关的法条为:第七十九条:"各级旅游主管部门应当建立健全对案件承办机构和执法人员旅游行政处罚工作的投诉、举报制度,并公布投诉、举报电话。受理投诉、举报的机构应当按照信访、纪检等有关规定对投诉、举报内容核查处理或者责成有关机构核查处理,并将处理结果通知投诉、举报人。受理举报、投诉的部门应当为举报、投诉人保密。"第八十条:"各级旅游主管部门可以采取组织考评、个人自我考评和互查互评相结合,案卷评查和听取行政相对人意见相结合,日常评议考核和年度评议考核相结合的方法,对本部门案件承办机构和执法人员的行政处罚工作进行评议考核。"第八十一条,对不依法履行行政执法职责、滥用职权、徇私舞弊和有其他失职、渎职行为的旅游行政执法人员,由任免机关、监察机关依法给予行政处分;构成犯罪的,依法追究刑事责任。个人以为,上述条款缺乏新意,也没有建立真正的问责制。

其次,严格执法同时,管理机关也要正确处理好服务企业与依法监管的关系。一方面,各级政府部门,特别是旅游管理机关要不断强化服务意识,努力为企业发展提供政策服务和行政服务,帮助企业解决实际问题;另一方面,严格执法,为企业的发展提供良好的市场环境。国务院副总理汪洋在宣传贯彻《旅游法》电视电话会议上指出,治乱必用重典,《旅游法》就是可用的重典。我们要勇于承认旅游市场还存在很多问题,很多顽疾多年没有得到有效解决。对企业来讲,公平的市场环境非常重要,对非法企业的依法惩处就是对守法企业的最好服务。所以《旅游法》实施后,各地要抓住一些重点环节、重点问题、重点对象,对恶意干扰经营、扰乱旅游市场秩序的企业及从业人员施以重拳,使旅游市场秩序能有根本好转。

四、做好与国际通行规则的衔接,加强国家间的交流合作

目前我国旅游景区管理的立法大多关注于管理与被管理的上下级关系,重公法领域的立法而轻私法。这种状态与国际要求和标准相差甚远。市场经济是法制经济,市场主体需要依法从事经营活动。在旅游景区管理的过程中,除了纵向的法律关系之外,大量的是横向的法律关系,这与我国景区管理方面的立法现状之间不可避免地产生了严重的矛盾。此外,在我国旅游景区管理活动中,存在着政府、企业习惯于用内部文件或者政策代替法律法规的现象,这都与先进国家的相关立法及 WTO 的要求存在较大距离。旅游业作为国际服务贸易的重要组成部分,随着出入境旅游人数的急剧增长,中国的旅游立法应具国际化,制定与 WTO《服务贸易总协定》和国际惯例相一致的法律法规,同时加强国家间的信息交流与合作,共享良好的旅游资源和平台。

五、加大《旅游法》的宣传工作

在《旅游法》实施之前大力开展普法宣贯活动,让旅游企业及从业人员、旅游消费者更多地了解《旅游法》。各级政府应加大在报纸、网络等媒体上开设专栏推进文明旅游宣传的力度,可在主要口岸机场出港大厅制作、摆放文明旅游公益广告灯箱和文明旅游宣传册,加强旅行社行前说明会制度和对导游、领队文明旅游教育、培训工作力度,部署重点地区、重点城市旅游局开展文明旅游宣传活动等。同时,将文明旅游纳入"道德领域突出问题专项教育和治理活动""讲文明树新风"等活动中,组织修订《中国公民国内旅游文明公约》《中国公民出境旅游文明行为指南》等。

六、地方法规规章应具有地方性和新颖性

实践表明,没有强健的旅游法制,就不会有有序的市场环境,就不可

能进入世界公认的旅游发达国家行列。要加强和完善旅游立法,首先要协调国家和地方的立法关系。其次,完善地方立法就必须立足本地具体情况和实际需要,要符合地方旅游业的实际,坚持地方特色。作为具有立法权限的宁波地方人大和政府,除了在立法阶段要转变旅游立法理念,严格对照《旅游法》对已有的地方性法规规章进行及时的补充和修订、做好本地区旅游发展规划的编制工作外,还需在执法阶段积极配合上级机关和其他地区同级机关建立旅游市场综合监管机制,特别是旅游违法信息共享机制和跨部门跨地区督办机制。宁波市旅游局在《2012 年度工作完成情况和 2013 年度工作安排》中指出加强旅游市场监管,要以全市旅游系统参公契机,切实配好配强旅游质监人员,加强旅游执法和投诉处理培训,提升质监队伍的综合素质和工作能力,为《旅游法》的贯彻实施创造条件,营造氛围。建立完善旅游综合执法机制和旅游违法行为查处信息共享机制,健全旅游市场依法准入退出机制,进一步畅通旅游投诉渠道,规范旅游市场秩序。

如上文所述,旅游法规无论是文本结构、条款内容还是表述形式都差异不大,存在着过于雷同、缺乏特色等问题。由于各地方存在区位差异、资源差异、旅游发展阶段差异,这必然要求各地方根据自身特点和实际需要制定出符合本地区发展的更具可操作性的综合性法规。如《吉林省旅游条例》中就有专门对"边境旅游"的规定,这恰恰是根据本地区独特区位特点制定的。结合宁波本地特色,可对"海洋旅游"做专门规定,以有序发展海滨、海岛休闲度假、邮轮游艇旅游。另外,宁波的智慧旅游项目也极具特色,已基本建成宁波旅游商务网络平台、宁波旅游服务热线、以"阿拉旅行卡"为载体的宁波旅游支付体系、宁波旅游公众信息查询体系、行业管理系统以及网络营销体系等一系列智慧旅游项目。如象山县建立了宁波市首个"智慧旅游体验馆",奉化市发布了辖区智慧旅游手绘地图,一批"智慧景区""智慧旅行社"也不断涌现。2012 年,宁波市被国家旅游局确定为国家智慧旅游试点城市,溪口景区入选首批 22 家"全国智慧旅游景区试点单位"。借助宁波市列入国家智慧旅游试点城市的东风,在构建智慧旅游一站式综合服务平台,搭建"智慧景区、智慧饭店、智慧导游、智慧交通、智能支付、虚拟体验"六位一体的智慧旅游平台的同时,必须注意到平台相关权利义务及纠纷处理模式与传统经营模式截然不同。因此宁波地方旅游法中也应该对智慧旅游相关的旅游信息服务、电子旅游等内容做出规定，以便于纠纷的解决。如《上海市旅游条例》就专门对网络旅游经营者做了规定。

对于旅游出现的新变化要及时修订补充，最好能有一定的前瞻性。如对近年来大量出现的自助游、自驾游旅游者，旅游法的相关条文也要界定和规范。另外，将旅游购物、旅游娱乐、旅游金融、保险、房地产等支持行业的规范纳入旅游法也是一种趋势。

第七章　宁波市创意设计业发展
法制保障问题研究

　　党的十八大报告明确指出，文化是民族的血脉，是人民的精神家园。全面建成小康社会，必须依靠社会主义文化大发展大繁荣，兴起建设社会主义文化的新高潮，着力提高国家文化软实力，发挥文化引领风尚、教育人民、服务社会、推动发展的作用。十八大报告中还强调，文化实力和竞争力是国家富强、民族振兴的重要标志。要推动文化事业全面繁荣、文化产业快速发展，到 2020 年全面建成小康社会，文化产业成为国民经济支柱性产业。[①] 自此，文化产业进入快速发展的新阶段。根据国家统计局"统计标准——文化及相关产业分类（2012）"[②]，文化产业主要分为七类（不包括辅助类和延伸类文化产业，见表 7-1）。

---

　　①　胡锦涛：《坚定不移沿着中国特色社会主义道路前进　为全面建成小康社会而奋斗——在中国共产党第十八次全国代表大会上的报告》，2012 年 11 月 8 日。
　　②　2013 年 6 月 14 日引自国家统计局：《统计标准——文化及相关产业分类（2012）》，http://www.stats.gov.cn/tjbz/t20120731_402823100.html。

表 7-1　文化产业分类

文化产业基本分类	一、新闻出版发行服务 （一）新闻服务 （二）出版服务 （三）发行服务
	二、广播电视电影服务 （一）广播电视服务 （二）电影和影视录音服务
	三、文化艺术服务 （一）文艺创作与表演服务 （二）图书馆与档案馆服务 （三）文化遗产保护服务 （四）群众文化服务 （五）文化研究和社团服务 （六）文化艺术培训服务 （七）其他文化艺术服务
	四、文化信息传输服务 （一）互联网信息服务 （二）增值电信服务（文化部分） （三）广播电视传输服务
	五、文化创意和设计服务 （一）广告服务 （二）文化软件服务 （三）建筑设计服务 （四）专业设计服务
	六、文化休闲娱乐服务 （一）景区游览服务 （二）娱乐休闲服务 （三）摄影扩印服务
	七、工艺美术品的生产 （一）工艺美术品的制造 （二）园林、陈设艺术及其他陶瓷制品的制造 （三）工艺美术品的销售

　　从表 7-1 可以看出，文化创意和设计服务，即本书所研究的对象——创意设计，是文化产业的七大基本类别之一，其细分之下的广告服务、文化软件服务、建筑设计服务、专业设计服务等作为创意设计的载体，为第二产业工业的发展提供重要的辅助支撑作用，是典型的生产性服务业。

因此,创意设计以其独特的产业性质和特征,呈现出高增值性、知识性、技术性、关联性、信用性、资源集约化等特点,发展空间较大,同时也为相关产业带来了新一轮的发展契机。

创意设计是文化产业中最具创造性和先导性的部分,也是文化产业中对高科技手段依赖最强,需求最为迫切的组成部分。著名经济学家罗默曾指出,新的创意会衍生出无穷的新产品、新市场和创造财富的新机会,所以新创意才是推动一国经济成长的原动力。[1] 创意经济的先驱——美籍奥地利经济史及经济思想家熊彼特,早在 1912 年,就明确指出现代经济发展的根本动力不是资本和劳动力,而是创新,而创新的关键就是知识和信息的生产、传播、使用。[2] 创意设计产生于创意经济发展到一定阶段,市场化和专业化程度较高,文化产业各门类逐步成熟并从母体剥离之后。这种成熟后的剥离,不仅有利于传统产业突破束缚扩大创新空间,也有利于创意设计业为其他行业提高附加值。[3]

第一节　创意设计业发展概述

一、创意设计的内涵与特点

(一)创意设计的内涵

创意设计是产生于 20 世纪并逐渐独立分离出来的产业,据国家统计局的产业分类标准,创意设计是文化产业的基本类别之一,二者之间是包含与被包含的关系,此外创意设计服务于第二产业工业的发展需求,是典型的生产性服务业(见图 7-1)。然而直到现在,学术界对创意设计与文化产业的关系定位认识还不够,对创意设计的研究也多零散体现在对文化创意产业的研究中,鲜有针对创意设计的专门性研究。

---

① 金元浦:《当代世界创意产业的概念及其特征》,《电影艺术》2006 年第 3 期。

② 李俊江、范硕:《创意产业发展的国际比较及其对我国的启示》,《税务与经济》2008 年第 3 期,第 1—5 页。

③ 厉无畏:《创意产业导论》,学林出版社 2006 年版。

要正确解读创意设计的内涵,首先必须厘清文化产业、创意设计概念上的关联及创意设计对第二产业的辅助支撑作用。

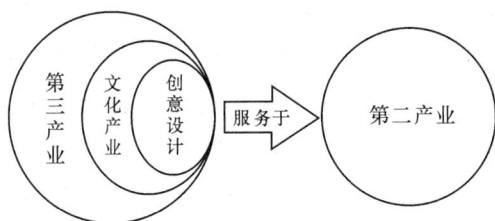

图 7-1 文化产业、创意设计业的关系及其对第二产业的辅助支撑作用

从图 7-1 中可以看出,创意设计作为第三产业中文化产业的重要组成之一,不仅体现了文化产业的特质与内涵特征,同时,作为典型的生产性服务业,创意设计的产生也是为更好地服务于第二产业工业的发展需求。目前学术界关于创意设计的研究多集中在文化创意产业的相关研究中,将其作为创意产业的重要组成来分析解读。因此,了解创意产业的内涵对于厘清、提炼创意设计的内涵有诸多帮助。

关于创意产业的内涵,英国创意产业特别工作小组于 1998 年首次将创意产业界定为"源自个人创意、技巧及才华,通过知识产权的开发和运用,具有创造财富和就业潜力的行业"。此外,其他国家或机构对创意产业的认定如下:(1)联合国教科文组织结合创意生产和商品化等特征,认为本质为无形的文化概念,形式上表现为物质的商品或非物质的服务的产业即为创意产业。(2)新西兰认为以个人的创造力、技艺与才能为基础,通过智能财产权(即知识产权)的建立与开发,创造财富与就业机会,这种建立与开发就可称之为创意产业。(3)韩国认为文化创意内容产业包括各类经济活动,如创作、生产、制造、流通等,而其活动内容源于任何知识、信息及与创意相关的基础资源。①

美国文化经济理论家凯夫斯对创意产业的内涵及其类别做出界定:创意产业提供给我们宽泛的与文化、艺术或仅仅是娱乐价值相联系的产品和服务,它们包括书刊出版、视觉艺术(绘画与雕刻)、表演艺术(戏剧、

---

① 易华:《创意产业勃兴与创意阶层崛起》,《经济问题探索》2009 年第 11 期,第 45—50 页。

歌剧、音乐会、舞蹈）、录音制品，电影电视、甚至时尚、玩具和游戏。英国经济学家霍金斯则在《创意经济》一书中，把创意产业界定为其产品都在知识产权法的保护范围内的经济部门，把创意产品称为"知识财产"，"知识财产"的所属则为"知识产权"，知识产权可分为若干种形式，其中最常见的当数著作权、专利、商标和设计。霍金斯在四大类创意产业中列出15种作为核心创意产业，这15个部类分别是：广告、建筑、艺术、工艺品、设计、时尚、电影、音乐、表演艺术（戏剧、歌剧、舞蹈、芭蕾）、出版、研发、软件、玩具和游乐器、电视广播、电子游戏。[①] 上述定义不仅丰富了创意产业的内涵，并首次明确创意设计作为一个核心产业的主体地位，充分表明了创意设计的重要性与发展前景。

　　创意产业在我国兴起的时间不长，关于创意产业也没有一个普遍认可的定义。台湾学界认为创意产业是源自创意或文化积累，通过智能财产的形成与运用，形成具有创造财富与就业潜力并促进整体生活环境提升的行业。[②] 中国人民大学教授金元浦指出，创意产业、创意经济、创造性产业是一种在全球化消费社会的背景中发展起来的，推崇创新、个人创造力，强调文化艺术对经济的支持与推动的新兴理念、思潮和实践。上海社科院思想文化研究中心研究员徐清泉认为，对创意产业给予广义的理解，它就是思想产业、观念产业、核心产业、关键产业、高端产业，它涉及具有高科技含量、高文化附加值和丰富创新度的任何产业，体现了知识经济时代和信息时代最为鲜明的特征。[③]

　　因此，综合以上国内外关于创意产业的界定，我们可以从广义上提炼出作为文化创意产业重要组成的创意设计的内涵，广义上的创意设计业是指内容上体现为无形的个人创意、技艺技巧及思想才华，形式上表现为物质的商品或非物质的创意（即知识产权），目的在于推陈出新、创造财富、激发就业潜力的行业。

---

　　① 王俊、汤茂林、黄飞飞：《创意产业的兴起及其理论研究探析》，《地理与地理信息科学》2007 年第 5 期，第 67—70 页。

　　② 徐信贵、陈伯礼：《台湾文化创意产业营造中的政府角色与功能》，《管理现代化》2010 年第 2 期，第 41—43 页。

　　③ 吴俐萍：《创意产业发展的政策支撑体系研究》，《科技进步与对策》2006 年第 11 期，第 21—24 页。

　　作为生产性服务业典型的创意设计业,因其独特的产业类型和特征,也从内涵上体现出其独有的特性。从字面上看,"创意"是指要超越界限,重新定义事物与事物之间的关系,也即找出事物间的相关性,将既有的元素重新组合。创意是"具有新颖性和创造性的想法"①。"设计"一词译自英语单词"design"。英国权威英文大词典《牛津高阶英汉双解词典》的词条释义为:"[名词]①布置:设计;布局;安排。②图样/方案/模型:艺术设计;构思。③设计图样;设计方案。④图案:装饰图案;花纹。⑤意图:打算;意图;目的。[动词]①设计:设计;制图;构思。②计划:计划;筹划;制定。③特定目的:制造;设计;意欲。"《辞海》中对"设计"一词的定义是:"根据一定的目的要求,预先制定方案、图样等。如服装设计,厂房设计等。"关于"设计"的内涵,不同的学者意见不一,目前学界和业界都比较认同的是 2006 年国际工业设计协会联合会为"设计"下的定义,即"设计是一个从设计'物'到设计'事'的观念上的演进;其本质是重组知识结构、重组资源,探索人类社会的可持续发展以及与大自然和谐共处。它是工业产品、人居环境、沟通、服务等前期方案与表达方式,是人类造物活动的重要部分,承载媒介有文案、图形、模型、软件与多媒体等,以构建'人类合理、健康的生存方式和生存环境'为最高追求"。②

　　虽然"创意"和"设计"的概念都十分清晰,但对于两者的结合——创意设计,目前学界并没有就其内涵给出一个普遍认可的解读。国内创意设计业发展得比较好的城市如深圳,在对创意设计进行定义时只是从界定创意设计业的范围出发,将创意设计业界定为"范围从产品与服务的功能研发、形态设计延伸到市场销售推广的全过程,涉及产品设计、视觉传达设计、装饰设计、现代手工艺设计等相关领域"③,并没有从本质上对创意设计的内涵做出界定。因此,本书在参照"创意""设计"及深圳市创意设计等相关内涵的基础上,提炼出狭义上的创意设计是"综合运用艺术美学、经济学、社会学、心理学等方面知识和高科技手段,对既有产品

---

①　赖声川:《赖声川的创意学》,中信出版社 2006 年版。

②　田少煦、孙海峰:《创意设计的发展走向与核心竞争力》,《深圳大学学报》(人文社会科学版)2010 年第 3 期,第 136—141 页。

③　杨志、黄维:《深圳市创意设计产业发展现状与对策研究》,《艺术百家》2010 年第 1 期,第 7—11 页。

或服务的内容、功能和形态等进行优化重组或者进行创意加工的创新性活动,其目标是创造更多更好的经济和社会效益"。本书采用的是创意设计的狭义概念,以便对创意设计行业发展展开专门研究。

（二）创意设计的特点

创意设计是生产力发展到较高程度和消费结构达到较高层次的产物,它是以创造和创新为中心,强调知识、文化与经济、科技的融合,注重提高产品的创意和精神内涵,是知识、智慧与灵感在特定产业或行业中的物化表现,具有知识密集、技术密集、高附加值、信用性、资源集约化等特点。除此以外,创意设计还具备自身独特的三点性质：

第一,创意设计以智力创意为基础,具有内容上的创新性。创意设计以人的创造性思维即创意为基础,根据创意所创作出来的产品或服务作为创造性思维的体现,在内容上具备创新的特性。创意设计产品或服务所有的技术创新追求、文化创新均是建立在现代社会中那些集体和个体消费者的独特需求上,因此,对创意设计作者群体的激励首要在于激发其创意能力,从而提升创意设计产品或服务给予消费者们的创新体验。

第二,创意设计以物质的产品或非物质的服务为载体,具有高度的融合渗透性。不同于一般行业产品或服务的是,创意设计产品或服务与渗透在其中的设计者们的创造性思维或理念密不可分,每个创意设计作者都可以在根植创意的基础上将个人对产品的理解和创作冲动倾注于作品的外观、功能等项目中,从而使得创意设计产品或服务不仅体现其本身,同时也体现为设计者们的心血与智慧,二者在形式上具有高度的融合渗透性,不可区分。

第三,创意设计以知识产权为核心资产,具有形式上的易复制性和技术保护上的高难度。创意设计是体现为产品外观、功能等核心知识产权的产业门类,在形式上及转移过程中具有极易被仿制、复制的风险,因此需要有知识产权法律等相关法律规范来约束和保护创新成果。然而当前我国存在知识产权保护机制不完善、技术保护手段不健全等问题,即使有知识产权法律的约束,仍然不能从根本上保护好创新成果。因此,加强创意设计成果的保护要坚持法律、政策规范双管齐下,创新成果技术保护手段和办法,全面营造安全有序的创意设计发展环境。

二、创意设计业发展与法制保障

基于创意设计产品和服务与蕴涵在产品和服务中的核心知识产权在形式上具有不可分割的特性,在评估与保障创意设计成果价值的过程中就充满了困惑与难题。此外,由于创意设计成果中的知识产权不具备排他性,因此在转移过程中经常面临着被仿制、复制的危险,这不仅极大挫伤了创意设计者们的创作热情,同时,也对进一步加强创意设计知识产权保护工作造成了极大的困扰。综上,完善创意设计成果价值评估机制,构建科学有效的法制保障框架,加强并逐步完善创意设计业发展法制保障十分必要。

构建科学有效的法制保障框架,首先必须理顺创意设计发展过程中的利益关联及阻碍力量。创意设计发展关系到创作者和组织、创意设计交易市场以及通过转让、交易等方式取得成果权益的受让者等方面力量的利益,只有创建一个能激发创作者热情、规范创意设计产品交易、保护受让者合法权益的良好环境,才能从根本上促进创意设计业的发展。其次必须考虑如何切实保障好创作者和组织的合法权益,即依法保护创作者和组织对创意设计成果核心知识产权的合法所有权与处置权,加大对侵权违法行为的打击和惩罚力度。再次应当保障创意设计成果的正当交易和流通行为,保障交易者双方的合法权益,规范创意设计产品交易市场的秩序与合法性,当前有关创意设计交易规范的相关法律还不多见,未来法制可在完善创意设计交易法律法规等方面多做努力。最后应当保障通过合法途径取得创意设计成果相关权益的受让者的正当利益,完善创意设计成果转让相关法律法规,加快创意设计成果的转化实施。综上所述,构建科学有效的创意设计发展与法制保障框架应着力从扩大知识产权法律保障范围和影响力、加强创意设计交易等相关政策的规范力度、提升创意设计利益相关者的维权保障意识以及健全核心知识产权维权援助机制等方面稳步推进,培育安全有序的创意设计发展法制环境,促进创意设计行业健康发展。

第二节　国内外创意设计业法制保障体系建设状况

一、国外创意设计业法制保障体系建设现状

创意设计在国外经历了较长时间的发展,无论是法律法规还是政策体系相对较为健全,此外,由于国外法律体系基本成熟,形成了良好的知识产权保护氛围和保护意识,创意设计在国外的发展较为顺遂。本书选择英国、美国、日本、韩国四国作为比较借鉴的对象,通过对国外创意设计发展法制保障先进做法的学习,为宁波市以及国内其他城市构建创意设计法制保障体系提供借鉴参考。

英国是全球最早提出"创意产业"这一概念的国家,也是全球第一个以政策推动创意产业发展的国家。1997 年布莱尔政府上台后,创设英国文化、媒体和体育部,成立创意产业特别工作小组,全力推进创意产业发展。在明确创意产业发展规划之初,英国就在创意产业推进计划中明确了创意产业的 13 类子行业,分别是:广告、建筑、艺术和古玩市场、工艺品、设计、时装设计师、电影与录像、互动休闲软件、音乐、表演艺术、出版、软件设计和电视广播等。创意设计作为创意产业核心的地位在英国首次得以确立。1998 年和 2001 年,英国文体部两次发表创意产业纲领性文件《英国创意工业路径文件》等,提出创意产业发展战略规划,其中比较有新意的政策措施包括:在组织管理、人才培养、资金支持等方面加强机制建设,对文化产品的研发、生产、销售、出口等环节实施系统性扶持,逐步建立完整的创意产业财务支持系统,包括以奖励投资、成立风险基金、提供贷款及区域财务论坛等作为对创意产业的财务支持。2005年,英国文体部发布了《创意经济计划》,为创意发展产业建立一个更好的政策框架。2006 年公布《英国创意产业竞争力报告》,将创意产业分为三类产业集群:生产性行业;服务性行业;艺术品及相关技术行业。2009年又制定了"数字英国"政策以及创意人才相关政策等。在创意设计成果核心知识产权保护方面,英国于 2004 年首次实现专利商标事务所与一般法律事务所的跨领域合作,并在同一品牌下向客户提供知识产权服

务,这是知识产权服务方式的一次重要改革。近年来,英国在核心知识产权保护中还出现了一些新趋势,如鼓励降低知识价格水平、提高信息流动量、促进技术和应用的结合以及达到知识的总收入最大化等。

美国是全球创意产业最发达的国家,在计算机软件、电影、生物科学、创意设计、太空科技等产业领域一直占据领先地位。美国的创意设计政策秉承自由主义的传统,以强调创意设计产品生产、销售的高度市场化和最小化政府干预为宗旨,创意设计管理采取以各州政府为核心协调单位、各州政府为本州创意设计发展提供良好环境的模式,在遵循创意设计自身发展规律、考虑创意设计特点的基础上,给予产业开放、优惠的扶植政策,鼓励多元投资机制和多种运作方式。1965 年,美国国会通过了《国家艺术及人文事业基金法》,并据此创立了该国历史上第一个致力于艺术与人文事业的机构——国家艺术基金会与国家人文基金会。这一立法,保证了美国每年拿出一定比例的资金投入创意产业(包括音乐、影视、艺术和设计等子产业)发展。[①]在知识产权(尤其是版权)保护方面,美国有较为成熟的法制保障体系。美国政府机构中设有美国贸易代表署(负责知识产权方面的国际贸易谈判)、商务部国际贸易局和科技局、海关(主要负责知识产品的进出口审核)等相关的行政部门。美国政府还先后通过了《跨世纪数字版权法》《电子盗版禁止法》《版权法》《半导体芯片保护法》《伪造访问设备和计算机欺骗滥用法》等一系列知识产权保护法规,形成了全球保护范围最广、相关规定最为详尽的知识产权法律系统。此外,美国法律通过对创意设计提供财产权保护、准合同或不当得利保护、明示合同保护、默示合同保护、反不正当竞争法保护、创新设计保护和预防盗版法案等来健全创意设计法律保障体系。

日本在提出"独创力关系到国家兴亡"口号后就致力于发展创造力产业。日本的创意设计随着经济的增长而发展起来,特别是在工业设计上体现了其非凡的创造力。为了加快创意设计业发展,1995 年日本文化政策推进会议在其重要报告《新文化立国:关于振兴文化的几个重要策略》中,确立了日本在 21 世纪的文化产业立国方略。2001 年,日本又提

---

① 吴俐萍:《创意产业发展的政策支撑体系研究》,《科技进步与对策》2006 年第 11 期,第 21—24 页。

出知识产权立国战略,明确提出 10 年内把日本建成世界第一知识产权强国。在促进创意设计业发展过程中,日本的主要做法是以政府为主导,由政府制定保护和振兴具有地方特色的民间艺术、传统工艺等的长期规划,有关创意设计的政策主要是从政策的经济意义、对振兴区域经济的作用和国际竞争力三方面来考虑,政策主要集中在金融支持(如"信托业法"等)、创意产业促进(如《知识产权基本法》《IT 基本法》《文化艺术振兴基本法》等)、产业振兴(如《创意产业振兴政策——软实力时代的国家战略》等)、人才培养以及开拓海外市场方面等。正是基于日本从国家战略的高度来推进创意设计发展,并且加强对创意设计成果核心知识产权的保护,创意设计在日本迎来了一段顺利发展、受到良好保护的稳定时期。

韩国政府把创意产业认定为 21 世纪带动新经济增长的产业,并于 1997 年开始对电子游戏、音乐、设计等创意产业进行重点支持。[①] 韩国对创意设计行业的支持和保护措施包括:其一,制定《文化产业发展五年计划》《文化产业发展推进计划》等相关政策文件,将创意设计发展提升到国家战略的高度,并据此提出创意设计业长期发展规划。其二,在法律法规的支持方面,韩国制定《创新企业培育特别法》,激励数字行业、创意设计等新兴行业的发展。韩国国会通过《文化产业促进法》,明确推进音乐、影视、设计等产业的发展。其三,在人才和资金方面,采取一系列措施,多渠道筹措创意设计发展资金,按照"集中与选择"的原则,有目的、有重点地实施资金支持,在经费上确保创意设计业的发展。其四,创意在量的基础上追求质的保证。为此,韩国政府于 1998 年到 2002 年间实施第二次"全面工业设计振兴计划",这次计划旨在促进设计师的创新能力以及进一步提升韩国设计的质量。在振兴计划实施期间,韩国设计专业的毕业生人数增长了近 25%。2003 年,韩国政府进一步发现了工业设计在提高国家竞争力中所扮演的角色的重要性,紧接着又开展了第三次"工业设计振兴计划"。三次工业设计振兴计划的目标是把设计概念引入到韩国各个系统和体制当中,把韩国建设成东亚的工业中心之一。韩国是较早认识到创意设计对提升国家竞争力和创新能力作用的国家,也

---

① 王海燕:《创意产业发展的知识产权保护》,《特区经济》2007 年第 11 期,第 250—251 页。

是工业设计发展较为先进的国家之一,正是得益于国家的重视,以及相关配套政策的完善,韩国才能一跃成为令人瞩目的东亚工业强国。

二、我国创意设计业法制保障体系建设现状

创意设计作为新兴产业,在我国创意产业发展过程中已经引起了高度重视,特别是在发展较快、国际化程度较高的大都市,创意设计行业的发展已经初具规模,并形成了各具特色的创意产业园区及产业基地,具备了开展研发设计服务的优势基础。目前,我国初具规模的代表性创意产业区有:以北京为核心的首都创意产业集聚区,初步形成了文艺演出、新闻出版、广播影视、文化会展、古玩艺术品交易等优势行业;以上海为中心的长三角创意产业集聚区,到 2012 年,上海已建成超过 100 个具有鲜明特征的创意产业园区;以广州为核心的珠三角创意产业集聚区。从创意企业数量、就业人数、资产总额、营业收入等方面比较,2012 年广州各项指标仅次于北京、上海,在全国副省级城市中位居首位,其中设计类和咨询类均占相当大的比重。①

创意设计的发展离不开法律法规的保障,在创意设计核心知识产权保护法律方面,我国陆续出台了《专利法》《专利法实施细则》《商标法》《商标法实施细则》《著作权法》《著作权质权登记办法》《音像制品管理条例》《知识产权海关保护条例》等多部法律法规。在政策体系上,先后颁布了《文化标准化中长期发展规划(2007—2020)》《文化产业振兴规划》《关于加快文化产业发展的指导意见》《关于金融支持文化产业振兴和发展繁荣的指导意见》《著作权资产评估指导意见》《关于深化文化体制改革、推动社会主义文化大发展大繁荣若干重大问题的决定》《文化部“十二五”时期文化改革发展规划》《关于鼓励和引导民间资本进入文化领域的实施意见》《文化部“十二五”文化科技发展规划》《文化市场举报办理规范》《中小企业发展专项资金管理办法》等政策,从战略的高度,强调产业发展、体制机制建设、财政资金支持等方面,共同构成了较为完善的创意设计行业发展促进政策与法制保障体系。

---

① 张京成:《中国创意产业发展报告 2010》,中国经济出版社 2010 年版。

表 7-2　国内各城市创意设计法制保障及产业基地建设现状

城市	法律政策	产业基地
北京	①2006 年 8 月,制定了《文化创意产业投资指导目录》,引导民间资本投向创意产业,尤其是创意设计服务业。 ②2007 年 9 月,《北京市"十一五"时期文化创意产业发展规划》:进一步提升北京作为全国文化中心和文化创意产业主导力量的影响,将北京建设成全国的文艺演出中心、出版发行和版权贸易中心、动漫游戏研发制作中心、广告和会展中心、设计创意中心等。 ③2007 年 11 月,出台《设计服务类税收优惠政策》,为设计服务类企业开通税收优惠通道,对"单位和个人从事技术转让、技术开发业务和与之相关的技术咨询、技术服务取得的收入,免征营业税;对勘察设计类企业进行技术转让,以及在技术转让过程中发生的与技术转让有关的技术咨询、技术服务、技术培训的所得,年净收入在 30 万元以下的,暂免征收企业所得税"。 ④2008 年 1 月,北京市首推《文化创意产业分类》,将文化创意产业细分为 9 类子行业:文化艺术,新闻出版,广播、电视、电影,软件、网络及计算机服务,广告会展,艺术品交易,设计服务,旅游、休闲娱乐,其他辅助服务等。 ⑤2011 年 10 月,北京市出台了《促进文化创意产业发展的若干政策》:放宽市场准入,完善准入机制、支持创意研发,鼓励自主创新、保护知识产权,营造创意环境、加大资金支持,拓宽融资渠道、拉动市场需求,促进内外贸易等。	先后建立了中关村创意产业先导基地、北京数字娱乐示范基地、大山子艺术中心、德胜园工业设计创意产业基地、东城区文化产业园、国家新媒体产业基地等,其中德胜园工业设计创意产业基地是北京市西城区重点建设开发的六个功能街区之一,目的是要建成特色鲜明的高品位、开放型精品园区,聚集一批创意设计企业共同发展。
上海	①2005 年《上海 2004—2010 年文化发展规划纲要》:明确提出发展创意产业并制定产业发展战略规划。创意产业发展的重点是:研发设计创意、建筑设计创意、文化传媒创意、咨询策划创意和时尚消费创意。 ②2005 年 11 月,《上海创意产业发展重点指南》,确定上海创意产业发展的五大重点行业。 ③2008 年 6 月,《上海市加快创意产业发展的指导意见》:推进创意产业集聚区建设,建成以研发设计创意、建筑设计创意等为发展重点的创意产业集聚区;鼓励创意企业落户创意产业集聚区,加大重点创意项目、重点创意企业的扶持力度等。 ④2011 年 6 月,上海市经济信息化委联合发展改革委、市教委等 12 个部门,出台了《关于促进上海市创意设计业发展的若干意见》:目标是要在 2015 年使上海成为更具国际影响力的"设计之都";未来几年上海要形成 5～8 家具有国际竞争力的设计企业和一批"专、精、特、新"设计企业;打造 20～30 家企业设计中心,力争 2～3 家成为国家级设计中心;建设 2～3 个辐射力强、带动效应显著的国家级工业设计示范园区。 ⑤2012 年 11 月,《促进创意设计产业发展财政专项资金实施办法》:为创意设计产业发展提供资金扶持。	国家数字出版基地、国家音乐产业园区、国家绿色印刷产业示范园区、国家网络视听产业基地、国家动漫游戏产业示范区、环东华时尚产业基地、上海国际时尚中心、江南智造创意产业集聚区、昌平路时尚设计集聚带、碧海金沙文化旅游创意园、环同济建筑设计基地、国际黄金珠宝产业创意园区、上海迪士尼项目、上海国际汽车城设计研发港等。

续表

城市	法律政策	产业基地
深圳	①2003 年深圳正式确立"文化立市"战略,提出设计是产业核心竞争力的理念。 ②2005 年 1 月,《深圳市实施文化立市战略规划纲要》:提出建立"创意设计之都"的目标,积极布局设立创意产业园区。 ③2006 年年初,发布《关于加快文化产业发展若干经济政策》、《深圳市文化产业发展专项资金管理暂行办法》、《关于建设文化产业基地的实施意见》、《关于扶持动漫游戏产业发展的若干意见》等文件,为创意设计的发展提供更多政策保障。 ④2008 年 11 月,深圳获联合国教科文组织批准,加入全球创意城市网络,成为该组织的第 16 名成员,并被授予"设计之都"称号,成为全球第六个"设计之都"; ⑤2009 年,深圳市政府把每年的 12 月 7 日设立为"深圳创意设计日"。	建成深圳国家怡景动漫画产业基地、深圳田面"设计之都"创意设计产业园、华侨城、大芬村、深圳市非遗文化创意产业园、深圳南山互联网创新创意服务基地、深圳市宝安艺术城、深圳市力嘉文化创意产业园、深圳182 设计产业园、深圳文博宫、深圳坪山雕塑产业园等一批创意产业基地。
杭州	①2009 年 5 月,《文化创意产业发展规划(2009—2015 年)》:在关于创意设计服务的规定中提到,至 2015 年,要将杭州打造成为国内具有相当影响力的工业设计中心之一,实现"杭州制造"向"杭州创造"的转变;争取有 1～2 家企业上市,实现"杭州建设"向"杭州设计"转变,产业综合实力位居全国前列;争取 1～2 家广告企业上市,全市年度广告经营额翻两番。 ②2010 年 12 月,《杭州市经济技术开发区关于鼓励文化创意产业发展的若干政策》;2011 年 12 月,《杭州市"十二五"文化创意产业发展规划》,共同为创意设计在杭州的快速发展保驾护航。 ③2012 年,杭州市文化创意产业呈现出规模扩大、效益提升、结构优化的良好态势,全市预备将创意产业打造成为杭州的"第四产业""品质产业",跻身全国文化创意经济发展的第一方阵,成为全国文化创意产业中心。	建成了 LOFT49、柴家坞农居 SOHO、西湖创意谷、西溪创意产业园、西湖数字娱乐产业园、之江文化创意园、运河天地文化创意园、白马湖生态创意城、下沙大学科技园、杭州创新创业新天地、创意良渚基地、湘湖文化创意产业园、杭州高新区国家动画产业基地、南宋御街中北创意街区、杭州山南国际设计创意产业园、东方电子商务园、乐富智汇园、分水制笔创意园区等一批创意产业基地和园区。

三、国内外创意设计业法制保障体系建设经验总结与启示

创意设计作为新兴创意产业,在国内外均呈现出良好的发展势头。自经济发展从以工业驱动向创新驱动转变开始,国家和地区在规划产业发展的布局中就逐渐关注到创意设计的成长与发展,这不仅是顺应全球创意经济发展的潮流,同时也是创意设计行业带来的巨大经济和社会效

益所致。总结国内外在创意设计发展过程中的政策与法律保障体系建设现状，可以得出以下四点启示：

第一，加强创意设计产业顶层战略体系设计。将创意设计上升到战略的高度始于英国，从战略高度来全盘考虑创意设计的发展全景，有利于为创意设计的发展构建一个良好的政策与法律环境。综观国内外创意设计的发展轨迹，无不是将创意设计纳入产业发展规划中，从政策、法律等方面给予支持和保护，从而促进产业逐步走向成熟，并最终开拓完善的发展路径。

第二，加强政策法规对产业发展进程的引导。近年来，创意设计作为创新经济的重点逐步发展壮大，不同于一般行业的是，创意设计对发展环境的要求非常高，对许多初创型创意设计中小微企业来讲，更多需要依靠政府政策扶持和资金帮助才能成长起来，逐渐形成产业集群。此外，以知识产权为核心资产的创意设计行业迫切需要法律法规的严格保护，严惩一切侵权违法行为，为创意设计行业发展清除障碍。

第三，加强法制体系对产业发展环境的保护。创意设计成果由于形式上的特殊性，经常面临着被仿制、复制的危险，知识产权侵权纠纷层出不穷，这大大阻碍了创意设计行业的健康成长。作为新生事物，创意设计还没有引起法律界的足够重视，催促立法部门出台相应规定对其设计成果进行专门保护，综观国内外关于创意设计的相关法律规定，多是从鼓励、引导、规划产业发展着手，关于创意设计成果保护的法律规范则少之又少，这对于具备内容创新性、形式融合性、技术保护高风险性特点的创意设计行业来说，并未产生真正有效的保护作用。因此，政策与法律制定者们应在当前政策法规的基础上，建立健全创意设计行业法制保护体系。

第四，加强对创作者和企业自身维权保障意识的培养。创意设计产业成果保护首先靠政策法规，逐步健全创意设计法制保障体系；其次靠设计创作者和设计类企业自身，不断提高设计创作者和设计类企业参与知识产权维权、保护自身合法权益的能力；再次要发挥协会等组织的作用，以组织的方式解决分散维权的难题。综观国内外创意设计成果保护实践，仅靠政策法规强制保护而不关注企业和创作者以及协会组织的自我保护能力是不科学的，应坚持政策法规及创作者和企业自我保护双管齐下，合作构建适合创意设计行业发展的健康环境。

第三节　宁波创意设计业发展中的法制保障体系建设现状

宁波市历史悠久,文化荟萃,具有发展创意设计业得天独厚的优势。宁波市目前有宁波大学艺术与传媒学院、宁波大学科技学院、浙大宁波理工传媒与设计学院、宁波职业技术学院服装外包学院等一批开设有设计类相关专业的高校,在工业设计、建筑设计、动漫设计与制作、服装设计等领域拥有丰富的教学与实践经验,培养起一批理论与实践相结合的创意型人才,在发展创意设计业的进程中既有充足的理论与技术支持,又有源源不断的人才供应。宁波市地处长三角中心区域,拥有不断开展国际化交流与合作的区位优势,也有利于吸引国内外创意设计人才来甬发展。宁波市是具有7000多年历史的"河姆渡文化"的发祥地,曾集聚四明学派、阳明学派、浙东学派等一批知名学派,涌现出虞世南、王守仁、朱舜水、高则诚、黄宗羲等一批文化名人,如此深厚的文化底蕴也为宁波市发展创意设计业奠定了坚实的基础。当前,宁波正全力建设国家创新型城市,努力将宁波建设成为一个自主创新能力强、整体创新水平高的先进城市,推动宁波从"宁波制造"向"宁波创造"转变。长期以来宁波以轻加工为主的产业特色正面临转型升级,急需工业设计、建筑设计、动漫设计等创意设计产业的支撑,共同推进宁波市创新驱动发展。

一、宁波创意设计业法制保障体系建设现状

发展创意设计业,是宁波贯彻落实"创业富民,创新强省"战略的重要举措。2010年5月,宁波市将创意设计列为重点发展的八大战略性新兴产业之一。加快发展创意设计业,是推进宁波市产业结构调整、优化升级的重要举措;是壮大生产性服务业力量,支撑第二产业发展的重要决策;是培育新的经济增长点、保持经济又好又快发展的重要保障。

创意设计在宁波发展尚处于起步阶段,虽然早在2011年《宁波市"十二五"时期文化发展规划》中就明确提到"要重点发展创意产业,大力扶持原创性工业设计、动漫设计、平面设计、建筑设计、时装设计、产品外观设计等艺术设计产业",但是对于新兴产业的发展规律尚处于"摸着石头

过河"的状态,同样的,宁波市创意设计发展促进政策及法律保护体系仍处在逐步建立健全过程中。在宁波市"文化立市"战略的指引下,为了支持创意设计业发展,近年来宁波先后出台了《关于推进文化产业发展的若干意见》《关于加快工业设计产业发展的若干意见》《关于推进我市工业设计与创意街区建设的若干意见》《关于加快都市产业及相关服务业发展的若干意见》《宁波市工业设计与创意产业"十二五"发展专项规划》等政策,并设立专项资金支持创意设计业的发展,通过贴息、补息、奖励、政府采购等方式,扶持创意型企业和创意项目的发展,引进和培养了一大批创意型人才。宁波市各区县也通过制定促进政策、打造创意设计产业基地等举措推动创意设计业发展(见表7-3)。

表7-3 宁波各区县创意设计法制保障及产业基地建设现状

区县	法律政策	产业基地
海曙区	①2012年5月,《海曙区环月湖文化(旅游)产业战略行动计划》:部署今后三年海曙区文化产业发展思路及重点步骤。 ②2012年12月,《加大文化产业发展扶持实施办法》:引导文化创意产业集聚,重点引进和扶持工业设计、广告传媒、软件设计、动漫制作等创意产业,推动海曙从"服务业大区"向"服务业强区"跨越。	吸引各类创意设计产业入驻的新芝8号园。
江东区	①《中共宁波市江东区委关于加快推进文化新区建设大力发展社会事业的决定》。 ②《关于推进文化建设和发展的实施意见》:深入推进文化体制改革,不断加大对区文化产业的投入力度,推动江东区向"服务强区"转变。 ③《2012—2014年度紧缺创意人才开发导向目录》:积极招募创意产业中的研发设计人才、软件设计人才、建筑设计人才等,积极为本区创意设计业的发展储备人才。	依托工业企业外迁留下的旧厂房和地块,以和丰创意广场为中心,积极建设的"和丰创意广场"、"228创意园"和"三厂服务外包基地"等三个创意产业集聚地;甬江东岸文化创意产业基地等。

续表

区县	法律政策	产业基地
江北区	①制定了文化发展五年规划,细分区块功能定位与产业布局。 ②出台政策规定,在创意区块范围内提供具备完全产权的商业用房或指定的工业用房租赁给承租方从事创意产业经营的业主,对产权主体因租赁收入而实际缴纳的营业税、房产税、土地使用税等三税留区所得部分,三年内全额予以奖励。在两年内对承担的房租进行幅度在50%～100%之间的房租补贴;对企业实际缴纳的营业税、企业所得税两税留区所得部分,三年内予以70%～100%奖励。对自行从事创意产业的,其实际缴纳的房产税、土地使用税两税留区所得部分,三年内予以全额奖励;对按照招商主体完成招商效益,根据入驻企业的规模及区域影响力给予一定比例的提存奖励;年缴税达10万元以上的文化创意企业能够减免60%的企业所得税和40%的营业税;经过相关认定的新创办软件企业则能享受"两免三减办政策",即两年内免征企业所得税,第三年减半;同时还根据企业实际情况,设立扶持资金,对企业进行有偿扶持等。	"134创意谷";由原宁波市变压器厂改造成为以绿色加工制造业为主的宁波欧迅产业园;结合现有美术馆、城展馆、古建筑等文化资源基础,通过建设公共服务平台,搭配相关产业链,成功创建了"1842外滩"文化创意产业基地;创意1956产业园;财富创意港;慈城天宫之城等。
鄞州区	①2011年率先出台《鄞州区文化创意产业十二五发展规划》,明确了"一核(以鄞州新城区为文化创意产业驱动核)、三带(沿奉化江、沿甬新河、沿中兴河湿地)、多极点(各镇乡、街道特色文化创意产业)"的产业空间布局结构,确定了动漫游戏、软件信息、创意设计、演艺娱乐、影视传媒、会展工艺等六大行业和十大重点项目。 ②出台《关于加快文化产业发展的实施细则》,每年安排2000万元的文化创意发展专项资金,重点扶持动漫游戏、文化娱乐、创意设计等新兴文化产业,通过提供落户补贴、房租补贴、参展补贴、人才补贴等多项扶持措施,以及为部分企业提供"一企一策"支持,促进龙头企业落户和产业集聚,推动鄞州创意园区实现质的突破。	截至2012年,已建成科技信息孵化园、迪士尼创意大厦、128创意园、数字媒体产业园等一批产业基地,并以此为平台继续扩大创意产业集聚。
镇海区	①为吸引创意设计类企业进驻,出台《宁波市大学科技园创意产业基地管理办法(试行)》《关于鼓励和支持宁波市高校师生、科研人员入驻"创e慧谷"创新创业的实施意见(试行)》等,从办公场地、资金等方面来吸引创意型企业和人才。 ②出台《关于加快发展文化创意产业的实施细则》,在财政税收、引进政策、鼓励重点发展行业、保障文化创意产业服务等方面给予优惠。	依托国家大学科技园发展创意产业,其中以动漫设计、广告设计、会展服务等新兴产业发展势头最好。

续表

区县	法律政策	产业基地
高新区及余姚、慈溪、奉化等县级市	①2011 年 12 月,《关于推进产业发展的若干政策意见》:鼓励引进信息服务、动漫游戏、设计服务、影视文化等相关的文化创意产业机构;对上述机构自用办公房面积 500 平方米以上的(或厂房面积 1000 平方米以上的),给予实际使用面积租金费用 50%的租赁补贴,补贴期限三年,年补助金额不超过 50 万元;对年纳税总额 50 万元以上的智慧物流、文化创意机构,从注册之日起三年内,按高新区财政实际贡献的 70%予以奖励。②2012 年 5 月,《关于加快余姚市文化产业发展的若干政策意见》:进一步优化文化产业的外部环境,促进文化产业实现跨越式发展等。	建设中的创意产业园区包括民和惠风和畅文化产业园、意创国际港等,建成后将为高新区创意产业提供巨大的发展舞台;余姚、慈溪、奉化等县级市也依托地区优势,建设如阳明 188 文化创意园、青瓷文化创意园等一批文化创意产业园,完善政策体系,为创意设计业发展提供政策依靠。

二、宁波创意设计业法制保障体系建设中存在的问题

尽管宁波创意设计业发展取得了飞跃式进步,但在法制保障体系建设方面仍显薄弱,具体主要表现在以下四个方面:

第一,创意设计业顶层法律规范体系不完备,导致宁波创意设计业法制保障缺乏战略规划指引。综观宁波创意设计业发展全过程,可以认识到当前宁波市在鼓励和支持创意设计业发展的法制建设进程中,缺乏顶层法律规范的战略指引,过于依赖政策的作用,缺少统筹规划。由于政策的稳定性及一贯性较之法律规范稍差,且政策往往是专项政策,未能起到统筹规划的作用,因此,创意设计产业的发展亟须能关注全局的法律规范的战略指引。当前不仅宁波市面临这一问题,综观国内各大城市在发展创意设计业过程中,几乎都遭遇政策铺天盖地,但是相应的顶层法律规范不完备的尴尬局面,这不仅不利于创意设计产业发展的布局规划,同时,也不利于创意设计业稳定良好的发展环境的形成,长此以往,必然会阻碍行业发展的积极性与可持续性。

第二,偏重从创意产业大类角度立法,鲜有针对创意设计业的专项立法。尽管浙江省在文化产业发展规划中对文化创意产业做出大致分类,但是包括宁波市在内的国内各大城市在制定产业发展规划和政策法规时仍然立足于文化大产业,鲜有针对创意设计业的专项立法。文化创意产业门类众多,各行各业除了具备文化创意产业的共同点外,还具备

行业自身的特殊性与特点,期望通过一部规范一以贯之是不现实的,因此,政府及立法部门在制定政策和法律规范时,除了应考虑到文化创意产业的共通点外,还应立足于创意设计业的特点,有针对性地出台专项鼓励、扶持政策以及法律保护规范,力求能逐步完善创意设计业法制保障体系。

第三,鼓励创意研发设计,缺少保障创意设计市场交易的政策法规。分析宁波市及各区县有关创意设计的政策和法律规范,基本是从鼓励、引导、支持创意设计业发展的角度着手,而对于如何构建、规范、完善创意设计成果交易市场则少有规定。在这方面,宁波应多向深圳及昆明取经。深圳市在《深圳文化创意产业振兴发展规划》中规定,要鼓励拓展创意交易市场,培养一批骨干企业,加强国际市场开拓服务,重点发展创意产业消费市场;昆明市在《关于批转进一步开放规划设计市场大力发展城乡建设领域创意产业的通知》中做出明示,要营造有利于创意产业发展的市场环境,尤其是拓宽创意产业融资渠道,进一步完善中介服务体系。宁波市当前创意设计业发展呈现总体良好、稳步上升的态势,产业上游研发设计发展顺利,因此,应积极部署中下游交易市场规范,构建流畅的研发设计和市场流通、销售的完整链条,以市场需求来驱动创意设计业发展,形成良好的产业循环。

第四,过度依赖政府保护,企业自身的维权主体性地位不明确。在创意设计业发展进程中,企业作为创意设计成果的产权人,应具备完善的知识产权保护及维权援助意识,应积极发挥自身的主观能动性来保护自身合法权益。然而,综观宁波市创意设计业发展的进程,在规划产业发展以及保护创意成果方面无不是以政府保护为主导,鲜有企业发挥主体性作用的典型案例。创意设计业发展的好坏与企业的利益关联最为密切,企业作为行业发展的主体,能从产业和企业自身发展的角度提出有建设性的建议,这方面功能是政府保护无法替代的。因此宁波市接着要重点培育加强创意设计企业主体性地位,提高其维权保障意识和能力。

第四节　完善宁波创意设计产业法制保障体系的思路与对策

"十二五"时期宁波文化发展的总目标是使宁波文化软实力在全省和国内同类城市中位居前列,文化在城市综合竞争力中的地位和作用更加突出,实现"文化大市"向"文化强市"跨越。这其中,尤其强调要进一步增强文化产业的竞争力、创新力和保障力。创意设计业发展直接促进了城市自主创新能力的增强,进一步提升城市文化竞争力,同时,完善宁波创意设计业法制保障体系也直接提高了宁波市文化保障力。目前宁波市创意设计业法制保障体系建设步伐逐渐加快,这不仅是创意设计业发展的福音,同时也体现了宁波社会各界对创意设计行业的关注与重视。当前要进一步完善宁波创意设计业法制保障体系建设,应从以下六方面着手。

（一）建议推进创意设计业顶层法制保障体系的建立健全

创意设计业对于促进宁波产业结构转型升级,实现"宁波制造"向"宁波设计"转变具有重要意义。不同于一般产品的是,创意设计成果主要体现为数字、信息、外观等知识产权形态,容易被模仿、复制,这就为侵权行为留下巨大的获利空间。因此,如果缺少法律规范的保驾护航,创意设计业发展举步维艰。

我国目前有4部主要的知识产权法律——《专利法》《商标法》《著作权法》及《反不正当竞争法》,三部实施细则——《专利法实施细则》《商标法实施细则》《著作权法实施细则》,以及其他法律法规和相关规定,如《科技进步法》《知识产权海关保护条例》等,共同构成了我国创意设计知识产权法制保护体系。但目前我国创意设计业法制保护仍然存在政策零散、顶层法律法规体系不健全、知识产权管理职能分散、管理能力和效率低下等问题,其中创意设计业顶层法制保障体系不健全这一问题严重制约了创意设计行业发展,对培育良好的创意设计业发展法制环境十分不利。

当前宁波市在推进创意设计法制保障体系建设中应量力建议推进

创意设计业顶层法制保障体系的建立健全,在国家法律法规的指引下逐步健全地方创意设计法制保障体系,适当扭转政策铺天盖地的不利局面,培育良好的创意设计业发展法制保障环境。在建议完善国家层面的创意设计法制保障体系过程中,应针对创意设计成果易被模仿、复制等特点,严格界定创意设计知识产权的保护范围,对无法纳入到专利、商标或者著作权保护范围内的创意设计成果,应根据成果具体的形态有针对性地开展法律保护,确保原创性设计成果保护有法可依,恶意的侵权行为都将受到法律的约束与惩罚,构建有利于创意设计业发展的外部环境。

（二）推进宁波创意设计产业的规范制度建设和管理

宁波市及各区县在发展创意设计业领域已出台了众多政策规定,这些政策不仅为创意设计企业提供初始研发资金、人力资源、融资等方面的帮助,同时也为创意设计业发展创造了一个稳定的政策环境,充分体现出全社会对创意设计业的重视与支持。然而,当前宁波市众多创意设计政策规范呈现出政策多而杂、系统性不强、与相关法律规范的配套程度不高、政策落实程度不够等问题,因此在推进创意设计规范制度建设和管理进程中应逐渐理顺政策间的内在联系与联动作用,从数量和质量两方面来提高政策的效度。宁波市在推进创意设计行业规范制度建设过程中应逐步聚焦政策的服务对象及作用范围,将着眼点选择在政策的针对性、与法律法规的配比性、政策落到实处等方面,切忌贪大求全、追求政策的普适性而非实效性。

（三）加强宁波创意设计产业的知识产权保护和服务

近年来宁波市在知识产权保护方面成效显著,政府及社会知识产权保护意识大幅提高,这对于创意设计业在宁波的长远发展是十分有利的。为了更好地服务创意设计业发展需求,宁波市政府应当创新创意设计业知识产权维权保护机制,一方面要简化知识产权司法、行政保护程序,减少个人、企业知识产权维权成本;另一方面要加大对侵权行为的惩罚力度,压缩侵权行为的获利空间,将企业的恶意侵权行为纳入到社会信用联合征信系统,加大企业侵权成本,为创意设计业发展营造一个健康有序的良好环境。在加强创意设计知识产权保护进程中,要明确侵权行为高发的时期和阶段,有针对性地将侵权伤害减至最小,要全力保护原创性设计成果,打击模仿、复制等恶性侵权行为。此外,还应当对知识产权维权执法工作人员加强培训,提高业务素质,健全各项执法监督机制,坚持科学执法、高效执法,提高维权队伍的整体水平。

除加强知识产权保护外,宁波市政府还应积极创新创意设计业知识产权服务模式,不仅要注重创意设计业的知识产权保护,激发创新人才的创作热情,维护创作者们的合法权益,同时也要健全专门的知识产权交易服务平台,降低创意设计作品的交易成本,推进创意设计成果市场化进程。同时,考虑到企业及创意设计作者缺乏对知识产权相关信息的了解,政府还要构建合适的知识产权信息服务平台,向创作者提供包括专利、著作权等各类知识产权信息,使创作者们加深对自身作品状态的了解,同时,还能帮助创作者们在尊重原创作者知识产权的基础上合理借鉴别人的成果,并最终创造出属于自己的原创成果。政府加强创意设计知识产权保护的前提是完善创意设计法律规范和政策体系,此外还要鼓励和规范知识产权评估机构的发展,完善知识产权信用保证机制,促进创意设计原创性知识产权的成果转化,最终进一步完善创意设计业知识产权保护体系。

（四）提升宁波创意设计企业的法制与保护意识

企业作为创意设计的研发主体和主要受益群体,强烈需要创意设计业取得较大发展,由于创意设计在我国作为新兴产业,尚缺乏完备的法律保障框架,行业中也未形成浓厚的知识产权维权保护意识,因此部分企业在保护自身利益方面心有余而力不足,往往出现企业无法保护自身资产的安全性从而导致企业在竞争中失利并退出的惨痛教训。近几年宁波市创意型企业知识产权保护意识有所提高,但整体的自我保护意识仍然比较淡薄。知识产权文化建设必须与社会整体文明素质的提高协调发展,创意设计类企业必须努力提高自身的知识产权保护意识,广泛采用防伪标签、数字加密等先进技术手段对创作成果进行保护,对新技术和新产品及时进行商业秘密保护或者申请专利。政府在帮助企业提高法制保护意识方面也可通过开展一对一的服务模式加强知识产权信息的宣传和维权援助,建立起政企结合的法制保障框架,涵盖更多知识产权服务对象,从而服务于创意设计类企业和创作者。

(五)制定和完善宁波创意设计市场的法规体系建设

宁波市在创意设计领域的发展与深圳、杭州等市相比起步较晚,但是发展速度快、前景明朗,这不仅得益于政府对发展创意设计业的高度重视,同时也得益于宁波成熟的市场环境和良好的创新氛围。由于起步阶段政府在布局创意设计产业发展时偏重从鼓励研发设计角度入手,支持创意设计产业开展原创性研发创新,建设创意产业园区和产业基地,鼓励创意设计产业集聚发展,因此,关于创意设计业发展的政策法规多是从鼓励、引导、支持创意设计业发展的层面出发,对支撑创意设计成果转化交易的产业市场和创意设计成果的估价体系则少有关注,这就导致创意设计市场交易和管理机制不够完善,创意设计产业链下游交易、销售市场的发展得不到有效保护。

尽管宁波市目前已经引进了"赢手网"等相对规范的知识产权交易平台,但对于创意设计成果估价及交易细则缺少相应规定。宁波市在完善创意设计业法制保障体系进程中应当拓宽眼界,从鼓励、引导创意设计业发展拓宽到从研发设计到估价、入市销售的全领域,只有完善的市场体系才能支持产业发展走向完备。此外,由于创意设计成果形式的特殊性,创意设计市场交易机制也应当根据设计成果的特殊性区别化调整,建立科学合理的创意设计成果估价体系,完善目前的交易平台和机制,使其适应以数字、信息等形态为主的成果交易方式,从而畅通创意设计业市场交易渠道,更好地服务于创意设计成果的市场化。

(六)制定推动创意设计产业社会组织发展的政策

作为小企业代表的行业协会或专家组织承载着会员企业的共同利益,应在进行资源共享、提供法律援助方面有所作为。行业协会或专家组织不仅承担着内部交流、提供维权援助、表达群体利益诉求等方面的功能,同时也具备以社会团体的形式对外展开交往,提高交往的效率与效益。一个体系健全发展完备的行业协会或专家组织必能带领产业发展走向和谐、有序、高效的美好前景。创意设计行业社会组织应根据本行业的特点,制定创意设计发展行业规则,防止企业间无序竞争、恶性竞争,加强行业自律,规范行业发展。创意设计业社会组织的作用还体现在建立一个企业间合作交流、沟通联络的平台,企业间互通有无、互相学习,一方面帮助企业寻找可能的合作对象,另一方面也使企业间了解彼此的工作动态,避免重复工作和无效劳动,形成良好的产业发展氛围,共同推进创意设计业向纵深发展。宁波市目前应由政府牵头成立或出台相关政策鼓励、引导创意设计业社会组织的创建与发展,通过政策法规为创意设计业社会组织的日常运行管理提供保障,最终促进行业发展走向自律、有序、良性循环。

第八章　宁波文化会展业发展法制
保障问题研究

第一节　文化会展业法律制度概述

一、文化会展业概述及我国文化会展业发展概况

（一）文化会展业概述

1. 关于文化会展及文化会展业的定义

在我国，作为文化产业与现代服务业结合的产物，文化会展业近些年才受到人们的广泛关注，在行业研究领域也仅处于起步阶段，因此对于文化会展及文化会展业这两个基本概念的认识并没有得到统一。有关文化会展的定义目前存有诸多不同观点。有学者认为文化会展应有广义与狭义之分。广义而言，文化会展包括所有会展活动，即将文化会展等同于会展；狭义上的文化会展是指各类会议、文化艺术展览和特殊节庆活动等。① 也有学者将文化会展定义为在会展中按照市场经济运

---

① 陈锋、邢树森：《上海世博会文化会展活动的思考和建议》，《上海应用技术学院学报》2009 年第 1 期。

作,通过会议、展览、节庆活动等文化形式,使得来自于不同文化背景下的科技、文化、艺术得以互相交流,以达到一定的社会经济目的。[①] 这一定义主要是以文化会展的目的来区别于其他会展。基于对文化会展的认识,笔者认为文化会展是会展的一种,是指以文化产品作为主要展示对象的会展活动,包括各类展览、会议、节庆等活动。文化会展业即通过举办各种文化产业类的会展活动及提供相关配套服务,推动文化投资交易与交流发展,提高人民群众精神文化水平,直接或间接地创造社会效益和经济效益的新兴会展产业。

2. 文化会展业的作用

文化会展业既是文化产业的重要内容,也是会展业的有机组成部分,其对于经济、文化、文化产业以及地区的经济社会发展的作用日益显著。对于经济发展而言,文化会展为展示和交易文化产品、推动文化消费和文化投资贸易搭建了重要平台,是促进文化与经济相互融合、相互发展的重要桥梁,也是促进对外经济文化交流合作的重要渠道;对于文化发展而言,文化会展业的发展与繁荣能够活跃文化市场、丰富精神文化产品,以满足人民群众日益增长的精神文化需求;对于文化产业发展而言,作为文化产业展示的窗口,文化会展业的发展会带来较强产业关联效应。其发展可以带动报刊服务业、出版发行印刷业、广播影视业、演艺娱乐业、文化旅游业、文化创意业、动漫游戏业、广告业、工艺美术业等其他文化产业的发展和转型,目前已成为推动文化产业迅速发展的新引擎。[②] 对于地区经济社会发展而言,文化会展业有利于提升城市形象和城市竞争力,提升地区文化产业核心竞争力。

(二)我国文化会展业发展概况

1. 我国文化会展业发展总体情况

近年来,随着我国文化产业的迅猛发展,文化会展业也得到了前所未有的加速发展。全国范围内的文化会展在会展总数、参会企业数、会

---

① 杨懿:《从上海世博会文化会展看中国会展业发展的趋势》,《管理观察》2010 年第 28 期。

② 李慧敏:《福建省文化会展业发展瓶颈及政策选择》,《东南传播》2012 年第 6 期。

展总面积、成交量上都持续保持着一个较高的增长趋势。[①] 以文博会为例,目前,我国国内已形成了"南深北北(即南有深圳文博会,北有北京文博会)"遥相呼应的局面,在此基础上,各区域也都举办了各具特色的文博会。作为集展览交易、项目推介、洽谈合作、信息发布等功能于一体的综合性平台,在文博会的推动下,国内诸多文化企业和各种最新文化产品走入国际市场。另外,用以展示文化产业各行业发展成就的行业博览会也应运而生。动漫游戏(如中国国际动漫游戏博览会)、演艺(如中国(天津)演艺产业博览会)、网络(如中国国际网络文化博览会)等均已有了专业的博览会,这些博览会既促进了该行业的市场成长和创新发展,也给举办地区的文化产业带来了新的发展机遇。[②] 但是,从总体看,我国文化会展业还处于粗放型发展状态,办展主体良莠不齐,会展专业化市场化水平偏低,行政办会色彩过浓,缺少知名度高的文化会展品牌,低质量重复办会展现象依然存在。[③]

2. 宁波文化会展业发展概况

近几年,宁波市大力发展文化会展业,文化会展规模不断扩大,基础设施不断完善。宁波市先后荣获"中国最佳会展城市""中国十大节庆城市"等奖项,并培育了一批自主型品牌会展项目,如宁波国际服装节、中国开渔节、中国徐霞客开游节、中国梁祝爱情节、中国(奉化)雪窦山弥勒文化节、中国湖泊休闲节等。各类会展项目还吸引了大批中外人士来甬从事经济贸易、文化交流活动,对于进一步提升宁波城市知名度、美誉度、开放度,推动旅游、住宿、餐饮、交通等关联产业发展起到了积极作用。宁波市有着发达的文具产业,贝发、广博文具都是国际知名品牌,以此为基础,宁波历年举办的中国国际文具礼品博览会,吸引了国内外众多专业客商。在 2010 年上海世博会上,唯一的乡村案例馆——宁波滕头馆接待了来自全球的 100 多万参观者。2012 年 5 月,中国国际茶文化研

---

① 叶郎主编:《中国文化产业年度发展报告(2012)》,北京大学出版社 2012 年版,第 207 页。

② 苏蕾编辑:《文化会展业:文化产业的新窗口、新平台》,《时事资料手册》2012 年第 4 期,第 113 页。

③ 参见祁述裕主编:《中国文化产业发展前沿:十二五展望》,社会科学文献出版社 2011 年版。

究会、中国茶叶流通协会、中国茶叶学会、浙江省农业厅和宁波市政府主办了第六届中国宁波国际茶文化节。该届茶文化节展示展销分为茶业博览会、宁波农产品博览会和台湾名品博览会,参展企业 400 多家。现场成交金额 543 万元,达成意向合同 6000 多万元,签约项目 21 个,贸易投资额 7.3 亿元。[①] 宁波文化会展业在发展的同时还存在着一些问题,如政府主导型会展项目市场化不够,市场主导型会展项目规模化不够,现有传统的会展项目创新性不够,会展统计评价不够规范等问题。

二、我国文化会展立法现状概述

与文化会展快速发展的现状相比,我国文化会展业的法制进程却十分缓慢。到目前为止并没有出台一部针对文化会展业的法律法规。因为文化会展与会展是种属关系,文化会展业是会展业的有机组成部分,与会展业相关的法律法规也应适用于文化会展业。然而,就连会展业的立法在我国也是起步甚晚,直到 20 世纪 80 年代末,我国仍未有针对会展业的立法出台,会展仅被当作中介服务机构而不是作为一个独立的行业。进入 90 年代,规范会展行业发展的一些针对性法规才陆续出台,可以说目前我国会展业立法仍处在初级阶段。从所涉及的法律的适用范围看,可将现行会展立法划分为两大类。

(一)通用性法律法规

这部分法律从立法意图上并不是专门针对会展业领域,但它们所提供的法律原则和规定适用于会展业。如与设立会展企业有关的《公司法》《合伙企业法》《个人独资企业法》《合资经营企业法》《合作经营企业法》《外资企业法》等;与解决会展纠纷有关的《民事诉讼法》《行政诉讼法》等;与规范会展广告有关的《广告法》等;与规范会展活动中各类合同有关的《合同法》等;与会展中知识产权保护有关的《著作权法》《专利法》《商标法》等;与出入境管理有关的《中国公民出入境管理法》《外国人入境出境管理法》等;与展品进出口管理有关的《海关法》《海关暂时进出境货物管理办法》《进出口商品检验法》《国境卫生检疫法》等;与展品交通

---

① 《第六届中国宁波国际茶文化节》,《宁波通讯》2012 年第 11 期。

运输管理有关的《民用航空法》《国际海运条例》等；与保护消费者权益有关的《消费者权益保护法》《反不正当竞争法》等；与展会消防安全有关的《消防法》，等等。

（二）会展业专门性法律法规

这部分法律法规主要包括国务院各部委颁布的规章和一些地方政府颁布的地方法规。

国务院各部委颁布的规章有：原对外贸易经济合作部1995年颁布的《关于出国（境）举办招商和办展等经贸活动的管理办法》；商务部、国家工商行政管理总局、国家版权局和国家知识产权局2006年共同颁布的《展会知识产权保护办法》；文化部1993年制定的《文化艺术品出国和来华展览管理细则》等。

由于会展业是展示地区产业发展形势的最佳窗口，有着经济助推器的作用，一些会展业发展相对繁荣的省市，也开始陆续颁布各种规范地方会展业发展的规范性文件，包括地方会展业的管理条例、暂行办法、通知和意见：如广东省人大1998年批准《广州市举办展销会管理条例》；上海市政府2005年颁布《上海市展览业管理办法》；广州市人民政府2009年公布了《广州市展会知识产权保护办法》等。

总体而言，我国目前的会展业立法呈现以下两个特征：一方面，从立法机构和立法效力看，我国尚未出台由全国人民代表大会或其常务委员会颁布的会展基本法，现行针对会展业的立法基本上是由国务院制定和颁布的行政法规、国务院所属各部委颁布的规章以及地方性法规、规章及规范性文件，且很多都采用了办法、通知等形式，法律效力偏低。另一方面，从立法内容看，会展业立法主要集中在会展项目审批及管理、举办会展的主体资格、展品进出关境及运输、会展知识产权保护等方面，所涉及的内容不够广泛，无法满足全面规范会展业健康发展的需要。

鉴于此背景，笔者在论述文化会展法制保障问题时，涉及的现行立法主要是与会展有关的法律法规以及规范性文件，同时摒除那些只适用于与文化会展无甚关联的其他类别的会展的法律法规及规范性文件。

第二节　宁波文化会展业法制保障现状

在更高位阶的会展法缺位的情况下,地方制定的法规、规章及规范性文件在规范文化会展活动、维护文化会展业的秩序以及促进文化会展业健康发展方面发挥了很大的作用。根据法律授予的地方立法权限,地方所出台的法规、规章及规范性文件主要从会展业的准入(包括会展项目评估机制)、知识产权保护、展会项目补贴、税收政策等方面进行规范。因此,在论述宁波文化会展业法制保障问题时,笔者将主要从市场准入、知识产权保护及文化会展扶持政策等方面进行分析探讨。

宁波市目前出台和有效的有关会展业规范性文件主要包括:《宁波市展览业管理暂行办法》(甬政发〔2005〕53 号)、《关于加快推进宁波国际会展之都建设的若干意见》(甬政发〔2008〕45 号)、《关于进一步开拓会展业市场的补充意见》(甬政办发〔2009〕176 号)、《关于加快推进国际贸易和会展企业总部基地建设的实施意见》(甬政发〔2010〕68 号)、《关于印发宁波市会展便利化工作规程的通知》(甬政办发〔2011〕30 号)、《宁波市人民政府关于进一步推进区域性国际会展之都建设的若干意见》(甬政发〔2013〕100 号)、《关于印发宁波市会展业发展专项资金管理办法的通知》(甬政办发〔2013〕1 号)等。

一、文化会展业的市场准入

市场准入制度是一种关于市场主体资格、资质认证的制度,是一种行业约束机制。文化会展业的市场准入制度是指国家和政府准许公民和法人进入文化会展业市场,从事文化会展经营活动的条件和程序的各种制度和规范的总称。从现有的立法情况看,就文化会展市场准入制度而言,主要包括文化会展的组办单位资格,文化会展项目的审批,以及会展组织者资质评定体系等方面。对于文化会展业市场准入的规制直接体现了文化会展业的发展模式。

（一）文化会展的组办单位资格和审批

文化会展的组办单位在我国实践中主要包括主办单位和承办单位。主办单位是指以自己名义策划运营展会,拥有展会并对展会承担主要法律责任的办展单位,目前,我国的文化会展活动,特别是大型活动多是由政府部门或政府直属机构投资主办的。承办单位是指受主办单位委托,按照主办单位制定的方案和计划,承担、协助、参与展览会策划或运营的办展单位。近年来,由企业承办的文化会展活动越来越多。由于组办单位在文化会展活动中处于主导地位,是会展活动的发起者、执行者及展后事务的处理者,其必须具有办展能力,能够独立承担法律责任。根据文化会展所涉及的范围不同,我国法律法规对组办单位资格有着不同的规定。

1. 我国关于文化会展的组办单位资格和审批的基本规定

（1）一般国内文化会展组办单位的资格和审批

我国目前对于一般国内会展市场准入已基本放开。我国 1998 年起实施的《商品展销会管理办法》已于 2010 年由国家工商行政管理总局废止。该办法曾对商品展销会举办单位的条件做出明确规定,并且规定由工商行政管理机关负责核发《商品展销会登记证》,未经登记,不得举办商品展销会。该办法取消后,目前如属于商品展销会性质的一般国内文化会展已不用经工商部门核准,此举有利于简化政府审批程序,支持和推动地方会展业的发展,但同时也给地方政府的会展管理部门和会展行业协会等机构带来了新的挑战,如何更好地监管城市会展业的发展,是目前亟待解决的主要问题。

（2）在境内举办涉外经贸类文化会展的主办单位资格和审批

原对外贸易经济合作部 1998 年颁布的《在境内举办对外经济技术展览会管理暂行办法》中曾就对外经济技术展览会的境内主办单位资格做了专门规定,当时必须具有外经贸部审核批准的主办资格。但 2003 年,在国务院颁布的《关于取消第二批行政审批项目和改变一批行政审批项目管理方式的决定》中取消了对境内举办对外经济技术展览会主办单位资格的审批权。自此,我国境内举办对外经济技术展的严格的资格审定制亦被废除,理论上说,各类会展主体均有资格依法申请在境内举办的涉外对外经济技术展。

关于对境内举办对外经济技术展项目的审批事宜,2004 年颁布的《海关总署、商务部关于在我国境内举办对外经济技术展览会有关管理事宜的通知》(署监发〔2004〕2 号)中做了非常详细的规定。以展览面积1000 平方米为界,面积在 1000 平方米以下的对外经济技术展览会,各单位可自行举办,但须报有关主管单位备案,海关凭主管部门备案证明办理相关手续。展览面积在 1000 平方米以上的对外经济技术展览会,实行分级审批管理,根据会展的不同种类,分别由国务院、商务部、省外经贸主管部门、中国国际贸易促进委员会等不同部门审批。

(3)出国经贸类文化会展组展单位的资格和审批

根据 2006 年 5 月中国国际贸易促进委员会、中华人民共和国商务部贸促展管(2006)28 号文件修订并重新公布《出国举办经济贸易展览会审批管理办法》第 5 条的规定,组展单位应当具备以下条件:①依法登记注册的企业、事业单位、社会团体、基金会、民办非企业单位法人,注册 3 年以上,具有与组办出国办展活动相适应的经营(业务)范围;②具有相应的经营能力,净资产不低于 300 万元人民币,资产负债率不高于 50%;③具有向参展企业发出因公临时出国任务通知书的条件;④法律、法规规定的其他条件。同时在第 26 条中规定:境内个人不得从事出国办展活动,企业和其他组织未经批准不得从事出国办展活动。境外个人、企业和其他组织不得在中国从事出国办展活动。

该办法同时规定了出国办展须经中国国际贸易促进委员会审批(会签商务部)。组展单位应当向中国国际贸易促进委员会提出出国办展项目申请,项目经批准后方可组织实施。如果是以地方人民政府名义出国办展,由有关省、自治区、直辖市、计划单列市、副省级市、经济特区人民政府商务主管部门提出项目申请。除非友好省州、友好城市庆祝活动所必需,同一地方商务主管部门申请的项目一年内不应超过 2 个。如果是以商务部名义出国办展,由受商务部委托的组展单位或商务部委派的机构提出项目申请。

(4)涉外文化艺术展览主办单位的资格和审批

1997 年开始实施的《文化部涉外文化艺术表演及展览管理规定》对中国与外国间开展的各类美术、工艺美术、摄影(图片)、书法碑帖、篆刻、古代和传统服饰、艺术收藏品以及专题性文化艺术展览等交流活动进行了规定。

①涉外文化艺术展览主办单位的资格

该规定第10条对有资格从事涉外非商业性展览活动的部门和机构做了规定，包括：文化部、各省、自治区、直辖市人民政府及其文化厅（局）；文化部认定的有对外文化交流任务的中央和国家机关部委、解放军系统和全国性人民团体；省、自治区、直辖市文化厅（局）认定的本地区有对外文化交流任务的部门和团体；文化部认定的有从事涉外商业和有偿文化艺术表演及展览（展销）资格的经营机构；省、自治区、直辖市文化厅（局）认定的有从事来华商业和有偿文化艺术表演及展览（展销）资格的经营场所（只限于来华项目）。

该规定第12条对于申请从事涉外商业和有偿文化艺术表演及展览（展销）活动资格的经营机构的条件做出如下规定：（一）有经文化部或省、自治区、直辖市文化厅（局）认定的对外文化交流业务和能力；（二）有独立的法人资格和营业执照；（三）有相应的从事对外文化活动必需的资金、设备及固定的办公地点；（四）有相应的从事涉外文化艺术表演及展览活动的专业管理人员和组织能力；（五）有健全的外汇财务管理制度和专职财会管理人员。此外，该规定还对涉外商业和有偿文化艺术表演及展览（展销）经营机构和经营场所的资格认定的程序做了规定。

②涉外文化艺术展览项目审批

该规定指出项目主办（承办）单位按照行政隶属关系，向其所在有对外文化交流任务的中央和国家机关部委、解放军系统和全国性人民团体、省、自治区、直辖市文化厅（局）等主管部门，提出立项申请，并附相关资料；上述主管部门对项目申请及相关资料进行审批，认为合格的，报文化部审批。报文化部审批的涉外文化艺术表演及展览项目，须按审批程度，在项目实施前2个月报到文化部。项目经文化部批准后，方可与外方签订正式合同，并报文化部备案。

（5）动漫游戏会展项目审批

为改变全国范围内各类动漫游戏会展交易活动（包括节庆、比赛、论坛等）过多的现状，确保我国动漫游戏产业的健康良性发展，2009年文化部下发了《关于加强动漫游戏会展交易节庆等活动管理的通知》。该通知明确了各类动漫游戏会展交易活动的审批程序：涉外和国际性动漫游戏会展交易活动经主办单位所在省级文化行政部门初审后报文化部审批；其他动漫游戏会展交易活动由主办单位报省级文化行政部门备案；中央国家机关有关部门和省级人民政府以及文化部直属单位主办的涉外和国际性动漫游戏会展交易活动，由主办单位直接报文化部审批；中央国家机关有关部门直属单位主办的涉外和国际性动漫游戏会展交易活动，由其主管部门报文化部审批。

2. 宁波市关于文化会展组办单位资格和审批的规定

(1)宁波市文化会展市场准入的管理部门

根据《宁波市展览业管理暂行办法》(甬政发〔2005〕53号)及《关于印发宁波市会展便利化工作规程的通知》(甬政办发〔2011〕30号)，宁波市人民政府设立会展工作办公室(以下简称会展办)，主要职责为负责展会申报受理，对提交的展会申报材料进行备案；负责展会资助资金的申报受理、审核工作以及会展业年度目标考核工作；同时负责会展业的宏观管理和综合协调。同时，宁波市外经贸局负责全市国际展会的审批、监管协调。宁波市工商局负责全市各类展览活动的登记、监督管理市场主体资格审查，对违反工商行政管理法规行为进行调查处理。宁波市经委、宁波市贸易局、宁波市贸促会宁波分会和市级有关部门根据各自职责，负责本部门在市区举办展览会的管理、协调、监督和实施工作。

宁波市成立了会展行业协会(现更名为宁波市会展业促进会)。协会围绕"服务、代表、协调、自律"的基本职能，配合政府做好对展览行业的协调、监管和服务工作，负责建立行业自律机制，引导会员规范经营行为，并承办市有关部门委托的展览会备案、协调、统计、评估、信息交流和行业人才培训等工作。

此外，为更好地为会展活动提供便利服务，宁波市于2011年创设了会展便利化工作小组，在《关于印发宁波市会展便利化工作规程的通知》中指出工作小组由市政府分管副市长任组长，市政府分管副秘书长、市会展办主任任副组长。市发改委、宁波海关、宁波检验检疫局、市外经贸局、市财政局、市国税局、市交通局、市工商局、市公安局、市卫生局、市城管局、市贸促会、市知识产权局、市会展办、宁波国际会展中心有限公司等单位分管领导为小组成员。工作小组办公室设在市会展办。工作小组建立了联席会议制度、专题会议制度和日常工作制度。工作小组成员单位以提供办展便利、改善会展环境、服务企业经营、促进会展发展为原则,在部门职责范围内承担相应工作任务。

(2)宁波市关于文化会展组办单位资格的有关规定

根据《宁波市展览业管理暂行办法》第 5 条规定,展览会组办单位,包括主办单位、承办单位。组办单位须为具有法人资格,能独立承担法律、经济、民事责任的实体。主办单位必须有同意作为展览会主办单位的文件;承办单位有两个以上的,须在有关文件资料或协议中明确各方的职责分工、权利义务和责任承担等事宜。

此外,为了更严格控制以市政府名义举办的展览会,在《宁波市展览业管理暂行办法》的附件中对需由市政府主办、联合主办、承办、协办或支持单位举办的展览会,规定了以下条件:①申办单位具有独立法人资格,能承担法律、经济、民事责任的实体;申办企业具有办展资格。②省政府或国家有关部门、国家级行业协会(公司)作为主办、承办、协办单位。③对宁波支柱产业或服务业发展有重大促进作用。④必须有市级职能部门(含市级开发区等政府派出机构)或县(市)、区政府作为承办单位或责任部门。⑤展位数原则上逾 1000 个。

(3)宁波市关于文化会展审批的有关规定

《宁波市展览业管理暂行办法》附件中规定申办展览会需提交的材料包括:有关单位对展览会举办的同意批文;主办单位的批文;承办单位法人资格的有效证件;举办展览会的申请报告;展览会实施方案;展览场馆预约证明;对外招展招商函样稿以及需提交的其他文件资料。

根据《关于加快推进宁波国际会展之都建设的若干意见》《关于印发宁波市会展便利化工作规程的通知》以及《宁波市展览业管理暂行办法》附件等有关规定,在宁波市举办的展览会实行一展一报的备案、登记、审核制度。各组展单位要提前三个月提出项目申报,由市会展办统一受理,提供一站式服务。各组展单位在完成展会申报程序后方可开展招展招商活动。

在前述我国文化会展审批程序的有关规定内容基础上,根据不同的文化会展类型,宁波市文化会展的申办程序为:①一般国内文化会展的审批。在宁波市举办的非涉外性展览会,由办展单位书面送市会展行业协会,由该协会提出意见后,报市政府会展办。市会展办负责展会申报受理,对提交的展会申报材料进行备案,对受理的申请应当在 7 个工作日内完成审核备案工作。展览会组办单位在办理展览会备案、登记、审核手续后,方可刻制印章、发布广告、进行招商和招展活动。冠以"全国""中国""中华"等字样的展览会,须经国务院或国家有关行政主管部门批准;使用"浙江""全省"字样的展览会,须经省政府有关部门批准。②在境内举办涉外文化会展的审批。在宁波市主办的涉外经贸展览会(带"国际"字样名称)须向市外经贸局申报、审批,并报市政府会展办备案。市外经贸局在受理申请之日起 20 日内做出批准和不予批准的决定。贸促会系统单位举办的涉外经贸展览会由贸促会宁波分会申报、审批,并报市政府会展办备案。③涉台性的展览会。涉台性的展览会,须经国务院台办审查、批准。④以市政府名义举办的展览会。对确需市政府举办的展览会实行严格按规定办理报批手续:需市政府首次申办、主办、联合主办、承办的展览会,由市级责任部门向市政府书面请求,经市政府会展办提出意见、市政府分管领导审核、市政府常务会议或市长办公会议审定后,由市政府向国家(省)有关部门发函申办或下达批文,并由市责任部门落实相关手续办理工作。需市政府继续申办、主办、联合主办、承办的展览会,由市级责任部门向市政府书面请求,经市政府会展办提出意见、市政府分管领导审签后,由市政府向国家(省)有关部门发函申办或下达批文,并由市责任部门落实相关手续办理和展务安排工作。需市政府协办、支持的展览会,由市责任部门向市政府书面请求,由市政府会展办提出意见,报市政府分管领导审签。

(二)文化会展项目评估机制

会展项目评估,是指对会展项目的运营状态、实际效果和各方反应等情况进行调查、取证、分析和评价,从而使各会展项目之间或者同一题目的各届会展活动之间能够进行客观的比较,以做出科学的评价。通过对会展项目进行全面综合评估,能系统深入了解会展业市场、会展项目的情况,并能为主管会展业领导机构提供审批项目的依据,帮助其选择优质项目,制定规范市场行为规则以及本地区发展规划。① 我国会展评估起步较晚,目前还没有形成比较权威的工作体系和操作办法。2002 年 12 月 20 日由原国家经贸委发布的《专业性展览会等级的划分及评定》行业标准,曾计划从 2007 年 3 月 1 日起实行对展览会 A、B、C、D 的四级认证,但最后未能推行。该标准中划分等级的评定指标包括展览面积、境外参展商比值、专业观众人次与观众总人次的比值、境外观众、展览连续性、参展商满意率和相关活动等。2006 年上海市会展行业协会颁布了《上海国际展览会项目评估细则(试行)》,上海市是我国首个颁布展览会项目评估制度的城市。

　　宁波市每年都有优秀展会项目、优秀节庆活动的评选活动,评选指标包括:(1)展会组织方面:展会组织机构健全,与有关部门联系协调主动及时;展会招展招商、新闻发布、广告宣传等符合展会实际情况,无夸大宣传,无虚假内容;展品符合相关展会知识产权保护办法,未发生侵权案件;展会运营中,能认真履行各类办展协议,参展商投诉率低于 5%;展会组办单位制订详细的各类安全应急预案或措施等。(2)展会服务:展会应明确服务项目和收费标准,并及时告知参展客商;展会导示系统科学合理;展会现场服务人员配备到位。(3)综合评价:公安、城管、工商、卫生、质检、知识产权等公共服务部门对展会的筹办综合评价良好;展会参展商、客商反映良好。(4)加分项目:展会展览面积的增加;展会的境外参展企业展览达到一定面积;展会的出口外贸企业展览达到一定面积;原有市内外专业相近的中小专业展会联合举办;县(市)区在国展中心举办(联办)的展会;展会服务有创新之举,并深受参展客商好评,摊位续订率高;取得国家注册商标、国家级行业等级认证和获得国际展览联盟(UFI)等国际性组织认证的展会;取得宁波市地方名牌认定的品牌展会;符合《宁波市展会活动指导目录》强势推动类和鼓励支持类的展会等。宁波市会展业协会曾在 2003 年出台了《宁波市会展评估细则》,但该细则相对比较简单,除此以外,宁波市还没有出台更为详细稳定的评估标准。

---

① 吴昌富:《会展评估是发展会展行业的有力举措》,《中国广告》2006 年第 8 期。

二、文化会展业的知识产权保护

(一)文化会展涉及的知识产权问题

如果国内举办的文化会展中知识产权侵权案件频发,不但涉案的企业受到影响,而且会降低对国外会展公司和参展商的吸引力,降低文化会展品牌的知名度,甚至整个地区的文化会展业的声誉乃至城市的形象都会受到破坏;如果出国办展参展中频遭知识产权案件,我国国内企业的信誉势必会受到影响,妨碍其顺利开拓国际市场。因此,加强文化会展业的知识产权保护是会展业健康可持续发展的重要保障,是提升会展业声誉和城市形象的重要举措。知识产权是人们对于自己智力创造活动中的成果和经营管理活动中的标记、信誉依法享有的权利。知识产权具有专有性、地域性和时间性的特征。知识产权人在一定的期限、地域内独占享有知识产权。知识产权涵盖范围较广,包括著作权、专利权、商标权、商业秘密权、地理标志权、集成电路布图设计权、商号权、植物新品种权等。文化会展中涉及的知识产权主要集中在专利权、商标权以及著作权。

1. 会展创意及名称

举办一届成功的文化会展,会展的主办方必然要付出一定的精力与财力,特别对于创新型的会展而言,其名称与会徽的设计、会展的立意与定位、参展商的选择都经过了有关单位和人员的精心设计与筹划。正是因为会展的创意性、多样性、个性化的特点使得整个文化会展业呈现出精彩纷呈、繁荣兴盛的局面。然而目前,许多新会展刚一推出,便纷纷被"克隆",如果这种随意的重复办展到处泛滥,势必会造成参展商的分流、会展资源的浪费。如何保护文化会展的创意与名称,防止随意"克隆"会展,是文化会展知识产权保护的重要内容之一。

2. 参展项目的知识产权

(1)展品侵权。展品侵权是会展中最常发生的侵犯知识产权情形。展品侵权的情形主要包括:①侵犯专利权。如展品是未经专利权人的许可而制造、使用、许诺销售、销售、进口的专利产品或依专利方法直接获得的专利产品。这里的展品不仅指实物展品,图片展示的产品也有可能涉及侵权,因为专利权中包括了许诺销售权,这意味着他人不得在未经专利权人授权的情况下以做广告或展销会陈列等方式做出销售商品的意思表示。②侵犯商标权。有些参展商没有注意到商标的使用时间及地域范围,在展品中使用的商标超过了商标权人授权许可使用的时间或地域范围而导致侵权;也有因在展品上使用模仿、翻译他人的驰名商标而侵权的情况。③侵犯著作权。著作权保护的作品是指文学、艺术和科学领域内,具有独创性并能以某种有形形式复制的智力成果。在文化会展中受著作权法保护的作品包括图书展中的图书、美术作品展中的美术作品、软件展中的软件等,如果参展商未经作者或其他著作权人许可,又不是法律规定的合理使用或法定许可的情形,擅自利用受著作权法保护的作品就侵犯了著作权。④不正当竞争行为。参展商对产品的功能、用途等方面过分夸大宣传,或是虚假宣传,进行欺骗性销售。

(2)展位设计侵权。会展中如何能在数目众多的参展商中脱颖而出,吸引参观者的注意力是各参展商考虑的主要问题之一,其中对于展台的布置就至关重要。然而有一些参展商直接拷贝其他参展商的展台设计,这显然侵犯了对方的知识产权。另外,也存在一些参展商假意招标,但以各种理由不让展台设计搭建商的方案中标,转而自己无偿地使用了投标的设计图纸或方案,这其实也侵犯展台设计搭建商的知识产权。

(3)展具及宣传资料侵权。主办方或参展商在文化会展中会使用各种展览器材,并且往往会制作广告宣传手册、产品的说明书、宣传标语,或者为现场演示产品而使用计算机软件、播放背景音乐,这些展具及宣传资料可能会涉及专利权、著作权等知识产权,如果未经权利人许可擅自使用,可能会侵犯相关权利人的权利。

(二)我国关于文化会展知识产权保护的基本规定

对于会展创意及名称的保护问题,由于著作权的保护不延伸到作品的思想、程序、操作方式、原理等因素,因此,展会创意本身并不能受到《著作权法》的保护,只有将该创意通过一定方式表达出来,如形成策划方案稿,才可受到《著作权法》的保护。另外,在展会创意公开之前,还可作为商业秘密来保护,所谓商业秘密是指不为公众所知悉、能为权利人带来经济利益、具有实用性并经权利人采取保密措施的技术信息和经营信息,商业秘密可以通过《反不正当竞争法》等进行保护。然而,以上两种方法对于防止随意重复办展的作用明显较弱。对于展会主办方而言,特别是品牌展会的主办方,更为有效的方法是将具有显著性展会标识的名称和会徽申请为注册商标,取得商标专用权。

对于会展其他方面的知识产权保护,除了我国《民法通则》《专利法》《著作权法》《商标法》《反不正当竞争法》《计算机软件保护条例》等法律法规进行规定外,我国商务部、国家工商行政管理总局、版权局以及知识产权局于 2006 年颁布了《展会知识产权保护办法》,对展会期间的专利、商标及著作权保护进行了专门规定。该办法规定了展会期间设立投诉机构的条件,投诉机构的人员组成及主要职责,投诉时应提交的材料,投诉后的处理办法,知识产权行政管理部门在展会期间的工作内容,侵权人的法律责任以及主办方保护展会知识产权的其他职责等内容。该办法规定对涉嫌侵犯知识产权的投诉,地方知识产权行政管理部门认定侵权的,应会同会展管理部门依法对参展商进行处理。

（三）宁波文化会展知识产权保护现状

对于会展创意及名称的保护问题,《宁波市展览业管理暂行办法》第4 条规定宁波市有关部门、行业协会在协调展览会举办事宜时,应按照"保护原有品牌展会,扶持符合我市产业导向、有发展潜力的专业展会,积极引进国家(省)级展会,鼓励办展单位培育信誉佳、规模大、效果好的展会"的协调思路,对各类展会进行数量、类型、时间的有效控制和协调。对在市区内举办的展览会,原则上在其举办时间前后 3 个月内,不再举办同一类型的展会。在出台不久的《宁波市人民政府关于进一步推进区域性国际会展之都建设的若干意见》中进一步规定同年度在国展中心举办的同类题材的贸易类展会不超过两个,防止重复、重叠办展。

此外,宁波市为鼓励办展单位自主品牌建设,在《关于加快推进宁波国际会展之都建设的若干意见》中曾提出了"扶强扶优,促进提升,积极推进展会品牌建设"的方针,在此方针指导下开展优秀展会评选活动。如市财政每年安排 300 万元奖励资金,分新办展会和原有展会两个序列,开展优秀展会评选活动,分别评出金奖、银奖、铜奖若干个,重点奖励新展会。对评出的优秀展会分别给予 10 万～40 万元的资金奖励。同时规定了"对落户宁波并取得国家注册商标的展会给予 5 万元专项奖励,获得国际展览联盟(UFI)等国际性组织认证的展会给予 25 万元的专项奖励"的措施。宁波市政府会展办也于 2008 年发布了《展会活动指导目录》,对特色展会予以引导和推动。目前,在宁波市举办的服装博览会等多个品牌展会已获得了注册商标。

对于会展其他方面的知识产权保护,宁波市《关于进一步开拓会展业市场的补充意见》中指出应严格执行商务部、国家工商行政管理总局、版权局、知识产权局共同制定的《展会知识产权保护办法》,及时协调、处理展会知识产权保护投诉事宜。严厉打击销售假冒伪劣商品、商业欺诈等各类违法行为,维护良好的市场秩序和交易环境,提振消费信心,促进安全消费。在《关于印发宁波市会展便利化工作规程的通知》中规定宁波市知识产权局协调相关部门在举办大型展会期间设立知识产权保护办公室,知识产权管理部门派员进驻,并依法对侵权案件进行处理。如有特殊原因未设立投诉机构,组展单位应当将知识产权管理部门的办公电话在展会场馆的显著位置予以公示。

三、宁波文化会展业扶持政策

目前,我国文化会展业从总体上看还不成熟,政府仍应担负起培育市场的重要职能,文化会展业扶持政策是履行该职能的重要途径之一。2009 年 7 月,我国商务部和财政部联合颁发《关于 2009 年中小商贸企业发展专项资金使用管理的通知》,其中对于商务部重点支持或引导的展会进行资金补助,为我国会展业做大做强提供了有力的财政支持和政策补充,这是中央部委首次正式出台会展业发展鼓励政策,具有重要意义。各地政府为促进会展业又好又快发展,充分发挥财政资金的宏观导向和激励作用,将政府支持与市场运作高效结合,也相继出台了扶持会展业发展的优惠政策。2011 年,我国诸多省市先后出台了 14 部会展业发展奖励扶助资金政策,各省市的会展扶持政策大同小异,但各省市由于地区的经济发展环境以及会展经济发展现状的不同,在具体扶助对象、扶助标准、扶助金额及所追求的目标成效上存有差异。

宁波市在《关于加快推进宁波国际会展之都建设的若干意见》中提

出应加大力度,强化激励,着力培育面向国际的办展主体。如对以国展中心为注册地并举办临时展或常年展的会展企业,按下列政策给予扶持:引进举办境外进口产品临时展的,按照企业缴纳税收的地方留成部分,给予前两年60%、后三年40%的财政补助;引进举办境外进口产品常年展的,按照企业缴纳税收的地方留成部分,给予前两年100%、后三年50%的财政补助;引进国内省、市(地区)举办或联办临时展的,按照企业缴纳税收的地方留成部分,给予前两年50%、后三年30%的财政补助;举办国内出口展的,按照企业缴纳税收的地方留成部分,给予前两年60%、后三年40%的财政补助。

宁波市财政每年安排2000万元展会资助资金,按照"绩效挂钩、公开透明、直接支付"原则,资助会展企业或中介机构在国展中心举办的、展览面积2万平方米以上的国际性、国家级和地区性的新办展会。重点资助在国展中心新办的进出口贸易展。对境外参展企业展览面积达到总面积60%以上的环保设备、医疗器械、电子自动化生产装备等进口贸易展会,分别给予120万~200万元的资助;对国内省、市(地区)举办或联办的,且出口外贸企业的参展面积达到总面积60%以上的出口贸易展,分别给予100万~160万元的资助;对其他新办展会分别给予30万~60万元的资助。以上展会在宁波连续举办的,可视作新展享受五年(届)。《关于加快推进宁波国际会展之都建设的若干意见》规定:现有展会以上一年(届)展会面积为基数,每增加1000平方米的资助1万元,最高不超过20万元。鼓励展会向进口内贸、出口外贸展方向发展,对达到要求的按进口内贸、出口外贸展标准予以资助;引导市内外专业相近的中小专业展会在国展中心走联合办展、共创品牌的路子,对整合资源达到2万平方米以上的展会,视作新展按类予以资助。

总部经济作为国际分工的高端环节,是总部企业充分集聚、对经济社会发展产生强力带动和辐射作用的经济形态,具有知识含量高、产业关联度强和集聚带动作用大等显著特点,是城市竞争力和现代化水平的重要标志。宁波市在《关于加快推进国际贸易和会展企业总部基地建设的实施意见》中规定大力引进国际贸易和会展企业总部。宁波市外经贸局要指导、帮助国投公司制定、实施五年企业总部引进计划和年度计划。力争在5年内,引进企业总部50家,实现贸易总额或交易总额320亿元人民币以上,基地实现税收年环比增幅高于全市平均水平。对基地引进市外企业,对引进单位及被引进的企业实施奖励。对于新引进的注册资本达到一定标准(会展企业注册资本标准为 100 万元),注册地和企业、总部均设在基地内的市外国际贸易和会展企业,按市政府办公厅《关于鼓励引进市外大型服务业机构的有关优惠政策》(甬政办发〔2008〕139 号)的规定享受优惠政策。有关吸引国际贸易、会展及策划、设计、广告、搭建等会展服务企业和总部入驻的准入标准和条件以及其他税费优惠、房租补贴等优惠措施由国投公司另行制订。并且鼓励会展企业入驻并举办重点展会。对入驻的会展企业注册资本达到 100 万元(含本数)以上的,一次性按注册资本的 10% 给予补助,最高补助不超过 200 万元。

第三节　宁波文化会展业法制保障存在的问题

一、文化会展业市场准入存在的问题

(一)涉外文化会展市场的严格审批制存在的问题

我国一般国内文化会展市场准入已经基本开放,但我国涉外文化会展市场准入仍实行严格的审批制。涉外会展因其性质的特殊,加强对其监管无可厚非,但是否一定要通过严格的审批手续才能实现有效监管仍值得商榷,目前这种严格的审批制已经逐渐显现出一定的弊端。

1. 涉外文化会展审批多头管理问题。如前所述,根据涉外文化会展的类型不同,分别由国务院、商务部、文化部、省外经贸主管部门、中国国际贸易促进委员会等部门审批。程序多且复杂,有时一个展会需经多个部门审批,这样一来国内一些组展单位得到展会消息往上申报,等批准下来往往已贻误了办展的时机;另外,繁琐的手续一定程度上也限制了外商参与的积极性。实践中,我国有大量"挂羊头卖狗肉"的展会,一纸"批文"被买来买去,主办单位缺位、承办单位越位,展会的多头管理造成

管理中的死角，主题雷同、恶性竞争、展会虚胖、展会欺诈现象层出不穷。[①]

2. 不利于政府职能的有效转换。加入WTO后，政府必须转变其职能，由经济主导型的政府变为服务保障型的政府。政府积极参与会展活动，对中国会展业发展起到了重大作用，但走市场经济道路不能长期依靠政府的推动，形成路径依赖。能否有办展资格，是否有办展实力，这应完全是市场竞争和市场选择的结果，而不应该是政府主导的行政审批行为。会展业最终还是要走市场调节的道路。过分注重审批权力在不同部门之间的划分和会展主体资格的审批，导致政府相应的宏观调控职能缺失，是不利于其职能有效转换的。

3. 容易滋生企业寻租和政府腐败行为。许多会展举办主体资格的审批，不是依据主办主体具有的管理水平和服务水平，而是依据主办主体与政府部门的关系如何。这样许多涉外会展企业就会想尽办法和政府部门拉关系，也就是所谓的"寻租"，而政府部门也非常愿意利用手中权力来设租，长此以往将直接影响会展业整体健康良性发展。

4. 宁波市文化会展业发展模式问题。虽然在2009年宁波市出台的《关于进一步开拓会展业市场的补充意见》中强调会展业市场应坚持政府推动、市场主导的原则，充分发挥企业的主体作用和市场在资源配置中的基础性作用，政府通过搭建平台、政策支持、完善服务等措施，着力培育会展主体，激发各类企业特别是民营企业创业创新活力，促进我市会展业长远发展。但从目前来看，宁波市的文化会展仍是以政府主导型展会为主，不过市场化运作确实在逐渐加强。此外，宁波会展行业协会也尚没有确立行业权威，难以充分行使行业服务与协调职能。

(二) 文化会展项目评估机制存在的问题

实践中，由于我国会展项目评估机制发展缓慢，目前国内会展评估中的数据统计仍十分混乱，审计环节基本缺失，大多数由主办单位自己公布统计数据，因此水分较多，往往会夸大展会规模和观众数量。另外，

---

① 北极星电力会展网：《展会审批管理制度的多头与无序》，http://ex.bjx.com.cn/html20120709/6853.shtml.2013-08-15。

一些机构如商务部研究院中国会展经济中心近年来先后为"中国东盟博览会""义乌国际小商品博览会""中国东北亚国际投资贸易洽谈会"等项目进行了评估,其评估后完成的《评估与咨询报告》,对项目的状况、问题进行了评述,进而提出了今后改进的咨询建议。但在这种评估后并没有进行什么带有评级性质的认证。

宁波市会展业协会曾在 2003 年出台了《宁波市会展评估细则》,但该细则相对比较简单,目前为止宁波市还未出台更为详细实用的会展项目评估方案。宁波文化会展的统计资料主要由会展办负责收集与提供,尚未纳入政府统计部门,缺乏精确的统计数据与指标体系,缺乏对某个会展活动的全程追踪与评估报告。[①] 不够完善的会展信息采集统计方式及会展业评估制度,无法准确评估会展产生的效益以及连带的旅游业、餐饮业、零售业等周边产业收益量,对文化会展业未来的发展和会展城市的整体发展缺乏科学的指导性,也是较难创立知名度高的品牌会展的重要原因之一。

二、文化会展业知识产权保护存在的问题

在实践中,文化会展知识产权保护面临的主要难点是如何既保证能够及时有效地制止侵权行为,同时又能保证执法的公平公正,保护被投诉人的抗辩权。该难点源于会展持续时间短这一特点。展会持续的时间从一天到十几天不等,通常多为三到七天,若是为期三天的展会,一般又多安排在星期五到星期天。这样一来,如果展会中出现侵犯知识产权的行为,知识产权权利人或者利害关系人若直接向知识产权行政管理部门提出行政处理请求,一般的行政处理程序无法快速地在展会结束前完成。我国商务部、国家工商行政管理总局、版权局以及知识产权局颁布的《展会知识产权保护办法》中规定,展会时间在 3 天以上的,展会管理部门认为有必要的,主办方应在展会期间设立知识产权投诉机构,投诉机构的组成人员应包括展会所在地的知识产权行政管理部门人员、展会管理部门人员及展会主办方人员。然而负责设立知识产权投诉机构的展

---

① 乔雯:《"十二五"宁波市会展产业化发展模式研究》,《中共宁波市委党校学报》2011年第 1 期。

会主办方并没有执法权力,这会造成具体执行的困难。

随着展会的规模日益扩大,参展商多为异地参展,对于这些异地参展商而言,当在展会中发现自己知识产权被其他参展商侵犯,或者被投诉侵犯他人知识产权时,如何能够及时有效地获得专业人员(律师或者知识产权顾问)的帮助便是一个急需解决的问题。

在地方立法方面,宁波市目前还没有出台会展知识产权保护办法,对于会展的知识产权保护措施如前所述只是零散且较为笼统地规定在有关文件中。

三、文化会展业扶持政策存在的问题

政府对文化会展业的扶持资金固然有很重要的意义,但是,总结近年来的政府文化会展业扶持资金的使用经验,难免会存在一些缺陷,比如与文化会展市场化运作精神背道而驰,一定程度上影响文化会展业健康的市场环境形成。政府的扶持需要与市场的运作相协调,逐步由政府主导转变为由市场主导,这样才不至于使会展业的市场运作空间愈来愈小,才不会与展会市场化运作精神背道而驰,这样对建立一个健康的会展市场环境才会是一种动力而不是一种阻力。很多文化展会的组织者在政府的大力支持下可能产生一种依赖性,随政府推动而转动,在一定程度上影响了展会的质量。

第四节　国内外其他城市文化会展业法制保障分析与借鉴

一、文化会展业的市场准入

(一)文化会展的组办单位资格和审批

从总体上看,文化会展发达国家和地区的会展活动属于完全的市场行为。世界上展览发达国家如德国、英国、美国等,这些国家的文化会展业完全没有行业限制和经营主体资质限制,任何商业机构和贸易组织都可以根据自身经营情况而不需要任何审批程序,即可进入文化会展行

业。许多会展业发达的国家和地区都强调政府宏观调控及服务职能、放宽会展业市场准入。这些国家和地区往往设有单一的全国性或地区性展览管理机构,有的使用会议局的名称;有的同旅游局并在一起,如法国巴黎的展览管理机构名称就是"会议与旅游局";有的设在旅游局内,作为旅游局的一个职能部门,如香港会议局设置在香港地区旅游局下,专门负责相关地区会展活动。这些部门一般不介入行业的直接管理,而是利用法律、行政、税收、投资等手段进行干预和间接管理,促进会展业健康发展。

香港作为"亚洲会展之都",会展业具有较为成熟和完善的市场运作体系与机制。香港会展企业积极自主规范经营,香港政府和会展协会各司其职。香港政府的主要职能是提供高效的公共服务(整合资源、政策扶持和规范管理),不介入会展业;会展协会主要负责沟通和协调,提供培训及教育课程,协助收集和发布行业内资讯和数据,维护会员利益;会展企业不仅能够提供完整规范的会展服务体系,而且拥有强大的网络服务平台和完善的参展观众数据库。[①]

(二)文化会展项目评估机制

为适应上海会展业飞速发展的需要,规范行业秩序,切实有效地保护国际展览会的品牌项目,保护展商和客户的利益,使上海会展业更健康有序地发展,上海市于 2006 年出台了《上海国际展览会项目评估细则(试行)》。评估适用以下原则:(1)对在上海地区开展的国际展览会实行综合评估;(2)动态指标和静态指标相结合,行业协会初审与专家评审相结合;(3)公开标准、公平对待、公正评审。评估常设机构是由上海市外经贸委牵头、上海市有关委办局领导和行业协会负责人组成的上海会展行业评审委员会。且上海会展行业评审委员会下设专家库,成员来自政府主管部门领导、行业专家、学者以及媒体代表等,专家库成员的职责是对国际展览会项目进行初评,评出推荐项目供评审委员会评审;同时设立评估工作小组,由协会秘书处项目部负责评选工作的协调安排、材料

---

① 乔雯:《"十二五"宁波市会展产业化发展模式研究》,《中共宁波市委党校学报》2011年第 1 期。

的收集、整理等,并委托第三方调查公司进行现场调查、采集信息。评估程序为:(1)经评估工作小组整理列出全年被评估的国际展览会项目计划,并由第三方调查公司按要求在现场收集数据和材料;(2)现场参展商、专业观众抽样调查;(3)展览会结束后十天内由主办单位填报《展览会情况总结》;(4)经评估工作小组核准的数据和调查材料进行汇总;(5)由专家组把评审意见报评审委员会,评审委员会对专家组的评审意见进行评定,做出终审评定;(6)对已评的项目结果进行行业内公示,听取意见。对评估入围的国际展览会项目授予上海市品牌展会、上海市优质展会、上海市重点培育展会称号。该细则从展会举办年限、面积、参展企业构成、现场调查评分等多方面对各称号制定了详细的标准。同时规定了对于获得称号展会的优惠措施,以及评审的复查与监督、保密与回避制度。

　　2012 年嘉兴市制定了《嘉兴市级会展项目管理实施办法》,其中规定嘉兴市将成立由市发改委、市财政局、市经信委、市商务局组成的会展项目联合管理评估小组,由会展项目联合管理评估小组对市级会展项目的展前申报、展中现场、展后绩效等进行评估。根据该办法,凡是纳入全市会展计划的展会项目,在正式举办前 5 天,将以书面形式通知会展项目联合管理评估小组,由管理评估小组对展会的参展单位、展会面积、标摊数量、组织质量等进行实况记录。如参展单位按实际出席数量计算,展会面积按照实际承租面积不低于摊位面积的 2 倍计算,摊位数量按每个 9平方米计算,特装展位按实际展览面积折合为 9 平方米的标摊计算。

　　对于会展信息统计的项目内容,与我国同类会展相比,世界著名文化会展之一的法兰克福书展会展信息统计可谓十分详细。根据法兰克福书展官方数据显示,有来自 100 多个国家和地区的 7300 家展商在2009 年第 61 届展会期间进行图书交流和版权交易,290469 万人参观了此次书展。另外,由于一些美国出版商和编辑的缺席,8 号馆国际展厅的人流量较 2008 年减少约 20%。第 61 届书展的版权交易中心的参展人数达 14317 名,与 2008 年相比有 2.6% 的增长。[1] 如此详细的评估内容

---

① 祁述裕主编:《中国文化产业发展前沿:十二五展望》,社会科学文献出版社 2011年版。

客观反映了每届展览的整体效应及经济效益,为以后的办展提供了科学依据,有利于调整完善办展策略。

二、文化会展业的知识产权保护

品牌文化会展在市场上的竞争,其核心是自主知识产权的竞争。现在越来越多的省市开始重视知识产权的保护,会展业发展比较成熟的城市,如广州、义乌在 2009 年相继出台会展知识产权的保护法,明确规定了投诉的机构、审查的内容、投诉侵权的过程,并设置了一套成熟的保护办法,从根本上对有关的专利、商标、著作权进行保护。

2009 年 8 月,广州市人民政府颁布了由广州市知识产权局负责牵头制定的《广州市展会知识产权保护办法》,该《办法》在 2012 年又进行了修订。修订后的《办法》共 28 条,遵循政府监管、展会主办方负责、参展商自律、社会公众监督的原则,首次建立展会主办方依合同处理纠纷和负责知识产权行政管理的部门的行政处理相结合的"双轨"保护机制。结合广州市展会知识产权保护的实践,重点解决了以下三个问题,并创设了相应的制度。①

（一）区分展会知识产权行政保护与依约保护的不同定位,明晰法律关系

《办法》规定,展会主办方应当设立知识产权工作机构,而"知识产权工作机构"与由知识产权行政管理的部门设立的"现场办公室"相互独立,互不隶属,分别代表展会主办方依据合同的约定和代表知识产权行政管理部门运用行政的手段来对展会知识产权进行保护。从而使不同性质的处理机构和方式泾渭分明,法律关系更加清晰,并突出了对展会主办方、参展商自我约束的要求,强调自律的作用。

在此基础上,《办法》还鼓励展会主办方聘请相关领域的专业技术人员和法律专业人员参加知识产权工作机构,从而发动更多的社会力量参与到展会知识产权保护工作中,发挥行业自律,展会自我约束、自行管理

---

① 《〈广州市展会知识产权保护办法〉正式颁布》,http://www.sipo.gov.cndfzzguang-zhoundgztzgg/200909/t20090902_474341.htm.2013-08-20。

的作用。

(二)建立知识产权展前备案和公示制度,对知识产权纠纷进行预警

《办法》规定,参展商应当将涉及的知识产权在展前向展会主办方备案,展会主办方应当汇编后在展前进行公示。展前备案和公示的目的在于:一是"预警"作用,一方面通过公示便于专利、商标和版权的权利人及早发现侵权行为,尽早维权;另一方面督促参展商在展前自觉审查自己的参展项目是否侵犯他人知识产权。二是作为本办法设立的专利行政保护简易程序的前提条件。参展商通过公示的知识产权信息,可以在网站检索到详细的资料,在展前准备好有关的证据材料,参展时一旦被投诉可以尽快做出不侵权的抗辩,达到快速处理的目的。

(三)针对展会特点,设置专利侵权纠纷简易处理程序

针对展会时间短的特点,《办法》专门规定了处理专利侵权纠纷的简易程序。简易程序规定,必须以知识产权展前备案和公示制度为启动的前提,并对提出处理的时间以及需要提交的证据进行了严格要求,还明确规定了立案、答辩、处理的时间分别不超过 24 小时,以确保简易程序处理结果的公平公正。按照简易程序处理的案件,专利行政管理部门可以先行调解;调解不成,事实清楚,证据确凿的,专利行政管理部门应当在被投诉人答辩期满后 24 小时内做出处理决定。处理决定应当送交纠纷双方当事人及展会主办单位,被认定侵权的参展项目应当立即采取遮盖、撤展等处理措施。

为了保证案件处理的质量,《办法》还规定了简易程序和普通程序的衔接,即:提出处理请求的时间距离展会结束不足 48 小时的,不适用简易程序;如果通过现场对比无法判断是否落入专利权保护范围的,不适用简易程序,应当根据《广州市处理专利纠纷办法》的相关规定进行处理。

《广州市展会知识产权保护办法》对于实践中存在的难点问题——如何解决知识产权争端,既保证能够及时有效地制止侵权行为,同时又能保证执法的公平公正,保护被投诉人的抗辩权是一种有益的尝试。

在此方面,深圳举办的中国国际高新技术成果交易会(以下简称高

交会)也曾做出一些尝试。在 2007 年第九届高交会首创"四位一体"争议解决方式,即由高交会组委办、中国国际经济贸易仲裁委员会华南分会和深圳市知识产权局合作设立高交会权益保障中心,推出展会管理、行政调处、商事调解和商事仲裁"四位一体"争议解决方式新机制。权益保障中心受理的争议类型既包括展位投诉、知识产权投诉,也包括当事人因参加高交会而产生的其他各种商事争议,体现了高交会对各参会主体合法权益的全面保护。其中,作为全球著名的国际商事仲裁机构之一,中国国际经济贸易仲裁委员会华南分会的仲裁裁决,具有一裁终局的法律效力,可在《纽约公约》的 142 个成员方获得普遍的承认和强制执行,加强了高交会维权效力的终局性和国际性,避免以往高交会纠纷"调而不决"的情况发生。"四位一体"争议解决方式是为快速、和谐、有效、低成本地解决因参加展会而发生的权益纠纷,维护公平的交易秩序而做出的一种全新尝试。

第五节　完善宁波文化会展业法制保障建议

为解决上述问题,需要各级政府统筹会展资源,完善法律法规,健全管理制度,出台扶持政策,为会展业健康有序发展创造良好的市场环境。

一、做好文化会展业发展规划

城市出台文化会展业发展规划可以把握该城市文化会展业发展的大方向。宁波市目前还未出台文化会展业发展规划。

文化会展业发展规划的拟定可以借鉴 2010 年福建省人民政府办公厅发布的《福建省文化会展业 2010—2012 年发展规划》,该规划对福建省文化会展业发展的指导思想、基本原则和文化会展业发展的扶持类型和产业布局进行了深入剖析,并对福建当地的会展业进行了展望并提出了相应的目标任务和具体实施措施。福建省力争到 2012 年,将现有的主要文化会展项目,培育成面向海峡两岸、国家重点扶持、在海内外有一定影响的全国性重要文化会展项目,力争使福建省主(承)办的全国性重要文化会展项目占全省文化会展项目总数的 10% 以上,文化会展业年增加值增长速度达到 15％以上,厦门市力争进入全国一线会展城市,福州、泉州、莆田、漳州等市力争进入全国二线会展城市,三明、南平、龙岩、宁德等市要将文化资源优势转化为文化会展产业发展优势,推动全省文化会展产业进入全国前列。根据规划,福建省将重点扶持和发展包括民间民俗文化类、历史文化遗产类、生态旅游休闲类、两岸文化交流类、产业文化类、宗教文化类、品牌文化类等七个类别的文化会展业,在产业布局上,将着力形成沿海率先、山区跟进的产业发展布局。

二、完善文化会展业市场准入

(一)放宽文化会展业市场准入,逐步转变政府职能

目前文化会展业市场不成熟的情况下,政府仍应该担负起培育市场的重要职能,其参与办展的角色不能缺失,但关键是如何把握参与度。文化会展业发展到一定阶段,政府部门应主动退出,从而让文化会展更大程度地成为一种市场行为,接受市场的长期检验,只有这样,文化会展业才更有生命力。

就国家层面而言,根据 WTO 的原则,按照市场经济的要求,现行的会展审批管理制度势必会被登记制或备案制取代。我国政府部门应尽快制订方案实现这一转变,如建立全国统一的会展业监管机构,建立统一的会展业管理办法,解决多头审批、互不协调的状况;根据会展性质和规模实行分类监管;理顺政府在会展活动中的职能定位,处理好政企关系;理顺中央政府与地方政府在会展发展中的关系;并加快制定会展服务标准体系和资质评估体系,以对应这一转变。

就宁波市而言,政府对文化会展发展作用主要应逐渐从"参与"转变为"引导","市场化"意味着宁波市文化会展产业属于竞争性行业,政府应逐步从具体会展项目的实际操作中隐退,努力形成一种全社会参与、各层次良性互动的有序自由竞争格局。政府应该成立具有权威的会展产业管理机构,负责宁波市整体形象和会展环境的对外宣传与适当的资金和服务支持;每年向社会公布宁波市政府对宁波市文化会展市场运行、发展方向的建议和新一年政府扶持的重点文化会展项目等。会展企业可因此得到更多的宏观和微观信息,以加强决策的科学性。由于政府

对会展项目扶持的趋向性,会引导会展企业的经营行为,但政府不应该具体承办更多的会展项目。行业协会作为行业自我管理机构应突出服务职能,推行行业自律和协调机制。

（二）建立健全会展项目评估体制

文化会展业的可持续发展,有赖于会展业评估体系的建立。宁波市可适时出台会展项目评估细则。细则可由政府与行业协会、会展公司及科研部门共同协作制定。评估细则应将动态指标和静态指标相结合,行业协会初审与专家评审相结合,从会展本身经济效益,及其为会展举办地带来的餐饮、旅游、娱乐等周边产业的效益,会展面积,参展企业性质及数量,展品与展会主题的相符率,会展服务满意度等方面进行全面评估,制定出不同的会展层级标准。在一定层级之下的会展,政府将不予资助。评估标准的建立既是对会展结果的一个检查,又是成功举办会展的一个标准,具有导向作用。

颁布会展评估细则后应做到公开标准、公平对待、公正评审。引入第三方会展评估公司来参与会展现场数据信息的采集、调查及评估工作。这些公司应是受政府委托,对政府负责,秉持公正、客观、中立的原则。此外,还应建立反馈机制,会展评估结果应及时反馈给参展企业以及主办方,做到公开透明,以促进会展业健康可持续发展。

建立健全会展评估体制,将有利于统一评估程序、统一评估标准,公正客观地评价每个项目,使得评估工作真正体现出科学性、系统性以及严肃性,并会将评估工作逐步引入市场化。

三、完善文化会展业知识产权保护

文化会展业的健康发展离不开知识产权保护制度的保驾护航。文化会展的知识产权保护应当遵循政府监管、展会主办方负责、参展商自律、社会公众监督的原则。

（一）完善法律和行政保护

立法上,宁波市可以借鉴其他城市的做法,适时出台有关会展知识产权保护专门规定,从规定的适用范围、保护原则、投诉机构的设立、展会主办方的义务、参展商的义务、争议处理程序等方面进行详细的规定，使会展知识产权保护有法可依。立法内容应以会展前的预防为主，会展中的快速查处为关键，会展后的追踪为辅助。

知识产权行政管理部门及展会管理部门应加强对展会知识产权保护的检查、指导、监督与协调。对于举办时间在 3 日以上，由政府以及政府部门主办的会展，或者在国际或者国内具有重大影响的会展，或者可能发生知识产权侵权纠纷较多的会展，负责知识产权行政管理的部门应当设立现场办公室或者指定联络员，接受知识产权权利人或者利害关系人提出的行政处理请求，对符合立案标准的予以处理。

（二）有效发挥主办方的作用

主办方在保护展会的知识产权方面的作用也十分重要。主办方若能采取一些积极有效的办法，就可起到防患于未然，将侵犯展会知识产权的行为消除于萌芽状态。

1. 主办方可在展会前公告保护展会知识产权的规定，建议参展商在展会开始前将自己已经使用或准备使用的商标申请注册商标、将符合专利条件的产品申请专利，将可能被侵权的作品或软件进行著作权登记。并且要求参展商在展会期间随身携带能证明其知识产权的权属证明文件或许可使用授权书，或者法院已做出关于参展产品的知识产权纠纷的判决等。

2. 主办方可在开展前与参展商签订的合同中约定知识产权保护条款，内容可包括：参展商应当承诺其所有的参展项目不侵犯他人在先拥有的知识产权；参展项目如经展会主办方认为涉嫌侵权，参展商又不能提供未侵权的有效证据的，参展商应当立即采取遮盖或撤展等措施；参展项目已由人民法院做出侵权判决或由知识产权行政管理部门做出侵权处理决定、并已发生法律效力的，参展商若仍拒绝采取遮盖或撤展等措施时，展会主办方可以取消参展商当届的参展资格。

3. 主办方往往会设立展会咨询服务机构，为更好地保护展会的知识产权，咨询服务机构组成人员应包括知识产权法律专业人员，专门为咨询者提供展会知识产权保护方面的法律咨询。未设立咨询服务机构的，主办方可将当地知识产权事务所的联系方式刊印在参展商手册上分发给各参展商,以方便参展商,尤其是异地参展商能及时有效地获得专业人员的帮助。

4. 主办方在招展时应加强对参展项目的知识产权状况的审查,可提前将本届展会参展商的知识产权进行备案和公示,或将历届展会的知识产权信息进行汇总,建立相关数据库,方便管理与查询,展会结束后应及时进行通报并为投诉人出具证明材料,虽然这在一定程度上加大了主办方的工作量,但从长远来看,这对于维护展会的声誉,吸引更多优质参展商,树立展会品牌,起到推动作用。

前述广州展会主办方依合同处理纠纷和负责知识产权行政管理的部门的行政处理相结合的"双轨"保护机制以及高交会"四位一体"争议解决方式也可进行借鉴。

(三)发挥行业协会的协调与自律作用

我国目前还未成立全国性的会展行业协会,但一些城市已成立了地方会展行业协会,如宁波市的会展业促进会,另外一些有规模的重点行业也有各自的行业协会。在会展知识产权保护中,应充分发挥行业协会协调与自律积极作用。行业协会可协助知识产权执法部门查处会展中的各种知识产权侵权案件,对行业内的侵权行为人进行惩戒,建立知识产权自律制度,并成为政府部门和企业知识产权工作的互通渠道,开展行业内知识产权保护的指导及培训,搜集国内外知识产权保护信息,做好涉外会展知识产权预警,营造会展知识产权保护的良好环境。[①]

(四)加大对参展商的知识产权宣传和培训工作

参展商的自律与自我保护同样是文化会展知识产权保护工作中的重要一环。政府主管部门及会展主办方应加大对参展商知识产权自我保护的宣传培训工作。参展企业应提前将要进行展出的新产品新技术申请专利或对商标进行注册,以防他人侵权。出国参展的企业应提前查询是否存在侵犯国外企业知识产权的情形,并将有关专利及商标在国外

---

① 参见田欣:《浙江省会展知识产权保护探析》,《商场现代化》2011 年(4 月下旬刊),第 124 页。

进行申请和注册,以避免知识产权纠纷。参展企业在会展期间发现其他参展商存在侵权行为的,要积极维护自己的合法权利,将侵权事实上报有关部门,并积极配合有关方面做好检查工作,并通过合法途径加以解决。

此外,通过媒体宣传监督,以及开展行之有效的知识产权普法教育,对推动文化会展的知识产权保护也可起到积极作用。

四、完善文化会展业的扶持政策

为了发挥专项奖金的积极作用,完善扶持资金的科学管理与使用,以促进会展业的健康发展,需要从几个方面入手:

一是要有一定的扶助比例。政府要认识到自己的扶持作用,主要工作方向是倡导市场运作。这可以设定一个比例,政府补贴了多少,市场化运作了多少,比例关系多大,达不到某个比例的,政府不给予资金支持。

二是奖金使用要采取相互牵制的办法。比如,可由工商管理部门认定参展企业名单和展会规模,参展企业或者展会组织者等依据工商部门的认定,到会展办或者其他政府主管部门领取资金补贴。

三是对申请政府补贴的展会加以重视。应在展会显著位置和对外招商招展资料、宣传资料中标明领取补贴的流程并进行现场补贴发放,加强工作透明度,加大群众监督,等等。

文化会展业政策法规要与当地政治、经济、文化吻合,经过长期的调研,并通过有关部门的严格审核才能出台。为了避免政策法规出台形同虚设,政策法规出台后,还要注意执行环节的有效监督和管理,将政策法规落到实处。

参考文献

[1] 陈汉欣.深圳文化创意产业的发展特点与集聚区浅析[J].经济地理,
2009(5).

[2] 陈柳裕.文化立法研究:共识、争议、进展及其评判[J].浙江工商大学
学报,2012(5):5—153.

[3] 陈振旺,李楚斌.深圳创意设计产业的生态系统建设[J].艺术百家,
2011(8):12—15.

[4] 褚劲风.上海创意产业空间集聚的影响因素分析[J].经济地理,2009
(1):102—107.

[5] 董坚成.宁波创意产业发展思考[J].三江论坛,2009(8):18—21.

[6] 郭立伟,何树贵,饶宝红.杭州创意产业发展问题研究——基于对五
大创意产业园区的调查[J].经济问题探索,2007(12):179—183.

[7] 姜建蓉.宁波文化产业发展的战略思考[J].三江论坛,2010(1):
37—39.

[8] 蒋雁,吴克烈.基于因子分析的创意产业区影响因素模型研究——以
杭州四大创意产业区为例[J].上海经济研究,2009(1):65—72.

[9] 李殿伟,王宏达.创意产业知识产权保护的内在机理与对策[J].科技
进步与对策,2009(15):54—56.

[10] 李宏宇.宁波市文化产业发展的现状及对策研究[J].宁波大学学报
(人文科学版),2007(2):31—35.

[11] 李建军.西方国家创意产业研究综述[J].边疆经济与文化,2008(3):97—98.

[12] 厉无畏.创意产业导论[M].上海:学林出版社,2006.

[13] 刘友金,胡黎明,赵瑞霞.创意产业与城市发展的互动关系及其耦合演化过程研究[J].中国软科学,2009(1):151—158.

[14] 楼文高,宋红艳,杨立东.上海发展文化产业面临的挑战、机遇及对策[J].学术交流,2007(1):181—184.

[15] 马春.国外创意产业发展现状及对我国的启示[J].科技管理研究,2010(2):33—34.

[16] 聂晶磊,王秋艳.宁波创意产业现状调查与发展战略[J].商场现代化,2008(12):213—215.

[17] 潘瑾,陈晓春.基于价值链分析的创意产业知识产权保护方法与途径探讨[J].知识产权,2006(2):30—33.

[18] 孙叶飞.大众文化视角下的宁波文化产业建设[J].三江论坛,2008(7):37—39.

[19] 田少煦,孙海峰.创意设计的发展走向与核心竞争力[J].深圳大学学报(人文社会科学版),2010(3):136—141.

[20] 佟贺丰.英国文化创意产业发展概况及其启示[J].科技与管理,2005(1):30—32.

[21] 汪传雷,谭星,谢阳群.中国创意产业的问题及对策研究[J].生产力研究,2007(6):81—83.

[22] 王海燕.创意产业发展的知识产权保护[J].特区经济,2007(11):250—251.

[23] 王俊,汤茂林,黄飞飞.创意产业的兴起及其理论研究探析[J].地理与地理信息科学,2007(5):67—70.

[24] 吴俐萍.创意产业发展的政策支撑体系研究[J].科技进步与对策,2006(11):21—24.

[25] 徐明亮.宁波市文化创意产业集群发展研究[J].经济丛刊,2010(1):43—45.

[26] 杨积堂.文化产业发展的立法现状与法制构建[J].北京联合大学学报(人文社会科学版),2012(2):88—94.

[27] 杨志,黄维.深圳市创意设计产业发展现状与对策研究[J].艺术百家,2010(1):7—11.

[28] 尹宏.论创意产业与产业结构优化的互动关系——基于科技创新视角的思考[J].云南社会科学.2007(3):63—65.

[29] 张费微.创意产业知识产权保护中存在的问题及对策研究[J].前沿,2010(4):72—74.

[30] 张京成.中国创意产业发展报告 2010[M].北京:中国经济出版社,2010.

[31] 张雅丽,汪遵瑛.英国、美国等国外创意产业对我国的启示[J].兰州学刊,2010(1):68—71.

[32] 赵友宝.创意产业:发达国家发展政策的国际比较及其启示[J].科学学与科学技术管理,2007(2):57—62.

[33] 朱华晟,李伟,付晶,吴骏毅.论中国发达地区创意生产系统中的大学功能——以京沪创意设计业为例[J].经济地理,2010(8).

[34] 朱华晟,吴骏毅,魏佳丽,李伟,付晶.发达地区创意产业网络的驱动机理与创新影响——以上海创意设计业为例[J].地理学报,2010(10).

索　引

后　记

　　本书依据宁波文化产业的发展现状和各种外部环境特点,以宁波市文化产业发展的法制保障问题为研究对象,探讨了宁波文化产业发展与法制保障的理论和实践问题。根据《宁波市"十二五"时期文化发展规划》中确立的宁波市重点发展的优势行业,在文化产业发展与法制建构理论研究基础上,分门别类地对现代传媒业、动漫游戏业、出版发行业、影视制作业、文化旅游业、文化创意业、文化会展业等进行了专题研究。

　　本书是宁波市社会科学研究基地——文化产业研究基地 2012 年年度项目(课题编号:JD12WH)的最终研究成果。主要撰写者是浙江大学宁波理工学院法律系教师,课题组负责人晁秀棠副教授完成了课题的申报论证,并组织协调课题研究的具体工作,晁秀棠、韩缨对全书进行了修改、统稿。各章的具体分工如下:第一章,晁秀棠、董玉鹏;第二章,王辉;第三章,周仲琦;第四章,韩小梅;第五章,韩缨;第六章,项安安;第七章,包逸萍(宁波市科技信息研究院);第八章,何赟(宁波教育学院)。

　　在本课题选题、申报、调研、撰稿以及论证评估过程中,得到了宁波市社科院以及各界专家学者的关心指导,吸取了许多宝贵的建设性意见,在此课题组成员向他们表示诚挚的谢意。同时感谢宁波市哲学社会科学发展规划领导小组办公室对本课题研究和本书出版的资助。

　　本书立足宁波地方环境和产业特色对文化产业法制保障问题进行了地方性应用型研究,针对文化产业七大类子行业进行了专门分析,突

出了行业特点和差异化需求,并对完善文化产业法制建设提出了对策和
建议,以期为宁波文化产业发展提供决策依据。囿于研究者的视野和水
平,研究资料、研究时间等客观要素的诸多限制,本书存在不少缺陷与不
足,恳请各位专家、读者批评指正,为今后进一步深入研究提供宝贵
意见。

作　者

2014 年 12 月

图书在版编目(CIP)数据

宁波文化产业发展法制保障问题研究 / 晁秀棠等著.
—杭州:浙江大学出版社,2015.4
ISBN 978-7-308-14374-5

Ⅰ.①宁… Ⅱ.①晁… Ⅲ.①文化产业－产业发展－
法律保护－研究－宁波市 Ⅳ.①D927.553.216.4

中国版本图书馆 CIP 数据核字(2015)第 022957 号

宁波文化产业发展法制保障问题研究

晁秀棠 等著

丛书策划	吴伟伟 weiweiwu@zju.edu.cn
责任编辑	
封面设计	春天书装
出版发行	浙江大学出版社
	(杭州市天目山路 148 号 邮政编码 310007)
	(网址:http://www.zjupress.com)
排　　版	浙江时代出版服务有限公司
印　　刷	杭州日报报业集团盛元印务有限公司
开　　本	710mm×1000mm 1/16
印　　张	14.75
字　　数	234 千
版 印 次	2015 年 4 月第 1 版 2015 年 4 月第 1 次印刷
书　　号	ISBN 978-7-308-14374-5
定　　价	45.00 元